文成
天縱

广西短刊断刊篇章目录索引

（1912—1949）

肖国栋 编著

广西高校人文社会科学重点研究基地『民族地区文化建设与社会治理研究中心』
玉林师范学院校级重点学科中国语言文学
玉林师范学院『黄大年式教师团队』：汉语言文学国家级一流专业教师团队
资助项目

广西师范大学出版社
GUANGXI NORMAL UNIVERSITY PRESS
·桂林·

广西短刊断刊篇章目录索引（1912—1949）
GUANGXI DUANKAN DUANKAN PIANZHANG MULU SUOYIN（1912—1949）

出版统筹：汤文辉　　责任校对：刘艳艳
出 品 人：乔祥飞　　责任技编：王增元
策划编辑：陈显英　　封面设计：常晋一
责任编辑：莫久愚　　版式设计：秦　勇
助理编辑：曹世超
　　　　　刘一江

图书在版编目（CIP）数据

广西短刊断刊篇章目录索引 : 1912—1949 / 肖国栋编著. -- 桂林 : 广西师范大学出版社，2023.12
ISBN 978-7-5598-6568-7

Ⅰ. ①广… Ⅱ. ①肖… Ⅲ. ①期刊目录—目录索引—广西—1912-1949 Ⅳ. ①Z87

中国国家版本馆 CIP 数据核字（2023）第 226489 号

广西师范大学出版社出版发行
（广西桂林市五里店路 9 号　邮政编码：541004
网址：http://www.bbtpress.com）
出版人：黄轩庄
全国新华书店经销
三河弘翰印务有限公司印刷
（三河市黄土庄镇二百户村北　邮政编码：065200）
开本：787 mm × 1 092 mm　1/16
印张：28.75　　字数：249 千
2023 年 12 月第 1 版　　2023 年 12 月第 1 次印刷
定价：680.00 元

编 例

本书主要对民国时期（1912—1949）广西地区出版发行的55种“短刊”“断刊”的篇章目录进行了辑录、整理，供读者查阅使用。

全书所收期刊按刊名拼音字母次序排列。每种期刊均包括根据原刊整理的刊名页及原刊目录，后附影印图版若干。

一、刊名页。刊名页著录刊名、卷期起止、出版时间、责任者等信息。其中，刊名、卷期起止及出版时间根据期刊封面或版权页信息整理，责任者主要包括期刊的编辑者、出版者、印刷者、发行者等，如原刊未标明其中某项责任者，则该项空缺。

二、原刊目录。原刊目录主要录入该期卷期数、出版时间，以及正文篇章的标题、作者及所在页码。原刊未著录卷期数或具体出版时间、作者者，则该项空缺。刊名附属信息如特刊、专刊、副刊名称，在该期卷期数后标明。

三、影印图版。每种期刊选取封面、版权页、目录页、题字页、创刊词页、典型内文页等有代表性的书影若干幅，以反映该刊内容和版式特征。同一种期刊，封面若无较大变动，则选用其中一期；如有变动，则同时收录变动前后的封面，尽量呈现刊物的整体面貌和风格。

目录

01 爆声（第一期）……001
02 宾阳教育月刊（第一期）……009
03 宾中校刊……017
04 苍梧教育月刊（第七期）……025
05 苍梧月刊（第一期）……031
06 春雷旬刊（第一期至第四期）……037
07 淳风（创刊号）……045
08 大众文化（创刊号至第三期）……053
09 反日周刊（第二期至第七期）……059
10 妇女之光月刊（创刊号）……073
11 广西大学校友会季刊（第一、二期合刊）……079
12 广西度量衡（创刊号）……087
13 广西法院公报（第十册）……095
14 广西农民（第二、三期合刊）……105
15 广西省农会成立大会特刊……111
16 广西物价指数汇刊（第三号至第四号）……115
17 国立广西大学校刊（第五卷第三期、新一期）……121

18 唤起半月刊（第三期）……129
19 活力半月刊（创刊号至第六期）……133
20 集训生活（第一卷第十期，第十一、十二期合刊）……145
21 交流月刊（第一期）……151
22 教师杂志（创刊号）……157
23 教育之路（第一期至第二期）……163
24 抗日救国旬刊（第一期至第三期）……169
25 抗战文艺（创刊号）……177
26 会计汇刊（第一卷）……183
27 会计期刊（创刊号）……191
28 矿声（创刊号）……195
29 木艺（第一号至第二号）……201
30 南高四二周年校诞纪念特刊……211
31 平乐青年（第七、八期合刊，“三二九”特刊）……215
32 前线（新一期至新二期）……221
33 青年先锋（创刊号至第二期）……229
34 容县留梧学会会刊（创刊号）……237
35 山程（文学集林第一辑）……245
36 生路半月刊（创刊号至第二期）……253
37 田东训练（第一卷第一期至第二期）……261
38 文化救国（创刊号）……267

39 梧州学生（第二期，第三、四期合刊）……273
40 小春秋（第四十二号至第六十号）……279
41 新潮（第二、三期合期）……305
42 新泉旬刊（创刊号至第十二期）……311
43 新生（新一期）……335
44 新田东半月刊（创刊号至第六期）……339
45 训练通讯（第一期至第二期）……349
46 银社专刊（创刊号）……353
47 邕龙矿讯月刊（第五期）……359
48 邕宁地方自治人员训练所汇刊……363
49 邕宁私立斑峰中学期刊（创刊号）……371
50 邕宁县立国民中学成立十一周年纪念特刊……379
51 逸中生活（元旦特刊）……383
52 游击半月刊（第一期至第四期）……393
53 郁林民国日报副刊·指南针（第二卷第一期至第八十期、第八十二期至第九十九期）……401
54 郁中校刊（创刊号至第三期、第五期至第六期、第二卷第二期）……429
55 中华民国陆军第一方面军广西财政委员会公报（第一卷第一号）……437

01

爆　声

（第一期）

出版时间

民国十六年（1927）十二月一日

出 版 者

融县旅桂革命青年团

第一期

民国十六年十二月一日

卷头话　宋蕃

肉搏

一般发官瘾者有归田之叹！　霭青 /1

你知道你的命运吗？　霭青 /1

公仆溺职　蕉心 /1

青运前途可叹　蕉心 /1

土豪劣绅披猖乃尔　蕉心 /2

呜呼！假古董可以休矣　蕉心 /2

公敌之公敌　蕉心 /2

唉！何必如此　流血 /3

他也来进党呢　牺牲 /3

非法制度亟宜打倒　树武 /4

论坛

关税自主与中国之前途　吴彦文 /4

我也要跟人们喊一声——拥护关税自主　宋育云 /10

铲除土豪劣绅再论　镇东 /13

“战的青年”“青年的战”　欧阳藩 /16

妇女革命运动中的我见　萧励松女士 /24

“妇女解放”与“妇女解放”　龙振济 /26

文艺

落叶　桑 /31

不幸的伊（续）　潘明澜 /35
她的过去一瞥　容易 /40
夜莺与玫瑰　雁魂 /44
蜘蛛　枕云子 /45
秋虫　韵芬女士 /45
黑夜　蕙 /46
爆声　陈祯耀 /46
归途　谢惠 /47

杂俎

随感二则　白水 /48
到底是“希望”还是“睡梦”　欧阳藩 /50

特载

融县旅桂革命青年团成立大会宣言 /52
快邮代电 /54
融县旅桂革命青年团第一届同志录 /54
本团同志年龄及已婚未婚人数比较表 /57
本团同志性别区别人数比较表 /58
最后一页　枕云子

爆聲

BuO Sing

中華郵務局特准掛號認為新聞紙類

第一期

融縣旅桂革命青年團出版

通信處桂林廣西省立第二師範轉

民國十六年十二月一日

總理遺像

革命尚未成功

同志仍須努力

總理遺囑

余致力國民革命凡四十年其目的在求中國之自由平等積四十年之經驗深知欲達到此目的必須喚起民衆及聯合世界上以平等待我之民族共同奮鬥

現在革命尚未成功凡我同志務須依照余所著建國方略建國大綱三民主義及第一次全國代表大會宣言繼續努力以求貫澈最近主張開國民會議及廢除不平等條約尤須於最短期間促其實現是所至囑

卷頭話

宋蕃

哈哈！慧子捉的泥鰍魚：　這是一樁鄉間趣味的故事。從前有一個慧子，他拿牛嘴套去捉泥鰍魚，——牛嘴套是農家耕田時用來罩住牛嘴，使牛專力耕事，不能濫食他物。這牛嘴套是用篾或藤編成，孔隙甚闊，——這慧子捉得泥鰍魚，即放入套裏，泥鰍魚即從孔隙逃之夭夭，慧子見之，捉入套內，以為是另有一條，因此，從早到晚，捉來捉去，這條那條，實際都是一條！

哈哈！閱者諸君，你們忽然看見伸出一個融縣旅桂革命青年團的頭，和牠拿出的貢獻瀑聲來，必定很有些稀奇，留桂學會那裏去了？瀑聲怎麽不見了？這兩個疑問要不約而同的齊由心窩裡鑽出來。　呵！這并不是留桂學會有脚會跑去了；也并不是瀑聲怕羞躲起來不敢與諸君相見，　原來也是一條泥鰍魚啦！換名不換人，還是旅桂這些革命同志啦！

這次改組有好些重大意義（見本期特載欄）我也不贅述了。

閱者諸君！你們見了以為是初次見面，可以！就是當做是舊相識，也無有不可以的。

末了，我還有幾句話：雖然原本是一條泥鰍魚，但是又新增了好些革命的生力軍在內：這些呢？在我們，所闖進這塊園地裏，都是老不客氣，厚面皮和諸君相見。　祗知道負着一個革命的重大使命，向着光明的道路，使着筆槍墨炮，對着惡勢力搖旂吶喊的進攻，弄他一個洪濤駭浪般猛烈。這樣努力下去，或者也可以引起一般閱者的深刻的同情吧？

最後一頁

枕雲子

趁這最後一頁的空白兒，有兩句話對故鄉的諸位說說，好嗎？

（一）我們個人的力量，頗覺零碎了；但是將這無數個的零碎力量的總和，就可以有無量大的力量啦！

（二）若是祗有你！個人在那兒敲大鼓，儘管有些拍節，小鼓和喇叭等不來和，未免覺得單調些罷，事實是明明白白的，這些零零碎碎樂器，居然合作起來，大鼓的蓬蓬，也出了一個有勁的鋒頭了。

本團經濟是很困難的，團內基金無着，大家諒也會知道吧？這次改組成立，到今也半年了，半年內的工作，也莫告個小結束，免強的付此一刊，呵！祗有這一些兒供獻；自覺慚愧得很，眞實慚愧得很呀！

啊！第一句話意思，知道了吧？親愛的故鄉父兄姑姊，如果能夠贊助，增大我們的力量，是多麼的歡喜，多麼的感謝啊！

第二句話的意思，必定也知道了？我們鼓吹桑梓文化的和對於改造社會的問題，愈討論就愈明白，如果，能夠多投稿件，討論一切，又是多麼的歡迎，多麼的盼望啊！

末了，還有一些，文藝欄裡「不幸的伊」一篇，是在前瀑聲登載的，現在改組了，就祗得在這裡繼續發表啊！

本團蒙

融縣第二區黨部捐助銀一十元

融縣北區團務分局捐助銀一十元

謹此鳴謝

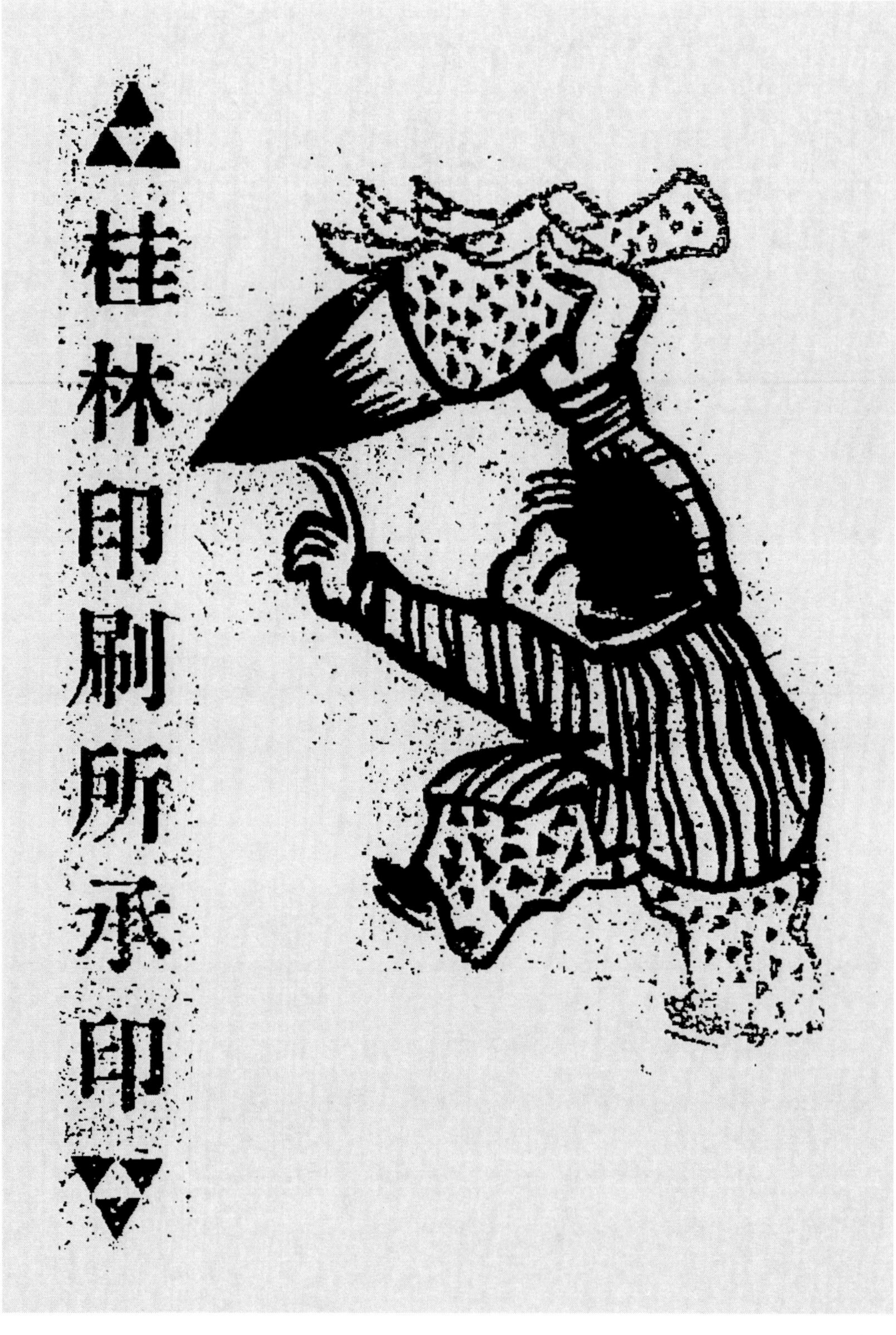
桂林印刷所承印

02

宾阳教育月刊

（第一期）

出版时间

民国十三年（1924）十月

发 行 者

宾阳教育月刊社

第一期

民国十三年十月

发刊词　雄威 /3

祝词 /7

论著

宾阳教育进化史略　昌奎 /10

小学教师应研究的问题　宗富 /12

我们的责任　鼎熙 /15

我对于改良乡村国民学校的管见　谢澍霖 /17

我对为人父母者说几句　炳寰 /22

评论

评一评新旧婚姻制度　黄可观 /24

文苑

秋虫　慧僧 /26

赏月　紫光 /26

中秋有感　雄威 /26

拟李陵送别苏武诗（二首）　紫光 /26

偶感　谢澍霖 /27

散步江头偶成　李景桐 /27

送吴君季忠赴沪游学　紫光 /27

小说

异人杖（短篇小说）/28

杂俎

戏拟旧学制致新学制书　鹤山主人 /30

寓意画

调查

宾阳县教育经费一览表

宾阳县十二、十三年度学校比较表

纪载

教育会开秋季例会纪要

关于教育之批文一件

附载

运动宝鉴

本社职员录

鸣谢捐款

賓陽教育月刊

郵政局特准掛號認為新聞紙類

賓陽教育月刊社發行

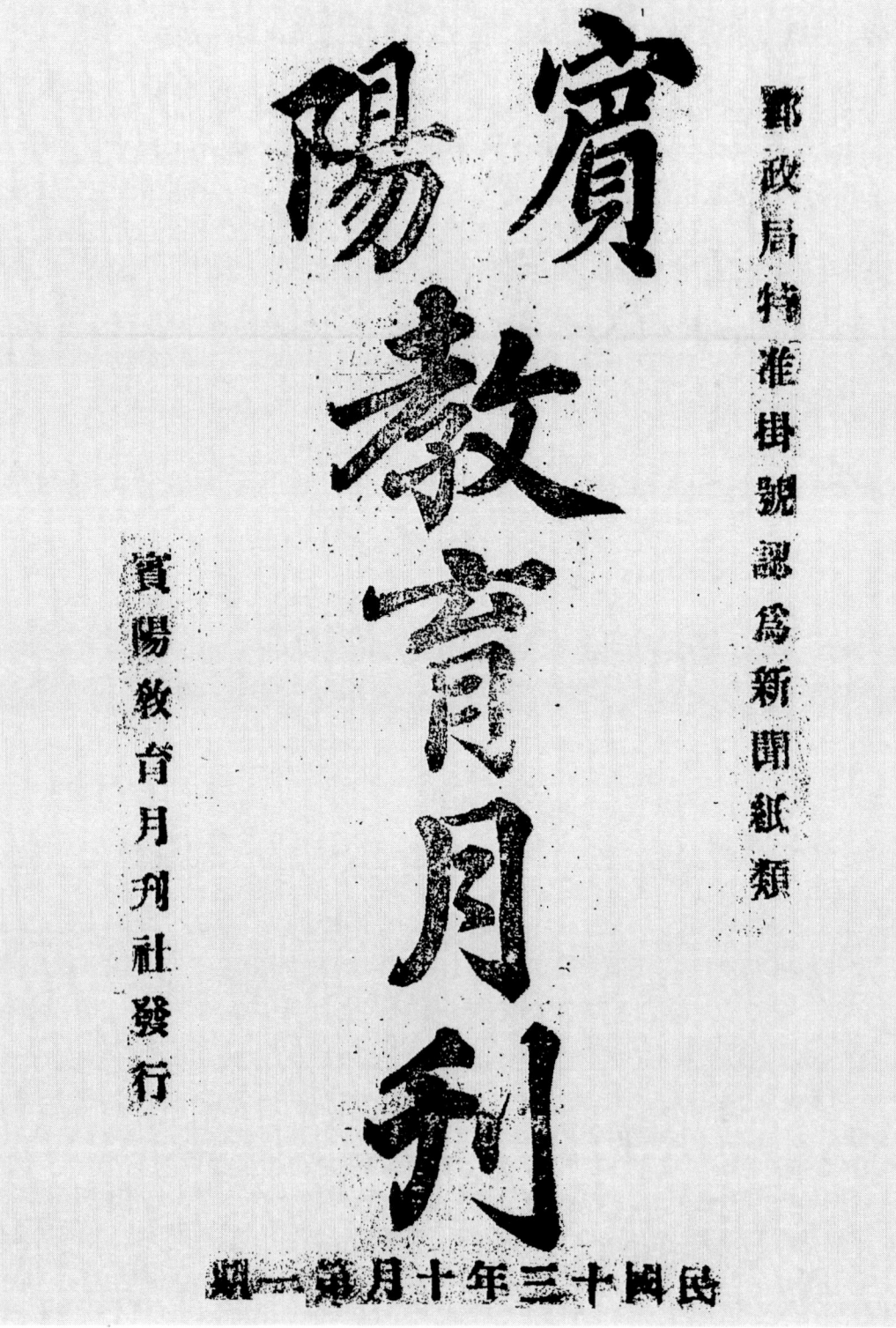

民國十三年十月第一期

發刊詞

雄威

溯自歐風東漸。文化勃興。教育新潮。瀰漫中土。京津滬粵。得風氣爲獨先。莫不書羅百國。充棟汗牛。有美皆搜。琳琅萬軸。我省僻處邊陲。雲橫桂嶺。天然障隔。輸入無由。雖年來不乏負笈遠遊之士。究屬鳳毛麟角。未易多覯。而寒酸之士。限於環境。有志莫逮。徒歎奈何。重以連年兵燹。禍患洊臻。徧地災黎。酸覩千瘡百孔。閭閻寂寞。已成十室九空。八桂雖寬。幾無淨土。民生凋敝。絃誦聲衰。教育生機。不絕如縷。賓陽一邑。殆有甚焉。任其長此悠悠。不思補救。則對內何以啓發民智。對外何以適應潮流。此本刊所由作也。嘗聞國家存亡。咸視民智通塞爲準則。試憑弔印度之故墟。則見雪山嶽嶽。恒河溶溶。風景依然。已非故主。非以民智久居人後。有以致之歟。中國今日。强鄰逼處。敵國憑陵。干涉橫加。日愈一日。嗚呼。西風殘照。漢家之城郭已非。石爛海枯。精衛之精誠不改。人心不死。事尚可爲。多難興邦。責無旁貸。中原鼎沸。孰挽既倒之狂瀾。國事蜩唐(虫旁)。誰作中流之砥柱。有志之士。乘時奮興。運用銳敏之目光。發展剛强之魄力。以與列强馳逐於角智鬬力之舞台。本刊應斯運會。以誕生於人世。若黑夜之明燈。中天之甘露。以照以耀。以滋以培。與此活潑之青年。攘往熙來於滔滔世宙。振頑立懦。豈敢云功。激濁揚清。聊盡厥職。顧念同人。學植疎淺。魯魚亥豕。貽笑方家。惟是本互助之精神。效嚶鳴以求友。尙冀海內名儒碩彥。時賜鴻篇。庶無負拋磚引玉之誼云爾。

教育月刊出版誌喜

教育明星

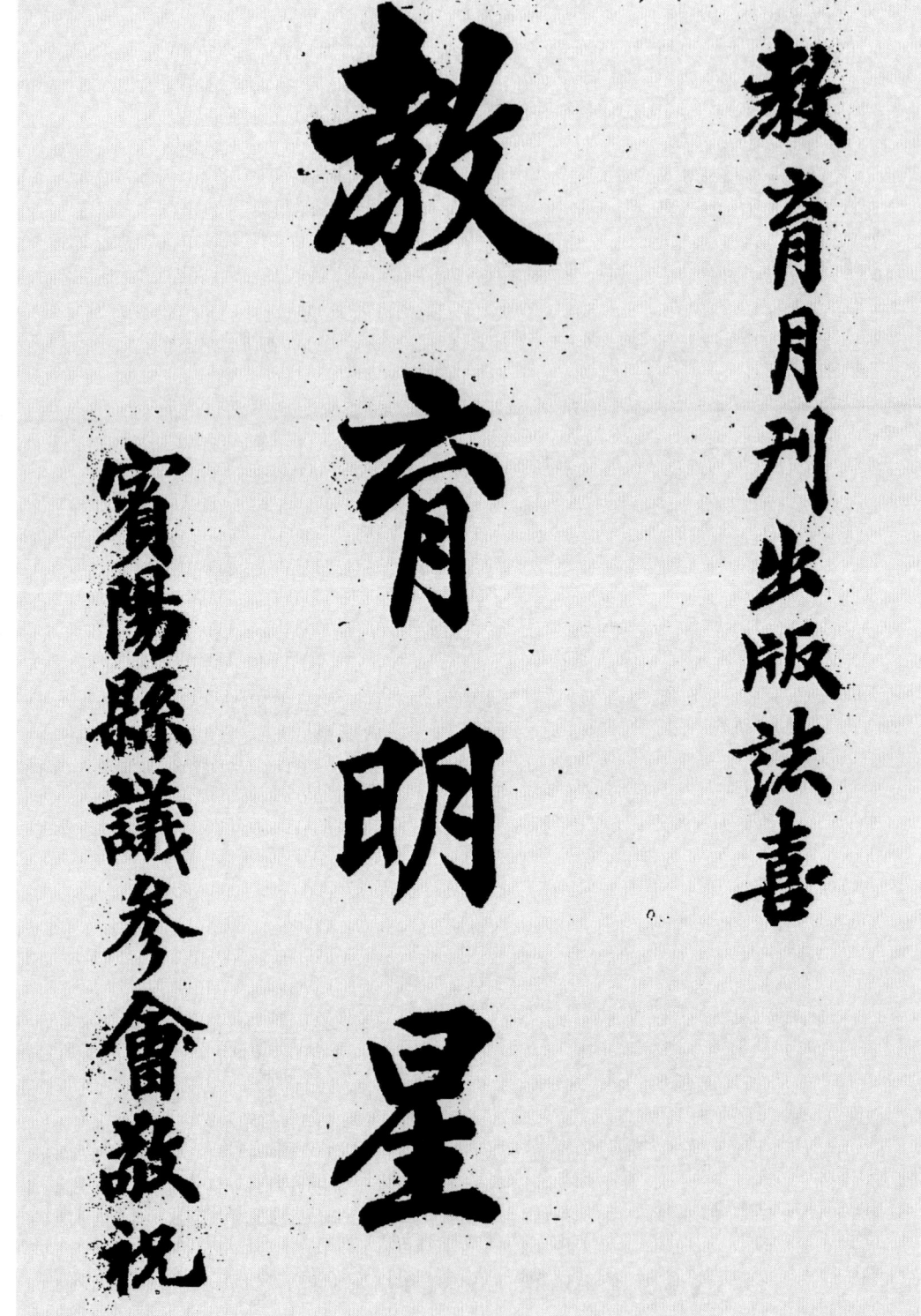

賓陽縣議參會敬祝

小說

短篇小說 異人杖

蒲江聶生者、故家子也。天資穎慧。八歲失怙。頗性躭吟詠。不治家人生產。以故家日式微。數睹怪異。生迄不介意。時典餘產供膏火。君無何、母楊棄養。哀毀神銷。窀穸未竟。而妻又殂。生至是塊然無儔。形影相吊。居惟杯酒寫愁。長哦當哭。殆不知人世間有樂趣矣。一夕、披卷苦吟。正極無聊之際。忽覺涼風過耳。燭爲之黯。生知有異。屏息俟之。俄而履聲橐橐。似碎且繁。俄而鬼影幢幢。若隱若見。生膽素豪。亦不甚懼。但危坐凝神。窺其究竟。未幾、有據榻偃蹇者。有掠地婆娑者。有匍匐案頭、作乞食狀者。有敝(足底)薛(足底)屋角、作揶揄態者。猙怪之象。不一而足。擾擾熙熙。迄無停趾。生默會其意。急探牀頭舊餘冥物。就燭爇之。紛然競取。歡欣長揚而沒。自是月銜半規。噪聒滿室。生不堪其擾。擬鬻宅他徙。戚以宅凶不果。忽憶犍爲有父執竇翁者。卓錫峨眉。料多異術。裹糧往訪。冀有所遭。至則雪滿山頭。雲迷舊口。怪鳥格桀、作笑人聲 溪水嗚咽、有惜人意。生累日奔波。覓地稍憩。無何、金烏西墜。玉兎東昇。夜色撩人。春寒砭骨。步兵之淚。不覺奪眶而出矣。生悲痛之餘。席地假寐。雖中懷上(心底)下(心底)大畏虎狼。而進退維谷。亦惟聽之而已。有頃、前山高處。隱約有二叟扶杖對立。絮絮不休。一似暢談風月者。生訝其異。蛇行而前。逼窺之

投稿簡章

本刊以研究學術發展本縣教育爲宗旨

內容暫分論著評論文苑小說雜俎調查紀載附載八欄

每月出版一册初五日發行集稿在出版前十五日投稿直寄教育會內本刊編輯部

投稿無論翻譯自著均以符本刊宗旨爲限惟譯稿須將原文一併付到

本刊有斟酌來稿之權登載與否概不奉還

投稿無論文言白話均表歡迎但須有一定楷書字數并自行圈點

凡來稿經發表於各報誌者概不錄

登載稿件過一千字以上者酬奉本刊一册過五千字以上者酬奉本刊二册

發行所　賓陽教育月刊社發行部

價目　零售每册定價弍角

預定半年壹元全年弍元

郵票代價十足通用但以半分爲限

本刊出版伊始廣告收價特別從廉各界如欲登載各種告白者希即到本社接洽便妥

03

宾中校刊

出版时间

民国三十五年（1946）七月

编 辑 者

广西省立宾阳初级中学校刊编辑委员会

宾中校刊

民国三十五年七月

序言　黄光京 /2
校史　黄光京 /3
本校疏迁及复员经过情形　黄光京 /4
教导处概况　郭开平 /5
事务处概况　黄君干 /6

特载

民主教育、科学教育、健康教育研讨结论　执笔者：洪阳 /8

论著

漫谈文艺创作上几个问题　王凡 /10
国画理论漫谈　覃岂凡 /12

学生习作

借钱　罗人才 /14
小诗篇　王昭宪 /16
从芦墟手工业说起　芳辉 /17

附载

本校教职员一览表 /18
本校各班学生通讯录 /20

賓中校刊

中華民國三十五年七月出版

目錄

序言……黃光京
校史……黃光京
本校疏散及復員經過情形……黃光京
教導處概況……郭開平
事務處概況……黃君幹

特載

民主教育科學教育健康[illegible]……（執筆者）洪陽

論著

漫談文藝創作上幾個問題……王凡
[illegible][illegible]理論漫談……覃豈凡

學生習作

借錢……羅人才
小詩篇……王昭憲
從盧墟手工業說起……芳輝

附載

本校教職員一覽表
本校各班學生一覽表

廣西省立賓陽初級中學校刊編輯委員會編

序言

黃光京

三十二年八月，本人承乏賓中，屈指已三載於茲矣！在此三年中，未能有所建樹，愧疚殊深！但疏散復員，搬遷保管卻已歷盡艱辛之苦！

本校淪陷之後，教室宿舍，殘破不堪，器具用物，蕩然無存，所幸圖書儀器，教具公文，皆能保全。更得全體師生，同心合力，籌措經營，始獲規模粗具，弦歌未停，此可為關心教育人士告慰者。

本校光復之後，因限於經費，校刊未能刊行，屢蒙社會人士關懷垂詢，至深感激！

謹將本校疏遷復員經過，最近校中設施情形，作簡略之報導，使本校得與社會發生密切之聯繫，敬希教界同仁，社會明達，隨時予以批評，賜教，以為本校設施改進之方針，此則本刊出版之微意也。是為序。

校史

黃光京

前清末葉，廢科舉，興學校，各地景從，蔚爲風氣。光緒三十二年夏，廣西提學使乃通令每府各設一中學堂，以培育中級人才，於是賓陽上林遷江三縣紳士譚松雲、李毓杰、吳壯行諸先生集議，僉以成立中學爲急務，並以曩昔每逢歲科試，思恩府屬漢土各生童，均到賓陽應試，府中學擬設於賓陽，爾以此意徵求武鳴各紳，亦獲贊同，於是各行其便，賓上遷三縣乃在賓陽合設一中學堂，初定名思恩府中學堂，旋改稱賓上遷中學堂，就思恩府試院改建爲校址，以賓州營小教場爲體育運動場，增築宿舍教室，圖書室，食堂浴室，款由三縣分担，計每月賓陽八百元，上林六百元，遷江三百元，鳩工營建，經始於光緒三十三年夏至光緒三十四年冬落成。

宣統元年，正式出示招生，不分省界縣別，均得與考，設立預科一班二年畢業，正科一班，四年畢業，俱係舊制，其後陸續招生。至民國十三年奉令改辦新制，（三年畢業）更名賓上遷中學堂，民國十五年十一月十一日，廣西省政府以本校辦理成績優良，改爲省立易名廣西省立第十二中學校，本校之以十一月十一爲校慶日，即以此故。二十二年六月，省府以本校僅設初中班，乃令改稱廣西省立第十二初級中學，以符實際。二十三年八月，省府復照部章規定中學，以所地之地名爲校名，改稱省立賓陽初級中學，以迄於今。

廿三年賓縣立初級中學奉令停辦，該校學生，全部撥由本校接辦，各種設備，亦俱撥歸本校，以故本校人數及設備激增，該校女生亦隨來校，爲本校男女同學之肇始。而賓陽縣中原有校舍，離本校頗遠，不便利用，故特與賓陽縣立高等小學校舍，全部對換，而打通之，於是本校原有校舍與新換來校舍，遂成一氣，較前大爲寬敞。惟是年廣西中等學校儘量緊縮，本校秋季招生，奉令停止，並飭辦理原有學生畢業完竣後，即行結束，後經數度請求，於廿四年春季始獲續招生。

廿六年抗戰軍興，十月本校奉令增設戰時擴充部一班，翌年又招新生一班，人數激增，乃呈省撥款收買插入運動場之民房九間，以作擴充校舍之用。廿八年七月，及十二月間，本校相繼被日機轟炸，房舍毀壞多間，新式之禮堂，亦於斯時被毀。及南寧失守，賓陽告急，本校全體師生，實行緊急疏散，遷至上林縣三里鄉上課，所有圖書儀器及重要公物，俱隨校搬遷，損失甚少。其後因戰局緊張，於十一月再遷上林縣古蓬墟，廿九年二月賓上相繼淪陷，三月本校三遷都安縣內甲鄉百旺墟，藉用鄉村公所爲臨時校舍，並建造棚廠，添置校具，規模粗復，十月日軍自桂南潰退，十一月本校奉令遷回原址，惟因原有校舍，迭經日機轟炸，斷壁殘垣，觸目皆是；復經日軍佔駐蹂躪，校具損失甚鉅，雖經省府撥款修建，然仍未能復覩舊觀也。

本校自都安遷回後，歷數載之經營，正圖恢復舊觀，奈三十三年秋，日軍重犯廣西，十月初旬，本校未雨綢繆，準備二次疏遷，除些校床鋪等笨重校具無法搬遷外，先將圖書儀器及重要公物，裝箱遷運上林三里墟。至十一月四日，敵寇壓境賓陽緊張，於萬分危急中，全校員生，工友冒夜遷往三里，是月九日依疏遷計劃，由三里遷石門，旋遷回三里，此次疏遷，所有圖書儀器，因事前安置妥善，賴以保存。卅四年四月，省府明令，以本校與武鳴中學成立省立第二聯合中學，本校歷史，幾瀕中絕，幸賴校方據理力爭，乃獲繼續成立，恢復上課，並招收新生兩班，於極端困苦中力謀安定，於弦歌復張，學校歷史，得不中絕，九月日本無條約投降，八桂重光，是月十一日，本校全部員生及圖書儀器搬遷回原址，因久經日軍佔駐蹂躪，未及搬遷之校具，全部損毀，房屋亦破壞不堪，甚至大門窗板，無一倖存，垃圾堆積，臭氣拒人於百步之外，幾經整頓，始可居住。隨即招收新生二班，月底新舊生一律上課，雖則因陋就簡，床鋪椅桌，俱係臨時安置，而諸生久經困亂，求知之心尤切，工作更爲緊張。

本校自經二度淪陷疏散後，校舍破壞不堪，校具損失淨盡，復員以來，此後雖獲省撥款壹百餘萬元，作爲修建添置之需，然際茲米珠薪桂之時，終難恢復舊觀。回首前塵，不無今昔之感！惟圖書儀器，因處置得法，尚能保存，此實不幸中之大幸，亦本校以後發展之良好基礎。

綜觀本校自前清宣統元年成立，迄今垂卅八載，其間校名凡五易，播遷二次，政府明令停辦亦二次，而弦歌終不能中絕，此實有其繼續成立發展之獨特原因。迄今已畢業離校，學生達五十班，二千餘人；服務社會，遍於各界當局，賓上遷三縣聞人，及修身見世，風範鄉黨者悉屬本校校友，三縣民衆關係深切，鄉情甚篤，亦本校[illegible]之融洽云。

論著

漫談文藝創作上幾個問題

王凡

好一些愛好文藝的同學常來我這裏，要求我告訴他們多少文藝創作的技術，他們總認爲我是曾經做過文藝工作的人，一定有很好的意見供獻出來。在上五十四班國文課的時候，同學們也要求我在這方面多給予他們一些材料，其實自己雖然是一度熱愛過文藝，也曾經偷閒寫了一點東西，但對於這方面的問題却是很少的去研究，不過這個問題既然是大家想知道，今天趁着校刊出版的機會，我便藉此談述一下，手邊沒有參考書，所說也不過是個人的渺見，恐怕不能盡竟其底，同時爲了篇幅所限，範圍也不能涉及太遠，還請大家原諒的。

文藝是反映現實生活的一面栩栩欲活的鏡子，它是由外在的事象與作者內有的情感互相交流與滲透而成的藝術的東西，具有獨特的吸引力和感化力，它善於掀起讀者的感情與鼓舞讀者的熱情，使他們起一種共鳴，而對現實有所感慨或讚美，筆鋒到處，劃開了讀者的喜怒哀樂，是與其他教條式的空空如也的文章迥然不同的。

人與客觀現實的存在是永遠對立着發展的，在發展過程中，作者主觀的感性與客觀的理性正進行着矛盾的劇烈的戰鬥，是辯證的邏輯[illegible]統一現象，作者於是把最熟悉的最有意義而且最有價值的生活斷片和自然事物底印象，逐漸地在腦海裏深刻而且具體起來，創造成了活生的藝術形象而體現，更由於作者能夠將離開人們的意識活動而獨立存在的客觀現實，提出其本質諸特點，滲透過時代精神，然後藉以藝術形象來反映着某一特定時代特定社會意識形態的眞實生活形影，也就是作者把握着社會人類生活現象的基本特徵而藉着藝術形象去概括現實的諸存在形象，來凸出了社會生活現實的重要本質底某一側面，使文藝創造對於人類歷史起着積極作用，對後代社會起着領導作用，明乎此，我們在創作文藝時對於素材的涉獵與蒐集，題材的選擇與精密，主題的正確與提煉，形象的描繪，典型的製造，感情的重蕩，這等等便應該特別的加以注意。

（一）素材

文藝的基本要素是材料的搜取與匯集，材料的豐富與生動，不只可使作品有「燦爛輝煌，照耀天地」的光芒，同時可使作品永垂不朽，所以文藝創作的第一步工作是素材的搜取，沒有素材作品不會更有聲色，有人以爲創作之成功只歸之於英士匹純（Inspiration），那簡直是歷史的狂妄，然而我們欲豐富創作材料，就必須充實生活的內容，因爲創作的豐富素材，并不是擷取自歷史博物院，而是發掘自現實生活的密林中，在生活中汲吸得來的，才是現實的生動的有意義的有價值的眞實材料，有如是的材料，才能構成作品的血和肉，有血與肉的作品，才能具有偉大的感人的力量，所以我們說廣大的生活範疇，是文藝創作的倉庫，作者對作品所需要之材料，不是從特定的題目下憑空跳出來的心血來潮，乃是在經常生活中搜集得來的自然的產物，因此，一個文藝作者將生製造出來的藝術作品，實像汪洋大海中熬煉出來的一個有生命的有機體一樣，蓋以現實生活的發展與豐富是源源不息的，作品的素材只不過是將現實生活最本質的東西來表現而已，它所表現的就是從千頭萬緒中研究出那活生生的千變萬化的規律性來體現歷史社會的生活眞義。

（二）題材

所謂題材，乃是素材經過了文藝表現手法推敲後產生材料，亦即文藝技巧化了的素材，是文藝內容中基本的構成要素，是從廣泛的素材中加以提煉加以組織工夫了的文藝內容，所以題材的選擇乃創作上的重要技術，具體的題材通常是把握着現實社會現象的複雜性底戰鬥活動，人類生活實踐與創作底演進[illegible]歷史時代文化思想與探討眞理的發展過程，及生活週遭環境一切現象變動的潮向等，來運用以藝術的表現手法去組織成文藝內容的全部意義，因而它深刻透澈地捕捉着生活的全面，把握

從蘆墟的手工業說起

C.54 芳輝

蘆墟地當邕柳路的中樞，桂南的貨物大都集散於此，它是廣西貿易地大圩市之一，同時也是賓陽經濟的中心地，由於賓陽的地理環境關係，居民從事商業的很多，手工業也發達。

蘆墟的手工業在廣西說是相當著名的，像雨傘、雨帽、布帽、瓷陶器、鐵器等，都源源地向各地銷流。

蘆墟的手工，一般來說，初時爲了要招牌，獲得人們信用的緣故，出品的貨物做得相當的精美與耐用，後來因爲出品不夠銷售，爲了要多賺點錢，把所用的原料減少了，工作也馬虎起來，這樣的偷工減料，目的是多賺幾個錢，結果使得手工業走上沒落的途徑。如我們平日用的墨吧！起初的出品實可與徽墨比美，但有芬芳的香味和油滑的色澤，很受人的歡迎，復來呢，由於要賺多幾個錢，原料減省了，墨的色澤由漆黑變成了灰淡，且具有腥臭的惡氣，失去了顧客的信仰，購買力因此削弱下來。這種「惟利是圖」，沒有精益求精的精神，也便是促成了中國工業落後的原因。

我們縱觀歐美各國的工業的發達和科學的進步，乃因他們有精益求精的精神。近世紀來，歐美有了不少的發明，而我們中國發明了些甚麼？有些不知長進的，守舊頑固的人，他們還會睜眼扇着嘴和你說：「嘿！誰說中國沒有發明，中國曾經發明指南針，火藥，印刷術呢！現在的飛機戰艦，若沒有我們發明的指南針，那裏能在高空飛翔又那裏能在茫茫的大海航行呢。又如現在槍砲也是我們發明火藥的結果啊……」他們高傲的姿態和一種鄙視的神情，更帶有一種賽鹿（Shylock）的風度，實在令人憐憫，是的，我們古時曾發明了這許多的東西，但離現在不知幾百年了。今日的指南針，火藥等，雖然根據我們祖先發明的原理做去，但其不知經過了多少的改良，並不是和以前那樣的簡陋，最近他們已進步到原子時代，我們許多的日用東西還不能自給，我們以爲自已比別人能幹，比別人高強，比別人聰明，這可說是阿Q的精神！

現在正是我們建國的時候，一切正向着民主大道前進，我以爲我們要建立一個富強的國家，非首先把我們這種根本的錯誤糾正不可。

本校教職員一覽表

職別	姓名	字別	性別	籍貫	年齡	經歷	到職年月	通訊處
校長	黃光京		男	廣西武鳴	四一	國立北平師範大學畢業國立浙江大學第二部史地系畢業曾任廣西省臨時參議會參議員北平師大師生合辦尊化中學史地教師省立南寧初中省立桂林初中級主任桂林高中史地科主任西大附高中史地教師省立桂林中學教務主任	三二年八月	武鳴城內萬安號轉
教導主任	郭開平		男	廣東普寧	三三	上海新華藝術專門學校藝術教育系畢業曾任廣西省立龍州師範教師上林縣立初中教導主任賓縣縣立第二初中導師隆山縣立國民中學導師上林縣立初中教務主任	三五年二月	廣東澄海長發街興泰號轉
事務主任	黃君幹		男	廣西武鳴	三八	軍事委員會參謀本部廣西陸地測量學校畢業廣西教育研究所附設數理化班畢業曾任參謀本部廣西陸地測量局股員軍事委員會軍令部廣西陸地測量局科員都安縣中都馬靈川國中等校教師導師	三五年八月	武鳴陸斡圩郵政代辦所轉
訓導組長	監宗驪		男	廣西上林	三七	國立廣西大學理工學院畢業曾任廣西企業公司酒精廠技術員上林縣立初中教師隆山國中教師及導師	三五年二月	上林領圩信轉
導師	雷惠民		男	廣西南寧	五二	東京日本大學政治經濟系畢業曾任省立第五中學教員邕寧職業學校教務主任陸川縣中教員南寧平日初中教導主任上林縣中教師兼導師	三十年十月	南寧亭子圩華記轉
導師	羅樹松		男	廣西南寧	三三	廣西省立師範專科學校畢業曾任昭平縣立簡易師範政治教育指導員邕寧國中省立百色中學省立南寧初中扶綏同縣立國中省立南寧高中南寧私立班峯中學等校教師兼導師	三四年十月	南寧臨勝街十二號之一
導師	陳剛果		男	廣西北流	三〇	國立桂林師範學院理化系肄業曾任橫縣縣立教師北流青年團股長	三五年三月	北流民樂鄉羅村
導師	王凡		男	廣西賓陽	二七	國立廣西大學畢業曾任南聲月刊社主任編輯桂林新聞學社記者柳雒聯中導師桂林區民團指揮部政治指導員榴雒聯中戰地服務團秘書兼指導員戰地日報社總編輯榴江縣戰史編纂委員會編輯	三四年十二月	賓陽蘆圩同仁藥房轉
導師	覃秉文		男	廣西賓陽	三五	廣西教育研究所文史地教學研究班畢業曾任武宣縣中導師河池國中附設簡易師範科主任河池國中教導主任	三四年九月	蘆圩益友書局轉
導師	韋宗遺		男	廣西武鳴	三〇	國立浙江大學肄業兩年曾任武鳴縣立初級中學教師	三五年四月	武鳴雙橋益生堂轉
女導師	吳映波		女	廣東澄海	三一	上海光華大學教育系畢業曾任省立龍州師範導師上林縣中教師賓縣縣立第二初中女導師上林縣中女導師	三五年二月	廣東澄海長發街興泰號轉
教師	周宗熹		男	廣西上林	三〇	廣西大學畢業曾任國立廣西大學副技師桂林國中助理及農業教師兼農場主任省立桂林中學高中教師懷中中學教師	三二年九月	上林大山圩朝京村
教師	林生甫		男	廣西賓陽	三八	廣西大學肄業三年曾任廣西大學醫學院理化助教南寧科學集中實驗所助理指導員賓陽縣府督學南寧尚實初中教師省立天保師範導師賓陽縣立簡易師範導師	三四年九月	賓陽城內陸寶泰轉
教師	玉誠		女	廣西南寧	三五	國立桂林師範學院肄業曾任南寧三官區立中學教師	三五年三月	南寧民權路北一里十三號轉
教師	陸慶謙		男	廣東南海	二六	香港九龍九龍英文書院肄業曾任鎮邊縣立國中教師	三五年三月	
教師	覃登凡		男	廣西武宣	四〇	中華藝術大學畢業政治訓練班畢業曾任四集團軍總政治部科員十一集團軍總政治部科員一七五師政治部幹事十六集團軍政治室幹事省立南寧高中教師	三五年三月	武宣通挽安

04

苍梧教育月刊

（第七期）

出版时间

民国十六年（1927）十二月

发 行 者

苍梧教育局

第七期

民国十六年十二月

第二届县教育行政会议

甲、议事大纲 /1

乙、议事细则 /1

丙、参加会议人员表 /2

丁、主席团姓名表 /3

戊、审查员姓名表 /3

己、关教育局长锡琨对县属教育一年来进行概况的报告 /3

庚、议案一览表 /6

辛、各种议案 /11

壬、教局局款收支比较报告

补助各校经费一览表

法规

甲、举行毕业办法 /45

乙、学校校董会及学校是板立案表式 /48

决算

苍梧教育局造具中华民国十六年四月份总收支决算表 /49

苍梧教育局造具中华民国十六年五月份总收支决算表 /52

苍梧教育局造具中华民国十六年六月份总收支决算表 /54

苍梧教育局造具中华民国十六年四月份临时费收支决算表 /57

苍梧教育局造具中华民国十六年五月份临时费收支决算表 /58

苍梧教育局造具中华民国十六年六月份临时费收支决算表 /59

中華民國十六年十二月
第七期

蒼梧教育月刊

蒼梧教育局刊行

目錄

第二屆縣教育行政會議

(甲)議事大綱
(乙)議事細則
(丙)參加會議人員表
(丁)主席團姓名表
(戊)審查員姓名表
(巳)教育局一年來對教育進行概況的報告
(庚)議案一覽表
(辛)各種議案
(壬)教局局款收支比較報告

補助鄉校經費一覽表

法規

(甲)舉行畢業辦法
(乙)學校校董會及學校呈報立案表式

決算

教育局四月至六月總收支決算表
教育局四月至六月臨時費收支決算表

議事大綱

（甲）

一、下年度義務教育經費應如何籌集
二、下年度社會教育經費應如何籌集
三、黨化教育如何實施
四、平民義學應如何推行
五、梧市各校校址俱屬狹隘應如何設法推廣
六、職業學校應如何籌辦
七、私塾應如何取締
八、學區應如何劃分
九、其他一切應革新之教育事項

（乙）議事細則

第一條 會員每日入場時應各簽名于簽到部
第二條 會員席次以報到先後為序
第三條 會議時間每日以三小時為限由上午十一時至下午二時中間得休息十分鐘遇有特別事件主席得宣告展長時間但至多以三十分鐘為限
第四條 凡發言者須先起立報告號數同時有二人起立者得由主席指定其發言之先後
第五條 會議時不得涉及題外各事項

（甲）舉行畢業辦法

蒼梧教育局訓令　第　號

令　小學校校長

爲令遵事案奉

蒼梧縣公署訓令第壹三七號開案奉

廣西教育廳第壹壹四號訓令開爲訓令事近查各學校辦理畢業手續多不完備以致毆覆稽時妨碍學生升學茲由本廳規定學校舉行畢業辦法除分令外仰該知事迅轉教育局印發各校一體遵照並將奉到日期報查此令計發學校舉行畢業辦法一份等因奉此合將該辦法抄發仰該局長迅即印發所屬各學校一體遵照并將奉到日期報查此令等因奉此合將該辦法印發仰該校長即便遵照辦理此令

計印發學校舉行畢業辦法一份

中華民國十六年五月廿八日

學校舉行畢業辦法

一、縣立區立私立小學初級部或單設初級小學暨縣立師範學校或講習所之附小初級部舉行畢業試驗應於兩個月前造具在學成績表二份呈由教育局核明轉呈縣知事核准令知後再行辦理

二、縣立區立私立小學高級部或單設高級小學暨縣立師範學校或講習所之附小高級部舉

05

苍梧月刊

（第一期）

出版时间

民国二十七年（1938）二月一日

编 辑 者

苍梧月刊编辑委员会

印 刷 者

梧州大公报社

刊名题字

陈良佐

第一期

民国二十七年二月一日

发刊词　黄新砌
吾人应有的主张和努力的途径　军委会第六部发表 /1
抗战期中对本省重要政令之认识　达 /2
耕地租用条例与抗战　宗萍 /4
国际两大阵营　追宜 /5
提供几点私见　宗萍 /8
真理在严肃的抗战生活中　小记者 /12
抗战到底，青年们，动员到农村去　亚陆 /13
成人教育在苍梧（附成人班补充读本）　宗萍 /14
亡国苦 /15
游击战 /16
坚壁清野 /17
全民抗战 /17
我们在“战时服务团”下工作　青松 /18
本刊的使命　钟鼎 /21
战时教育讨论大纲 /22
抗战言论讨论大纲 /23
宣传技术讨论大纲 /25
编辑的话 /26

蒼梧月刊

陳良佐題

陳良佐章

第一期

總理遺囑

余致力國民革命凡四十年其目的在求中國之自由平等積四十年之經驗深知欲達到此目的必須喚起民衆及聯合世界上以平等待我之民族共同奮鬥

現在革命尚未成功凡我同志務須依照余所著建國方略建國大綱三民主義及第一次全國代表大會宣言繼續努力以求貫徹最近主張開國民會議及廢除不平等條約又須於最短期間促其實現是所至囑

出版日期：廿七年二月一日
編輯者：蒼梧月刊編輯委員會
印刷者：梧州大公報社

蒼梧月刊

發刊詞

黃新硎

「沒有正確的理論，便沒有正確的行動」。這兩句歷史名言，在中華民族解放鬥爭踏上了更高階段，展開着和壓迫我們最厲害的日本帝國主義者鬥戰着的現在，是更值得提出的。

抗戰的最後勝利，終是屬於我們的不願做亡國奴的人，誰都有着這般的自信心。然而，抗戰的過程是極艱苦的。客觀方面雖然給予我們許多有利的條件，可是在主觀方面我們實在都感覺得做得不好不够，我們若果做得不好不够，抗戰前途必然增加了萬千倍的困難；反過來說，抗戰的最後勝利固屬於我，抗戰的艱苦亦必然的可以大大的減少，

本省是百分百執行　總理遺教的省份，是復興中國的安哥拉，數年來厲行的新政——本省的建設綱領和三自三寓政策，都是朝着實現　總理遺教及復興中國的鵠的邁進，在我們本省最高領袖領導底下和全體公務員民衆的埋頭苦幹各地方各部門的建設，都顯現着很大的進步了，可是，我們蒼梧的呢？事實是歪曲不了的，擺在我們眼前的一切，不但我們領袖認爲不滿意，給了我們很合理的批判和指示，（上次　白副總司令和　黃主席視察到梧，曾公開批評本縣各部門建設都做得不够）就是我們大家亦得坦白的承認是做得太不够了。這原因恰如　陳指揮官在本縣基礎學校職教員講習會開學典禮時指出「本縣基層公務人員對本省的政綱政策的認識太不够　所以沒能有很好的成績」

現在抗戰是在不斷的展開着，我們除了把數年來所積貯建設成績盡量供獻於抗戰上面去外，我們該怎樣繼續去展開，充實抗戰的力量呢？歷史和這數月來實際和敵人血拚的過程里，教給我們許多寶貴的教訓，那些是我們該擴大充實的優點？那些是我們該設法補救轉來的弱點？凡是中國人（漢奸除外），誰都該弄得明明白白，而切實在尋求和研討的，我們是政府的公務員，所負担的任務，比一般人來得更爲重大，更該充實我們抗戰的理論和行動在本省領袖領導下，進行堅苦的奮鬥！

本刊——蒼梧月刊——的誕生，很顯然的是負了這時代給予的使命！

子，抓緊時機

丑，適合對象的要求

（這些大綱是出本縣鄉鎮長訓練班製這些問題的討論大綱） 編者誌

編輯的話

在這全面抗戰開展着全國總動員的今日，不消說所有公務人員要集中精力去應付抗戰上一切工作，就是全體民衆也須得要算着出錢出力的神聖而艱鉅的工作了。那裏有充裕的精神時間閒暇去寫作去閱讀呢？一般人都會這樣子想着。可是思想總動員是一切的相負的基柱，這是不願做亡國奴，爲努力抗戰工作的人們所公認的。我們要實行全國總動員，要確實保證最後的勝利，就該努力於思想總動員的工作了。這本小刊物在理想上，事實上負有思想總動員的一部份工作的任務，所以無論事情怎樣倥傯，內容怎樣空虛，財力怎樣缺乏，如果還有最後一點精神時間財力都毫不客氣地來負起這時代給予我們的使命，而幹這艱難而偉大的工作。我們知道這是獻醜，我們都不能因怕醜而忘卻救亡的工作。我們知道自己的一切貧乏，我們都不能因一切貧乏而忘卻救亡的天責，這是本刊同人的一點未誠，希望讀者原諒和同情！

本期因篇幅關係，還有許多關於開明政府需要政令的論文和抗戰理論的文章還未刊入，祇得留待下期吧。

從後，本刊下期特闢鄉村通訊一欄，希望各鄉鎮工作同事，熱烈地把各鄉目前工作情形，尤其是救亡工作方面的情形，赤裸裸的提供出來，讓大家來作合理的檢討與批評，這該是大衆願意的。

怎樣去爭取抗戰的最後勝利，是每個智識青年目前該學習的唯一課題！

本刊投稿簡章

(一)本刊主要的目的討論戰時一般理論和技術，闡明本省政綱政策法規法令的理論和實行技術，

(二)與本刊目的符合的文章，不論文言白話均所歡迎，但來稿須繕寫清楚，加具新式標點符號，並一紙不可書寫兩面，

(三)來稿請寫眞姓名，發表時筆名由作者決定，但登載與否概不發還，事先聲明不在此限，

(四)來稿發表後酌贈本刊以示薄酬，

(五)本刊編輯形式，採活動方式；欄數增減，按照事實是否需要決定。

06

春雷旬刊

（第一期至第四期）

出版时间

民国二十年（1931）十月三十一日

至民国二十年（1931）十一月三十日

编 辑 者

春雷文艺社

刊名题字

马君武

第一期

民国二十年十月三十一日

艺术家之祖国　白衣 /1
报复　翚林 /2
漏尽　其光等 /5
天国的钟声　刘萍 /7
期待——贻赠于吾友翚林兄之前　奇光 /8
Flanders 的战场——纪念东三省死难同胞（译诗）　John Mecrae 原著　慧如译 /9
致死者　飘萍 /9
丁琅琅丁琅琅，我的长剑在响（待续）　白衣 /10
山味（杂感）　丁斗 /11
寂啸　奇江等 /12
文坛消息：文艺界的沈案观　编者 /13
编后记　编者 /14

附载

春雷文艺社成立旨趣 /14
春雷文艺社社章 /16

第二期

民国二十年十一月十日

近年来中国文学的变迁　紫楣 /1
革命文学家伊巴尼斯 Vicente Blasco Jbanez1867—1928　笠井镇夫著　观云译 /4

致死者（续） 飘萍 /8
滚吧！残贼魔鬼们 犟林 /11
灵岩放歌 寒莎 /12
古墓里的舞蹈 T.L./12
编后 编者 /13

第三期

民国二十年十一月二十日

近年来中国文学的变迁（续前） 紫楣 /1
德国文学研究法沿革 山岸光宣著 观云译 /2
日本永远是我们的仇敌 尼基 /5
冰井的幽澜 白衣 /8
爱人呵！我愿 犟林 /10
阿福 寒莎 /10
编后 编者 /13

第四期

民国二十年十一月三十日

大散文家 小泉八云作 方缪译 /1
德国文学研究法沿革（续） 山岸光宣著 观云译 /4
给那些苦闷的青年朋友 犟林 /7
迷梦 莲星 /8
时代之冬 张叔臻 /9

乡思　罗布泊 /10
阿福（续）　寒莎 /10
都是胡说的话　胡说 /12
拉杂随笔　帆影 /13
编后话　编者 /14

(1)

春雷

馬君武題

第二期
目錄

藝術家之祖國……白衣
報復……肇林
天國的牆壁……劉荻野
期待……青光
Flanders的戰場（譯詩）……慧如
致死者……飄萍
丁聊聊丁聊聊我的長劍在嚮……白衣
山味—雜感—……丁斗
文壇消息—文藝界之瀋案觀……編者
編後記……編者
附載—本社成立及發刊旨趣……

民國二十年十月卅一日出版

藝術家之祖國

白衣

提起人道主義這個名詞，便往往引起一般稱為普羅列塔利亞批評家底非難，譏罵為淺薄、無聊、微溫，甚至虛偽。他們正在以之裝入時下流行的「不革命便是反革命」「反對我便是反革命」等邏輯形式內而恐嚇人們。

對於這，我們並不必借用這些批評家們他們自己的主義的理論來作打他們的巴掌；我們且從藝術的見地發揮我們的意思。

文學史上耀古輝今的文豪如俄羅斯的陀以朶夫斯基，托爾斯泰固然是盡人皆知的人道主義者。他倆蘊着聖潔深沈的眼淚默看可憐苦惱的蒼生，為被侮辱被損害的人們訴說痛楚的冤抑；此外充滿人道主義偉大的愛的同情的傑作也並非少有。至少在古今中外許多文藝的書籍中，我們絕對不能找到一篇諂媚強暴而向弱者板着傲慢冷酷的面孔的東西—是真的。進一步說，則一切藝術創作都可以看作通過人道主義的胎教而產生的。

原來藝術是感情的流露，假以美的形式而表現出來。通感情藉美的手段而接觸着許多鑑賞者們，其效果至於能在人們心中燒起同樣的情感。然而這最初的情感的火種，乃是作家心靈對於人生的銳覺發出的。人生原是理想與現實，靈魂與肉體，個性的創造力和環境的壓抑力的無窮矛盾衝突的過程。這矛盾衝突在藝術家的生命上激盪得更利害，而飛迸像品的情緒的火花；作者乃據其如湧的思潮，於是畫家繪成畫在人生的寂寞途中大家得到一點知音的慰悅。

我們所努力的是關於文藝領域的事務。文藝本是文化的部份，但假如真正認識過文藝的，一定會澈悟文藝天地之廣與深，因爲他能反映着人生的全部。

我們固然幼稚，但我們不承認誰曾有過文藝上絕對的成功。我們更不以幼稚爲滿足。

偉大天才的靈魂不會眠宿在我們的軀殼裡；因爲荒凉戈壁上的蔓草難於長出琪花。但願大竭誠灕漑以心的靈漿，使遍不毛的沙漠漸漸變成綠野。

要將整個社會的古壞改造，這工程自是巨大而困難，惟深盼朋友他的共同起來，或許能向舊壁壘敲下一只門磚，爲新建築奠一塊礎石。

請接受這對你的一點衷情，朋友啊！……

× × × × ×

春雷文藝社社章

(一)社名　本社定名爲春雷文藝社

(二)宗旨　以聯絡文藝同志研究文藝促進文化爲宗旨

(三)社址　本社社址現尙未定通訊處則暫由梧州廣西大學號房轉

(四)社員　各界人士能贊同及遵守本社社章將姓名，性別，年齡，職業，住址等項寄交本社經本社幹事會會議認可幷發給社員證卽得爲本社社員

(五)組織　本社依據權力及工作之分配規定組織統系如下圖

社員大會
幹事委員會
- 總務股
- 研究股
- 編輯股
- 出版股
- 聯絡股

社員

(六)經費　本社經費由下列二項充之(甲)社員入社時交入社費五角(乙)必要時由社員大會決定籌措方法

(七)刊物　本社出版刊物由幹事會議決定計劃交編輯股出版股共同辦理

(八)附則

(一)本社其他細則另定之

(二)本社不參加任何政治活動

(三)社章得由社員提出交社員大會議決修改

中華民國　年　月　日

中華書局新出版物

春秋時代之世族

——孫𪸩編——

——全一冊七角——

是書本科學的態度，用歸納的方法，鉤稽纂籍，將春秋時代特有之世族制度，以及當時之政治組織、社會組織經濟、狀況、平民生活狀況，分別爲有系統之整理與說明。其所用方法，殊可指治史學者以研究的途徑；得此，而春秋時代整個的中國，乃呈現於吾人之前，實中國史上有價值的一種史考。

元史學……李思純……一冊……八角
國恥史……蔣恭晟……一冊……一元二角
日本全史……陳恭祿……一冊……一元二角
國史通略……張震南……一冊……一元二角
清史要略……陳懷……一冊……一元
中國近百年史要……陳懷……一冊……一元二角

中國文學概論

陳懷著　一冊二角半

本書爲一簡短之小冊，計分敍論、文性、文情、文才、文學、文識、文德、文時、總論九篇。內容將中國文學之祕奧，宣洩無遺，多發前人所未發，允推中國文學批評之佳搆。

文藝概論……錢歌川……一冊五角
文藝賞鑑論……孫俍工……一冊四角
文學概論……田漢……一冊三角
陳石遺先生談藝錄……黃曾樾……一冊二角
中國大文學史……謝无量……一冊三元
中國近代文學之變遷……陳子展……一冊七角
中國文學批評史……陳鐘凡……一冊一元二角
中國六大文豪……謝无量……一冊一元八角
中國婦女文學史……謝无量……一冊一元四角
清代婦女學史……梁乙眞……一冊一元五角

〔業餘叢書〕無線電入門

俞子夷著　四冊各三角

這一套書，第一冊是礦石收音機造法，第二冊是眞空管收音機造法，第三冊是眞空管收音機的放大法，第四冊是二個以上眞空管的收音機。著者把自己業餘研究的經驗，記述一切的方法，注重實際而不尙空泛的理論；所以這是學習無線電的入門好書。

春雷旬刊

本刊每月逢十出版，每冊定價六仙

代售處：大東書局，商務印書館，中華，文淵，文化，廣明新書店

通訊處：廣西大學號房轉

春雷文藝社主編

來稿各地文化通訊，直到現在還不見這類稿寄來，小說也很少，在這里，我們謹特別向讀者諸君徵求。

徵稿條例

1、本刊徵文的範圍，爲文藝論評，小說，散文，詩歌，什感，戲劇等文藝譯作。

2、文稿請用直行謄寫清楚，文體以語體爲重，并加以新式標點。

3、譯品請附原文及原著者姓名國籍。

4、投稿者請在稿末署明眞姓名及蓋章註明住址，至發表時另署別名則由作者自定。

5、來稿如不合用，卽行退還，（如不付 票一份者，不在此例。）

6、發表之文稿，一律保留原作者的著作權。

7、來稿發表後，因暫時經費關係，只酌送本刊若干份爲謝。

8、來稿請寄本社通訊處——梧州三角嘴蚨蝶山廣西大學號房轉春雷文藝社編輯股收。

春雷文藝社啓 二〇，一〇，三一。

本刊招登廣告價格函議

提倡國貨
總批發
新新鞋店
廣州南強樹膠廠出品
梧州大中路
本廠膠鞋中外馳名完全國貨物美價廉

07

淳 风

（创刊号）

出版时间

民国三十七年（1948）元月

编 辑 者

永淳留邕同学会

印 刷 者

南宁桂南印刷厂

创刊号

民国三十七年元月

过去现在及将来（代发刊词） 黄建华 /1

专论

对于本县建设之意见 何春华 /3
对于在乡父老的期望 孙如松 /3
对于本县奖励升学的我见 如华 /5
论我国宪法所定立法与行政的关系 梁松寿 /6
民主与法治 冯云汉 /7
生活与知识 莫家绍 /9
对中国社会应有的认识 西院——如华 /10
言责 梁忠恒作 /12
我对留邕同学会的希望 孙如松 /12

编后话 编者 /13

文艺

我的独白 克拉西 /14
友谊的宝贵 金光 /15
我们需要读书 韦烈兴 /16
夜中偶感 刘桂芬 /17
贷学金 新地 /17
散文四章 克拉西 /18
献 琼 /19
垦植者——高农生活掠影 黎植芬 /19

把你们的胸膛挺起！　屈津 /19
读《孔雀东南飞》后　琼 /20

报道

同乡会会务简报　林启贤 /21
伟大的同情与帮助　吴如岱 /22
师院近况　奈因 /25
西院介绍　陈镇中 /26
南高的点线面　韦绍新 /27
南师介绍　华华 /30
在师院附中一年　颜植志 /30
西院附中简讯　光 /31
女师近况　滕桂英 /31
黄中素描 /32
速写高农　卢启忠 /32
淡写高护　如燕 /33
闲话尚实　张中准 /33

附录

捐助本刊经费同乡芳名录 /34
会员通讯录 /34
永淳留邕学生同学会组织章程 /37
本会负责人员一览 /38

[illegible]

創刊號

永淳留邕同學會編印

民國二十七年元月出版

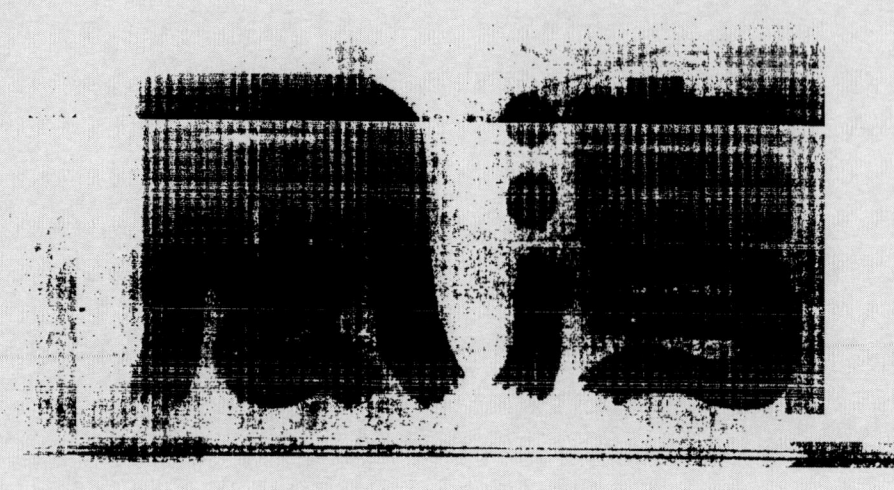

過去現在及將來

（代發刊詞）

黃建華

本會是永淳留邕青年學生的結合體，它在抗戰中出生，也在抗戰中成長，它底命運的多難，軀體的瘦弱，的確受人關懷，但它隱藏着力量的偉大，更得人的器重。

六年前，即民國卅一年的春天，留邕同學，因感於彼此間之無組織，至形成鄉情隔膜，乃由梁松蓀等同學發起組織「永淳留邕同學組」，這便是本會組織的前身。當時的組織雖小（祗設立小型圖書室），而且會[illegible]隸屬於同鄉會。但在學術研究，感情聯絡，生活規勸等方面，成績甚爲可觀。[illegible]至卅三年秋天，桂南再度淪陷，同學組組織因而解體，圖書亦因[illegible]損失淨盡，此殊令人痛心。卅四年，南寧光復，抗戰勝利，各同學紛紛回邕，重投學校懷抱；於一度散亂後，形成同學間紛亂生疏的狀態。爲了摒除這種缺陷，有恢復組織，發揚過去同學組精神的必要。仍由梁松蓀及馮雲漢兩同學發動，在陳樹庭黃萬里梁西雄林啓賢等老鄉耋的指導下，於卅五年元月將同學組改組，成立爲「永淳留邕學生同學會」，脫離同鄉會而獨立，並得同鄉大會撥後樓兩房爲會址。改組後，本擬除恢復圖書室外，增闢中山室，惟以物質維艱，人事等關係，均未能滿意實現，此甚引爲憾！然對會務發展，同學間感情之融和及聯絡與彼此相助等方面，都得了很大的成就。例如：經費方面，進行募捐及呈請永淳縣府撥發的結果，得到很大的幫助；對同學的利益方面，呈請永淳縣府對公費及貸學金制度之改良，大體上已接受，這是當年努力的收獲。

去年上下兩學期，因負責人他往，人事變遷，本會工作無形陷於停頓。由此，會址便爲同鄉會收回，會務既無發展，而同學會聚會之立錐地又沒有了，損失之大，誠爲痛惜。

去秋十月間，筆者等應大多數同學恢復本會的要求，發起召開會員大會於表證中心校，在黃校長其芹列席指導下，本會得以再度恢復，繼續展開工作。爲加强組織，大會即席議決增設各校同鄉代表會，直屬會員大會，而經常監督並轉達會員意見與幹事會。從此本會之組織更形嚴密而具體。由於負責工作同仁的努力及全體同學的協助，本期的工作，成績表現特別優良，如經費的募集，祗至執筆本文止，數目已逹柒百餘萬；爲了感情的交流及永遠紀念，而發動的元旦聚餐和攝影，均能順利完成；至於出版會刊，因種種困難，雖不能合乎我們的理想，終也能完成付印，這是我們覺得很安慰的。但是，會址沒有收回，我們工作既沒有地方，圖書室無法建立；呈請永淳縣府撥發會費一事，迄今月餘，尚無着落，這是我們覺得最大的缺憾。關於此點，誠望同鄉會及吾邑政府，給予我們最大的鼓勵與幫助。

由於諸老鄉耋的愛護，在精神和物質上的栽培，那可見對我們祈望的殷切，而自感到我們責任的重大。爲了不使愛護本會的前輩暨熱望本會前途的讀者們失望，我們除在學問上做澈底工作外，願在今後努力下列幾點予以實現：

（一）收回會址：會址是我們一切活動的中心，工作的處所，過去同鄉會本已撥給我們，去年因會務停頓，又被收回，對會務工作阻碍至大。待同鄉會租期屆滿，大會改選時，當力請收回。

（二）在邕同學與各地的聯絡：有了一定的會址後，除有一定的集會之外，在同學課餘之暇，可隨時到會，以輕鬆自由的方式，檢討學習生活或其他研究，互相策勵，打破「死啃功課」的求知態度。至於外地同鄉，尤其一中二中及區中，甚願經常通訊聯絡，互相報導，互相提供改進意見，把吾淳青年團結起來，向光明之路發展。

（三）闢設圖書室：圖書是求知的工具，其重要不待言。過去已有顯著成效，惟以戰時疏散，大多數已損失，所存無幾。現在抗戰勝利生活安定，收回會址後，當要充實同學們的研究資料。擬在今後發動捐書運動或提款購置，來續步充實我們的圖書室。

（四）替欲升學同鄉服務：報導各地學校招考消息，介紹各校內容及環境，盡力幫助解決來邕升學同鄉在食住上及行動上所感的困難。以後我們除請撥同學會址外，並力請同鄉會每在寒暑假期間，免費給予投考同鄉同學的住宿。

（五）出版會刊或其他刊物：用以推進同鄉會業務，促進吾淳教育及地方建設的發展，這是我們的最大任務。過去和現在，因種種關係，祇出版會刊一種，內容很空虛。以後除充實會刊外，或出版季刊月刊等等，以最大的力量來實現我們的願望。

（六）擴大充實我們的組織：現在本會組織範圍，祇限於留邕在校同鄉，將來我們很願意擴大為永淳留邕青年會，這一則我們的力量更宏大、組織更嚴密，會費更充實，二則非在校的青年同鄉，表面雖不在校讀書，但他們仍在不斷的學習；大家的心都是熱烈的，大家的血都是沸騰的。所以我們覺得有攜手的可能與必要，在此謹望留邕青年同鄉的共鳴。我們是在等待歡迎你們，共同負起時代的使命！

（七）經費的公開：過去有許多同學或因對本會經費的不明瞭，而抱懷疑或觀望態度，以後本會要做到經費公開，每期在會刊或大會上詳細報告，使本會同學得以澈底了解，進而熱烈擁護。

現在我們的會刊——『淳風』總算出版了，這是我們工作的表現。將來的收穫雖未可卜，但若得同學們不斷的努力耕耘，讀者永遠的愛護，她總有一天會給吾淳窮病落後的縣份帶來新生，發展，給全縣的同胞帶來光明和幸福。本會刊之所以用『淳風』為名，她的含義與象徵是：『淳』是淳樸的意思，凡事的成功，都以刻苦儉樸為起點，她濟著着宏大的力量，象徵着博愛偉大；『淳』又是我們的縣名，這表示出了我們這活躍的一縷所寄托。『風』是風化的意思，她可以轉移凡俗，含著潛愛而象徵着美；『風』又是一種最溫柔最不自私的東西，大地上的一切都同樣地受到她底溫暖的撫摸。『淳風』合起來，是蘊藏着偉大而尙樸的風，在感化轉移吾淳落後的一切，惡劣的一切，使朝康樂的大道邁進；她象徵着光明，前途無限量。在些裏，我願『淳風』吹綠我們整個永淳的原野，更吹暖永淳每一個同胞的心田。

最後，我們謹誠虔地向協助我們的在邕各位老前輩及關心本會本刊的讀者敬致謝意！並祝同學們健猛進步！

（接第六頁論我國憲法所定立法與行政的關係）

一個政府黨在立法院內只要占有三分之一議席就可以操縱一切立法，美國總統固然也可以把法案退還國會覆議，但是只能退還國會通過的法案要求覆議，而不能對國會否決的議案，要求覆議。我國制度則不同，五十七條第三款規定：行政院欲施行的政策，若遭立法院反對，行政院可用退回覆議之法使其通過；第三款規定，行政院所反對之政策，若在立法院通過，行政院又可用覆議之法使其撤銷，這樣一來，政府黨在立法院內若有三分之二的議席，不但可以消極的防止立法院通過政府所反對的議案，且可以積極的強迫立法院通過政府贊成的法案，民主政治為「多數決政治」。就「人」方面說，凡多數人所贊成者，可以上台，多數人所反對者，必須下野；就「法」方面說，多數人所贊成者，可以通過

（下文見第七頁）

讀孔雀東南飛後

——瓊——

「孔雀東南飛」是一首五言長篇敘事詩，一首空前的傑作。內容是敘述一對年青的夫婦受家庭的壓迫，終於演成悲慘的結局——共同殉愛的故事。悽艷動人，很富有教訓後人之深意。

這詩來自民間，作者已無從查考。關於它的產生年代曾有過不少人作過考查，原序說是建安時代之作品，梁啓超、陸侃如、胡適等，都對本詩之時代作過長篇的考證。梁陸兩氏，都認爲本詩產於齊梁時代。胡氏在白話文學中認爲本詩之創作，大概在建安以後不遠，約當三世紀中葉。但我深信，這故事詩流傳在民間，經過三百多年之久，方才收入玉台新詠，才有最後的寫定。其間自然經過了無數民衆的增減和修削，添上了不少本地風光，如「青廬龍子幡」之類。吸收了無數名詩人的天才與風格，而變成了一篇不朽的傑作。這說法似是比較合理，民間流傳的詩歌，實際上，是不會是一個人之作，更非一時而成的。

全詩僅三百五十三句，一千七百六十字，但其敘事，舒情，却是淋漓盡致。

全篇的文句，都是很質樸的，其中還帶着不少俚俗之句，不失爲民歌的特有風緻。它以通俗，顯淺的文字，以自然的韻律，裝潢出一個結構複雜而悲慘的故事。雖然所敘的多是瑣碎事件，但却不致紊亂，而是亂能變得追眞動人的詩篇！也正因爲它是着重於人物的自我介紹。全篇多以人物對話，打破了作者的呆板的抒寫，特別使人對其中的人物，及各人的性格發生親切的感覺，而益感此詩的眞摯可愛。讀完了它，對於兇惡的仲卿母，我們都懷着莫大的憎恨！對於溫順的仲卿夫婦，自然地發生了同情與憐惜，闌芝的兄，也是一個貪財愛勢的可惡的市儈，她的母親，則又是愛莫能助的人。她內心也何嘗沒有隱痛的。

在技巧上，是值得我們贊美它的高妙的。也許是流傳過久了，也許是寫成文字時的忽略，或以後的刪改，中間似有些少脫文至晦昧難讀。如第七段：一媒人去數日，尋遣丞請還，說有蘭家女，承籍有宦官，云有第五郎，嬌逸未有婚……」中。承籍有宦官和云有第五郎，這兩句中間，似乎不能連接，其中一定有脫句，不過，這些對於全詩的價值，也無妨礙的。

從故事的發生發展，而至造成悲慘的結局，我們很清楚地看到，中國的封建勢力下道德觀念的可怕。它給予人們重重的壓迫與殘害；如仲卿之母親，她想着封建專制的權威，她無忌憚地殘害着神聖的愛情。在封建勢力下，男女的婚姻，是沒有自由可說的。尤其是女子的命運和人格，根本就沒有自主的可能，因而愛情的「永固」是無可自以力爭的，在迫不得已時，只有犧牲，以求靈魂的安慰罷了。這是多麼悽痛呵，誠然，這也是一個反抗，然而這沉默的反抗，到底是犧牲太大了。掙得的代價，也並不能爲後輩求得自由，只能背負着一個節烈的虛名罷了。

總之，這是中國文學上的一篇不朽傑作，在技巧上它是晶潔無瑕的詩篇。它不但告訴我們這動人故事的本身，更告訴我們封建勢力道德觀念，宗敎思想……是怎樣的壓迫人，殘害着人間的「愛」與幸福！一九四八年元月院師

本刊稿約

一、歡迎對永淳現實問題之評論，及各地學校與文化報導。

二、除上述外，並歡迎其他專論、文藝創作、文學批評等稿件。

三、來稿不得超過三千字以上，佳作不在此限。

四、來稿請用格紙繕寫清楚，並註明標點符號。

五、來稿本刊有刪改權，如不願意者請註明。

六、來稿請寄南寧中山路永淳會館後樓永淳同學會（目前請暫寄師範學院吳如份同學）

七、來稿經發表後，恕無酬金，非本會會員者僅贈刊一份以表謝意。

八、來稿須退回者請註明並付足郵資。

孫樹	男	南初	中和	中和鄉公所轉
趙崇禮	男	南初	中和	中和鄉公所轉
趙崇義	男	南初	中和	中和鄉公所轉
孫肩忠	男	南初	中和	中和鄉公所轉
蘇　忠	男	南初	蒲城	珠江街59號
陳錦瓊	女	南初	蒲城	大興街少芳齋號
林妙暉	男	南初	蒲城	永鎔街
黃渭聘	男	南初	安平	安平鄉公所轉
蘇迺標	男	南初	同仁	永淳護龍街恒福號轉
覃天恩	男	南初	親睦	民生路南三里廿四號
黃捷克	男	南初	平天	中山路十三號
李子盛	男	南初	平天	南環路廿二號
黃增柱	男	南初	同仁	自由街六五號
勞冠杰	男	南初	平天	南陽墟信隆號轉

永淳留邕學生同學會組織章程

一、本會定名爲『永淳留邕學生同學會』（以下簡稱本會）

二、本會以加强留邕學生聯繫互助合作增進學習收效能發揚三民主義文化爲宗旨。

三、本會會址附設於永淳會館內。

四、凡永淳縣留邕學生有正式學籍者皆得參加爲本會會員但須履行入會手續。

五、凡永淳縣留邕學生於每學期之始已入會者須自行到會辦事處登記，未入會者除自行到會登記外，並須繳入會費國幣一千元。

六、本會組織會員大會下設幹事會推行一切會務及各校同鄉代表會代表同學意見監督幹事會。

七、幹事會由會員大會推選幹事十一人至十五人候補幹事三人至五人組織之以每校至少有一人充當幹事爲原則。

八、各校同鄉代表會由各校選出代表一人組織之但不能兼任幹事會幹事。

九、幹事會設常務幹事一人由幹事互推之總理一切會務下分設總務、學藝、服務三股每股設正副股各一人由幹事互推之股員各股設若干人得因各股工作繁簡由幹事會選聘充任之。

十、幹事會各股職掌如下：總務股掌理保管庶務文書等事宜學藝股掌理有關學藝活動一切事宜服務股掌理對外一切事宜。

十一、各校代表會設主席一人由代表互推之總理代表會一切事宜。

十二、幹事會及各校代表會每六個月改選一次於每學期開始同時進行改選得連選連任。

十三、會員大會每六個月召開常會兩次必要時得召開臨時大會。

十四、幹事會常會每二星期舉行一次必要時得召開臨時會議。各校代表會主席及候補幹事得列席但無表決權。

十五、各校代表會常會每一個月召開一次必要時得召開臨時大會幹事會常務幹事得列席參加但無表決權。

十六、本會經費來源如下：一、會員入會費。二、呈請同鄉會及永淳縣政府撥給。三、由會員捐助或向同鄉募捐。四、必要時可收會員臨時會費。

十七、本會每學期至少出版通信錄或會刊一期爲原則。

十八、本章程如有未盡事宜得由會員大會修改呈請核准施行。

十九、本章程經會員大會通過呈請核准後施行。

附：本會組織系統表

08

大众文化

（创刊号至第三期）

出版时间

民国二十七年（1938）二月十一日

至民国二十七年三月十一日

编 辑 者

粟寄沧

印 刷 者

华光印刷所（创刊号）、华光印务社

（第一卷第二期至第三期）

发 行 者

大众文化出版社

创刊号

民国二十七年二月十一日

华光印刷所

我们的信念　寄沧 /2
为实现焦土抗战的主张而奋斗　粟豁蒙 /3
时事短评：保卫陇海线　沧 /5
抗战前途与内部调整　张先辰 /7
通讯：一个在南路做工作的青年来信 /9
防止新败北主义的滋长　邢润雨 /12
外论评述　张卓华 /15

第一卷第二期

民国二十七年二月二十四日

华光印务社

焦土抗战中的建设　王宜昌 /2
时事短评：津浦线上的大胜利　沧 /3
战地通讯：第五战区青年抗敌军团的动态　丁卓超 /3
总动员的基本原则　粟寄沧 /4
特载：日寇之史的清算——在武昌“广西学生军营”讲演！　郭沫若 /7
出路（独幕剧）　罗展新 /11

第一卷第三期

民国二十七年三月十一日
华光印务社

为什么要抗战？ 雷宾南 /2
在前线上的李宗仁将军 北欧 /5
如何巩固国内的团结问题 千家驹 /6
英日能够妥协吗？ 张先辰 /8
抗战期间的经济建设 粟寄沧 /10

大眾文化

創刊號

創刊號目錄

民國二十七年二月十一日出版

我們的信念……寄滄
為實現焦土抗戰的主張而奮鬥……粟豁蒙
抗戰前途與內部調整……張先辰
防止新敗北主義的滋長……邢澑雨
外論評述……張卓華
通訊　一位在南路做工作的青年來信

編輯人：粟寄滄
發行所：大眾文化出版社
印刷所：華光印刷所

●經售處●
廣西桂林　前導書局
強華書局
莫林記報局

一

●定價●
每期零售四分
預定一月一角
半年五角五分
全年一元一逢一出版

大衆文化

第一卷第二期

團結一致

第一卷第二期要目

民國廿七年二月廿四日出版

焦土抗戰中的建設……王宜昌
總動員的基本原則……粟寄滄
日冠之史的清算（特載）……郭沫若
第五戰區抗敵青年軍團的動態……丁卓超
出路（獨幕劇）……羅展新

編輯人‥粟寄滄
發行所‥大衆文化出版社
印刷所‥華光印務社

●經售處● 廣西桂林
前導書局
強華書局
莫林記報局

●定價●
每期零售四分
預定一月一角
半年五角五分
全年一元

大衆文化

第一卷　第三期

第一卷第三期目錄

民國二十七年三月十一日出版

為什麼要抗戰？……雷賓南
如何鞏固國內的團結問題……千家駒
英日能夠妥協嗎？……張先辰
抗戰期間的經濟建設……粟寄滄
在前線上的李宗仁將軍……北鷗
喚醒民衆（封面畫）

編輯人：粟寄滄
發行所：大衆文化出版社
印刷所：華光印務社

●經售處● 廣西桂林
前導書局
強華書局
莫林記報局

●定價●
每期零售四分
預定一月一角
半年五角五分
全年一元

09

反日周刊

（第二期至第七期）

出版时间

民国十七年（1928）五月二十六日至民国
十七年六月二十六日（第二期至第六期）
出版时间不详（第七期）

出 版 者

中国国民党广西省执行委员会宣传部
（第二期、第三期）
中国国民党广西省党务指导委员会宣传部
（第四期、第六期、第七期）

印 刷 者

广西省党立印刷所

发 行 者

中国国民党广西省执行委员会宣传部

第二期

民国十七年五月二十六日

中国国民党广西省执行委员会宣传部

痛心的回顾　厚铿 /1

日帝国主义侵略我国记略（续）　炳文

　　三、中日之战 /10

急转直下之日本对华政策　天存 /18

田中最近的画像（插画）　天存

特载：中央委员对济南日兵暴行的愤慨 /27

日帝国主义者一周间的暴行 /33

本刊征稿条例 /35

在我国之日侨总数 /36

本党对外政策

第三期

民国十七年六月三日

中国国民党广西省执行委员会宣传部

反日运动（歌曲）　梁君干拟词 /1

反日与讨张　嗣虞 /3

反日出兵国人应有的觉悟　锐民 /6

日帝国主义侵略我国记略（续）　炳文

　　四、从八国联军时日本之出兵以至满洲条约 /8

　　五、日本国威膨胀后之压迫中国 /12

再论对日经济绝交　厚铿
甲、日本对华经济侵略的解剖 /18
乙、对日经济绝交的理由 /25
丙、对日经济绝交的方法 /26
可注意的美国对济案态度　公瀚 /30
日帝国主义者横暴一瞥
一、济案被难之官署人员 /35
二、日兵惨杀吾国军民之调查 /35
三、济城民众将饿死 /38
四、日兵焚尸投海 /39
五、日兵在济南各处仍猖獗异常 /40
今年日本人口统计 /42
本刊启事 /43
本刊征稿条例 /44

第四期

民国十七年六月十七日
中国国民党广西省党务指导委员会宣传部

残暴的日帝国主义者（封面画）　天存
日帝国主义的阴谋之第二幕（插画）　天存
快醒来呵！（插画）　天存
不要五分钟热度！（插画）　天存
革命青年与反日运动　厚铿 /1
雪耻才是救国的途径　锐民 /4
日帝国主义侵略我国记略（续）　炳文

六、中日交涉 /7
七、日本攻山东与强订二十一条约 /10
日帝国主义出兵山东之反响　雷动 /18
济案发生后的种种
甲、国府驳复日本觉书节略　由金问泗交矢田转达 /22
乙、日帝国主义的阴谋之第二幕　拟拥溥仪为满洲皇帝 /24
丙、济案华人伤亡统计 /25
丁、风起云涌之对日经济绝交 /26
启事 /39
本刊征稿条例 /39

第六期　经济绝交专号

民国十七年六月二十六日

中国国民党广西省党务指导委员会宣传部

对日经济绝交，是我们唯一的反日武器（插画）　天存
日本对华真相之暴露　挹云 /1
反日运动与经济绝交　薰陶 /6
对日经济绝交的几句话　天存 /12
打倒日帝国主义（歌曲）　梁君干拟词 /18
若果不切实对日经济绝交，我们将要像印人做英帝国主义者的奴隶一样！（插画）　天存
经济绝交是反日的最高策略　锐民 /21
战歌　长弓 /24
对日经济绝交与废约　厚铿 /26
甲、关于贸易侵略的不平等条约 /27

乙、关于实业侵略的不平等条约 /31
丙、关于交通侵略的不平等条约 /32
我们若果还不急起来反抗日本，我们将要像这个鸭子（插画） 天存
特载：抵制日货提倡国货具体办法全国学生总会拟 /36
日本的经济国难 志沧 /64
日帝国主义的横暴续志
一、鲁日侨要求永久占领山东 /71
二、日人在济暴行近讯 /72
三、日本图谋实行占领东三省 /73
四、日本政府对于济南事件拟定之无理要求 /75
日帝国主义阴谋之一斑
一、对华经济侵略新计划 /79
二、组织拓殖协会 /79
反日消息
一、本省对日会设立仇货审查委员会 /82
二、仇货陈列所之最近进行 /83
三、本省对日会展限登记仇货 /85
四、梧州对日会十六次常会记录 /86
五、桂平对日经济绝交事宜之进行 /87
六、百色反日运动进行之热烈 /88
七、恭城商会实行对日经济绝交 /90
八、隆安商民停办日货 /91
九、信都商民杯葛仇货 /92
十、巴拿马侨胞反日之坚决 /92
十一、星洲侨胞杯葛日货之概况 /93
尾声 厚铿 /96
本刊启事 /97
本刊征稿条例 /98

第七期

出版时间不详

民众如何“反日”？　锐民 /1
济案发生后我们应有的努力　邓绣琦 /5
日帝国主义侵略我国记略（续）　炳文
　　九、日本之于巴黎和会以及新银行团 /15
广州日商洋行及公司之调查：爱国民众一致和这些仇商断绝来往 /20
失掉这尾大鱼，渔人的确惊惶失措（插画）
日本方面消息种种
　　一、日本政象今秋将剧变 /21
　　二、日本想以借款骗取满洲权利 /23
　　三、日右倾团恐吓事件发觉 /23
日军又在胶济路各地横行
　　一、用兵周村 /24
　　二、大搜胶州 /25
　　三、大搜淄川 /26
　　四、其他种种 /26
全国反日大会宣言 /28
本省各界对日经济绝交委员会近讯 /33
广东各界对日经济绝交委员会近讯
　　一、布告缴纳国货基本办法 /37
　　二、仇货总检查中之一幕 /38
　　三、厉行对日经济绝交中之商情 /39

反日週刊

第二期

中國國民黨廣西省執行委員會宣傳部編印

痛心的廻顧

厚鑑

——日本帝國主義者近十年來對華的暴行——

『哀吾國兮不幸！東鄰毒于鴞獍：剛謀青島又福州；強我學生毆軍警。嗚呼，我同胞！如何不猛醒？！同胞誓死復公仇，寧可熱血濺頸！』

這是民國八年我在學校讀書時所唱的追悼福建學生的追悼歌。現在因日帝國主義者在濟南向我同胞又來施行屠殺政策，所以把這歌兒憶起來。再因這沉痛的歌兒，又回想到歌兒的事實，不禁痛哭流涕！唉！日帝國主義者何嘗把我們中國是獨立國，中國人是人類來看待！

本刊徵稿條例

1 本刊目的是在宣傳『反日』。文稿除由本部職員負責編撰稿外，並歡迎各界投稿，但須與本刊目的相同。

2 凡關于『反日』的稿件，不論論文，詩歌，戲劇，文藝，圖畫…………一律歡迎

3 本刊是一種普遍宣傳的刊物，故文稿以顯淺的語體文爲原則。

4 本刊是，『反日』的先鋒刊物，處此存亡一髮的時候，凡是國民，都應有帮助本刊的義務，故投來稿件除贈送本刊若干册外，不酬稿費。

5 投來稿件，無論登載與否，原稿概不退還。（投稿時聲明及附有郵票的，不在此例）

6 投來稿件請逕寄廣西省宣傳部反日週刊編輯處。

在我國之日僑總數

據民國十六年四月日本外務省調查日人僑居我國之確數如左：

關東州	九〇，五四一人
滿洲	九七，四四六人
我國本部	四七，二四六人
香港	一、五三五人

在我國本部者，許多經已引退。但在東三省方面之日僑，仍然激增。

反日週刊

反日運動

2/4 C調 梁君幹擬詞

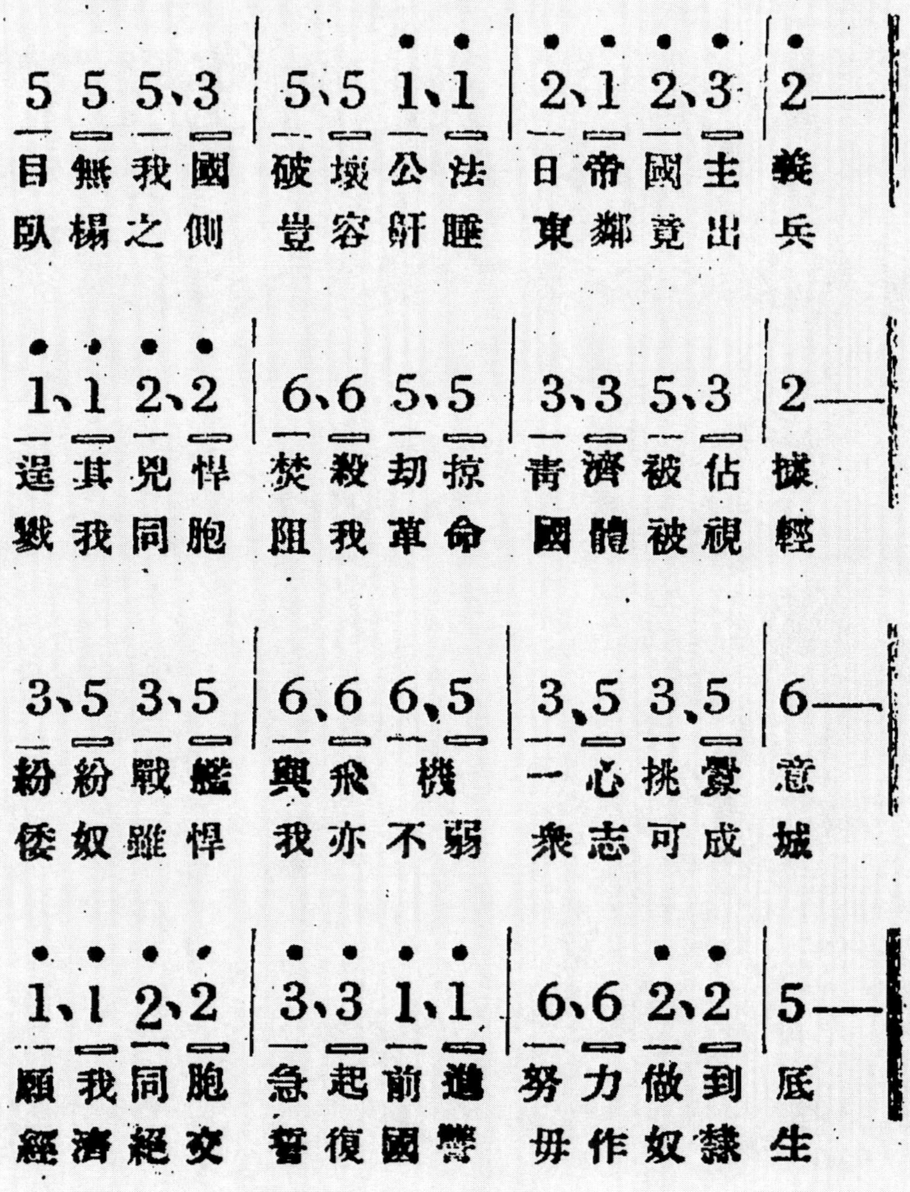
目無我國破壞公法日帝國主義
臥榻之側豈容鼾睡東鄰竟出兵
遑其兇悍焚殺刦掠青濟被佔據
戮我同胞阻我革命國體被視輕
紛紛戰艦與飛機一心挑釁意
倭奴雖悍我亦不弱衆志可成城
顧我同胞急起前進努力做到底
經濟絕交誓復國讐毋作奴隸生

一

反日周刊
第六期
經濟絕交專號
中國國民黨廣西省黨務指導委員會宣傳部編印

尾聲

——厚鑑——

『擬』出的『對日經濟絕交專號』，竟能『如願以償』了。這是我們自己多麼歡喜的一回事！雖則是『沒精彩』『畸形專號』『號而不專』。但，我們自問已盡了力量。

全國學生總會的『抵制日貨提倡國貨具體辦法』及志滄先生的『日本的經濟困難』兩文，對于經濟絕交會的組織及對于日本的經濟狀況，均是很精密的計劃及確切的事實，很值得我們注意的！

本期因爲是專號，所以前期未登完的『日帝國主義侵略我國紀略』一文，暫不續登。這應該要向讀者聲明的。

本刊是宣傳『反日』的公開刊物。各同志同胞對于本刊，有何建議或批評，如肯賜教的，本刊當盡量採納，以收集思廣益之効。

本刊啓事

1，本刊係非賣品，自本期起，每期印刷三千本，以贈完爲止。每期除贈發各機關，團體及各級黨部外，私人函索，請付郵票一分卽寄。

2，本刊印刷，自第五期起，已改爲橫排。如蒙各同志同胞惠賜鴻篇佳作，來件請寫橫行，以便利於手民也。

3、本期出版雖是太遲了，很對不起各位同志同胞！但其中實有不得已原因在：印刷所近日工作忙不開交，致阻及本刊。望讀者加以原諒罷！

10

妇女之光月刊

（创刊号）

出版时间

民国十四年（1925）十二月十六日

出 版 者

广西妇女联合会

创刊号

民国十四年十二月十六日

发刊词 /1

本会成立宣言 /2

言论

我们为什么要联合起来　李省群 /5

妇女解放的我见　蔼云 /7

论评

这样的家庭，也值得牺牲吗？　省群 /11

改革“不良的中国家庭”的意见　关育梧 /13

妇女运动在国民革命中的地位及其对象　山 /17

女子职业解放的重要　黄若珊 /20

女权之将来　欧如兰 /22

社交公开的障碍　李立群 /25

讨论

女子怎样可以得到教育平等　杨淑奇 /27

妇女亟须自立　苏淑媛 /29

纳妾之弊论　秦韵芬 /31

妇女应具竞争生存的观念　梁杏钗 /32

会务

本会成立以来会务纪实 /34

财务报告　关育梧 /44

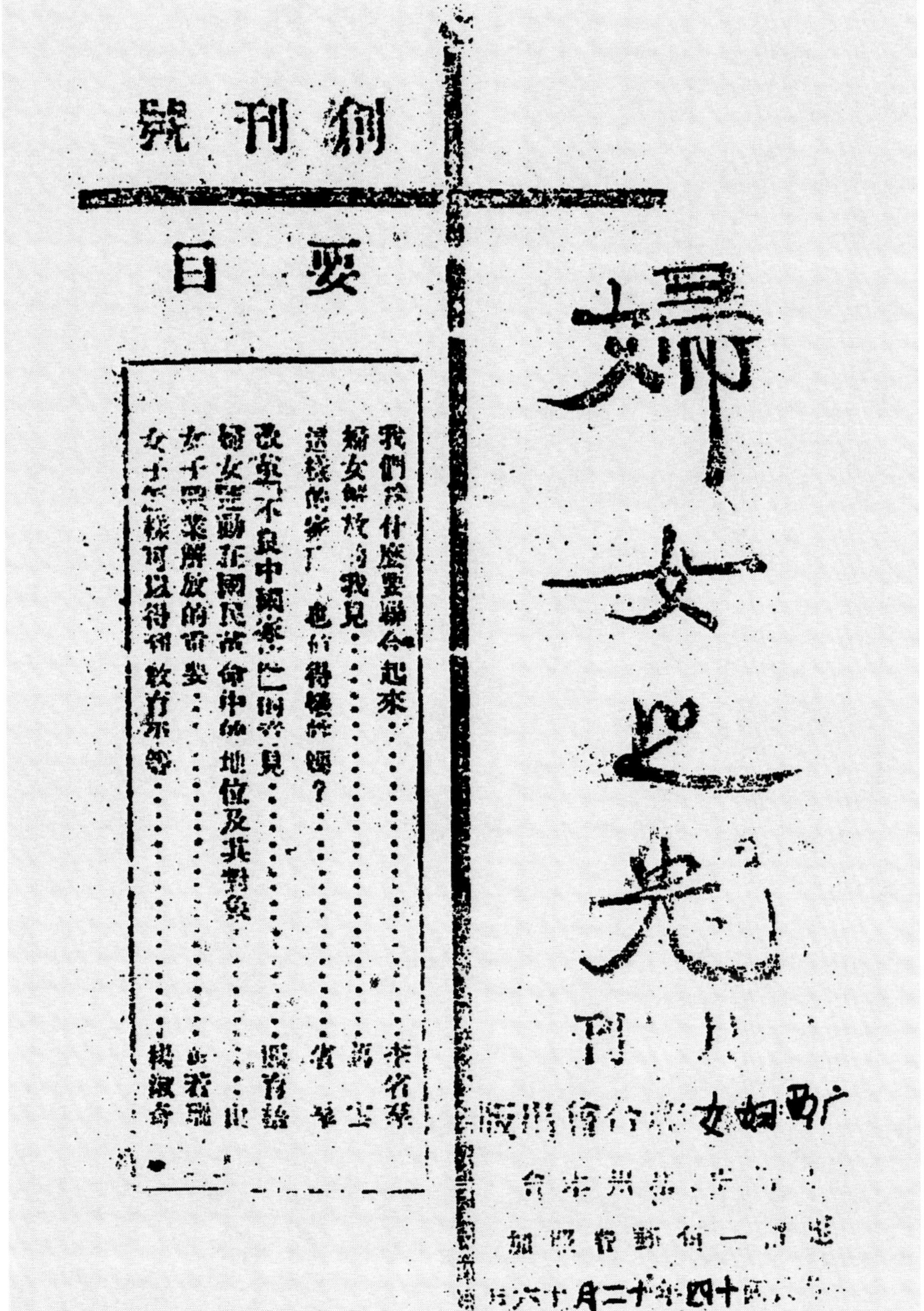
婦女之光
月刊
創刊號
要目
我們為什麼要聯合起來……
婦女解放的我見……
這樣的家庭，也值得戀念嗎？……
改革不良中國家庭的我見……
婦女運動在國民革命中的地位及其對象……
女子職業解放的需要……
女子怎樣可以得到教育平等……
廣西婦女
十四年十二月十六日

發刊詞

本刊現在與讀者開始相見，照例應該堂堂皇皇的說一下本團體[illegible]，但是同人不敏，這種把戲是要不得的，不過爲着讀者的便利起見，也按照一般出版界登出發刊詞於此。

我們知道而且相信婦女的人格並不低於男子，自有人類以來，婦女也曾站過優越地位，而取得統治的權力，不過爲時不久，男權們起而代之，並繼以歷數千年，迄歐戰發生，婦女得有見用之地，婦女地位也因而增高，婦女問題，成爲世界問題之一部，婦女運動乃瀰全世界，中國不能自外於世界，廣西更不能自外於中國，故廣西的婦女界隨世界的婦女界沉淪了數千年，今也隨世界的婦女界而覺醒，這是當然的事，尤其一種應該的作用呵！

在廣西婦女界應該覺醒的時候，亦其已有覺醒其人，因而組織本會以爲進一步的工作，即對於猶未覺醒的婦女促其覺悟，覺醒之後而合起來，在社會上努力以求於世界表現我們婦女界應有的人格，務求與男子平等互存。

自立，亦應勉爲之，噫，不自立之婦女，何不速下夢床，振臂振興而覺悟乎，吾願我女界同胞，努力進行，以謀達此自立之目的，切勿始終依賴于人，而在我女界中放一大光明，則吾國亦稍減一點黑紋也。

納妾之弊論

漆韶芬

吾國納妾重血統關係，年老無子者多主張納妾爲繼嗣計，此納妾之風所由起也，然而一般人私利的心理，卻專以納妾爲娛樂，以爲人生世上，如白駒之過隙，得行樂時且行樂，於是美姬艷妾，充滿後庭，粉白黛綠，列屋而閒居，世俗之見，不以爲非人道的惡習，反以爲美談，殊不知其中弊端百出，不堪言矣，人生事業，全賴一已之精力心志，納妾則精神耗耗，心志亦紛，尤足妨礙其事業，況家庭幸福全在於和與愛，納妾當然也是無補，且納妾之舉，爲世界最不平等，人之生也，雖同方頂同圓，同具五官百骸，同爲聰明智慧，同立於地球之上，呼吸於空氣之中，一切權利幸福，男女應共同享受，是以一夫一妻，本文明各國所盛行，而吾國則一夫多妻，恬不爲怪，所婦女的敵人是：

統治階級，資本帝國主義，軍閥，宗法社會的一切制度。

婦女的朋友是：

工人，農民，覺悟的學生和一般平民，被壓迫的民衆。

11

广西大学校友会季刊

（第一、二期合刊）

出版时间

民国二十五年（1936）三月一日

刊名题字

马君武

第一、二期合刊

民国二十五年三月一日

编者的话 /1
校友会成立之经过及其现状　余克缙 /1
师长消息 /2
校友消息 /3

校闻

马校长北上考察教育 /3
盘副校长公毕返校 /3
宋教授夫人伤势将就痊 /3
收买养正庵林场 /4
两广地质调查所 /4
仲庵杯 /4
廿五年元旦本校举行第三届运动大会情形 /4
建筑事项 /5
校务及教务会议重要议决案 /5
留梧校友举行聚餐会 /7
留梧校友题名 /7

校友意见箱

A 对母校之建议 /6
B 对本会之建议 /6

校友通讯

最边远的一个　韩蒙轩 /8

崇善通讯　陈立卿 /9
我们的老同志　谢诚明 /9
那马通讯　季阶 /9
浔中林宝华　梁庆培 /10
钟山通讯　周明达 /11
乳乐（乳源县乐昌县）农村之目睹　钟济新 /12
广西大学校友会会章 /15
本会经济状况报告　黄识 /18
通告 /20

廣西大學
校友會季刊
第一二期合刊

馬君武題

民國二十五年三月一日出版

編者的話

廣西大學應成立校友會，校友會要出一種定期刊物，這是校友們一致的呼聲。依據會章，每期應出季刊兩册，因經濟的限制，和稿件的缺乏，本期暫出一二兩期合刊一本，一方面固然是要使校友們互通聲氣，共策[illegible]友聯絡通問之情；另一方面，是將學校近來重要的行政，向校友們公告，這是本刊的第一使命；研究學術，交換智識，是本刊的第二個目的；這刊物可說是西大校友消息的廣播台，是西大校友們精誠團結的士敏土，廣西大學親愛的校友們！應當用十二萬分的熱誠來愛護他，改進他，使他得到健全的發展，

本刊下期擬仍出合刊一册，六月底截稿，希望校友們踴躍投稿，倘稿件充足的話，以後當按期發行季刊，各校友仍盼時惠佳音，俾悉狀況為幸，

編者誌

目錄

校友會成立之經過及其現狀
校聞
意見箱
師長消息
校友消息
校友通信
校友會會章
本會經濟狀況

校友會成立之經過及其現狀

余克縉

建設廣西，復興中國，保存中華民族，此三者設立廣西大學之目的，因之亦為西大學生之責任。試起視四境，白水白山，東國早經變色，燕雲朔甸，門戶又已洞開，大好河山，將淪[illegible]；神明華胄，不免左衽矣。我西大同學，知丁此危急存亡之秋，非群策群力，非[illegible]不足以言建設，更不足以言挽救；而群策群力之道，莫先於組織校友會，此本會之所由發起。

茲乘本刊之便，爰將本會成立之經過及其現狀，作一簡單之報告，俾各地同學，咸悉其梗概焉．

民國廿四年四月十五日，由蔣朝清同學召集，開首次談話會於農學院，到會者有陳衍椿，潘乃紹，陳立卿，周百嘉及縉等數人，議決由周君及縉二人，登報三天，徵求各同學意見，四月廿一日下午七時半，在農院川教室，開籌備會第一次會議，籌備會設委員長一人，下設文書，募捐，會計，庶務，建築五部，由在梧校友代表二人，第一班畢業同學代表三人，及學生自治會代表二人，共同組織之，照原定計劃，本欲於第一班畢業以前，將同學贐餘，建築會所一座，嗣因會所地址未定，且發出捐部，亦無回音，致原定計劃，無由實現，斯時已是六月中旬，第一班已舉行畢業試驗，至此關於校友會將來一切事宜，乃不得不待正式校友會成立，方可匡續進行也．

廿四年，六月廿九日上午八時，舉行廣西大學校友會成立典禮，及全體會員大會，到會者有馬校長，蘇教務長汝淦，盛主任致，教授馬心儀，及校友黃讖，蔣朝清，檀培源，周華釗，韓豪軒，周百嘉，陳立卿，黃榮漢及縉等數十人，當即議定會章，及選舉職員，當場選出周百嘉，周玉庭，蔣朝清，黃讖，黃榮漢，梁廷晶，及縉等為執行委員，陳立卿，韓豪軒，為候補委員，七月十七日上午七時半，在管理廳會議室舉行第一次執委會會議，分配職務，總務余克縉，交際蔣朝清，文書周百嘉，學術周玉庭，會計黃讖，註册黃榮漢，庶務梁廷晶，此後負責有人，通力合作，向目標進行，半年來開會共計十二次，議決要案甚多，（歷次會議錄，因限於篇幅，不及備載）其中最要者：為會費之如何徵收，季刊之如何出版，會所之如何建築三事，然此三者，皆有連帶關係，因會費徵收困難，季刊亦不能如期出版，會所亦未能建築，然此種困難．是暫時而非永久的，祇要各同學慷慨解囊，任事者不辭勞苦，自可迎刃而解，現在計劃中者為建築

師長消息

黃紹雄 母校籌備委員長，現任浙江省政府主席、

母校籌備委員，現任浙江省政府秘書長．

雷沛鴻 母校籌備委員，現任本省教育廳長．

陳柱 母校籌備委員，現任交通大學教授．

岑德彰 母校籌備委員，現在行政院任職．

蘇民 母校籌備委員，現任梧州殘廢軍人教養院院長

鄧植儀 母校籌備委員，現任中山大學農院院長．

凌鴻勛 母校籌備委員，現任粵漢鐵路工程局局長．

宋文政先生 雙十節炸藥爆發，為研究學術，犧牲了性命，詳情見報章登載，良師不壽，全校師生，無不淚垂，聞將葬於本校校品內，並另建紀念碑於科學館前，以資永遠紀念云．

會所與及籌辦初中．夫建築會所爲集中吾等建設力量之第一步；而開辦初中，又爲吾等服務社會之先聲，是爲建設廣西之一端．固知吾等應肆力之處，不止限於教育之一途，其他如改良工業，增加農產，均爲吾輩份內之事，自應盡能力之所能及以爲之，開辦教育，特爲吾等之開步走耳．

同學乎！校友乎！西大學生能否勝建設廣西之責任，能否盡復興中國，保存中華民族之責任，將於組織校友會一事覘之矣．同學乎！校友乎！我們努力前進，你們也要奮迅上來，不要畏縮，不要徘徊，不要觀望，前進；上來！光明就在目前了．

校聞

馬校長北上考察教育

馬校長於去年十月間離梧北上，考察教育，至本年二月七日始回抵梧城．曾到江蘇，浙江，山東，山西，陝西，河南，安徽，各省參觀教育，所得印象頗佳，多有足資借鏡之處，本校宋文政先生逝世後，尙缺教授一席，在滬時聘得陳維教授承乏，現巳到校授課，至宋文政先生公葬日期及地點，稍緩方能決定云．

盤副校長公畢返校

盤副校長前因辦理國民政府本屆西南高等考試事務，赴粵主持，於十一月廿七日以在粵任務巳畢，由粵乘車赴三水轉輪返梧，據談此次考績比前幾屆爲佳云．

宋教授夫人傷勢將就痊

宋教授夫人金國粲，因深痛宋教授之慘死，當時因炸傷手腕，入思達醫院留醫，晚間墜樓自殺，跌斷脊骨，傷勢頗爲危殆．幸經本校體育部主任萬籟聲先生出其平素研究獨到之接骨術，及跌打秘方，爲之醫治．數月

校友消息

張鎭謙先生　曾任本校教學系主任，廿四年夏去職，任上海暨南大學數學教授：近日回抵梧城，聞將與曾女士舉行結婚典禮云．

馬名海先生　曾任本校教務長兼數理系主任，現任省府南寧氣象所所長．

馬心儀先生　南寧科學集中實驗所主任．

陳大富先生　現任柳州農林場長．

石文質先生　石先生對於母校儀器之保全，有莫大之功，現任職於硫酸廠及貿易處．

余克緝　（民十七預）現任母校機械系助教，附高中教員，及工廠管理員，兼校友會總務部長，一身數職，忙得不亦樂乎，然余君精力過人，尙能忙裏偷閒，時常披閱與機械工程有關之書籍云．

周百嘉　（民十七預）現任母校農學系助教，校友會文書部長，周君性喜運動，公餘之暇，常見其領導一般男女同學，馳騁於本校運動場上，時或角逐於梧州體育場，有大馬行空，不可羈勒之概．

三

校友意見箱

A 對母校之建議

1、母校化學系，須極力整頓，添聘碩學教授，添設化學工廠，以供實習及生產之需． 秦道堅

2、對於爲母校犧牲的宋文政教授，應有相當的紀念物． 張 熙

3、感覺母校之設施，常困着在校同學的政治思想，同學們的團體活動能力太薄弱，希望各校友多多團結． 黎宗輔

4、希望母校凡有刊物出版，均寄送本校校友各一份．

B 對本會之建議

1、校友會會址，應從速建立，並附設實驗初中，由在校校友，兼任義務教職． 潘乃紹

廖克義 楊時驊 等

2、請製發校友証或紀念章．

3、擬請刊印校友通訊錄．

4、擬請各地設分會．

5、校友會每期應調查各校友職業狀況，並調查本省各縣狀況，以便有志建設新廣西者之參考． 梁柱功

6、應出定期刊．

7、請規定時間，每年開校友聯歡會一次，以便離校各校友參加．

韋 謙（民廿四年化）廣西省政府化學試驗所實習期滿，頗著成績，已升任該所技士．

許維樑（民廿四年化）省政府化學試驗所實習，尚未滿期，工作甚忙，每月所得津貼微薄，聞每月均須回家搬兵求救云．

韓蒙軒（民廿四年物理）現任靖西縣立中學教員，頗得學生信仰，所有一切學生團體生活，均由韓君負責指導．

黎煥森（民廿四年化）畢業後任梧州女中教員，本期調任容中教席，已於最近，飛車赴任．

陳衍椿（民廿四年物理）現任廣西省立梧州中學數理教員，深得學生信仰，該校上期易長，陳君仍蒙蟬聯．

鄔遞彤（民廿四年化）仝任澇．

黃 瑤（民廿四年生物）浦中學教員，本校民廿四級畢業同學，在校外服務者，多分散各處，惟此兩君，得同在一校服務，人多羨之，聞鄔君最近又將他調云．

周明達（民廿四年化）理學院南寧暑期

參觀，得遇曾在西大服務的張軼凡先生，談很久，彼爲普益施仁聯合錫礦公司副經理，兼職亦不少．這次觀察，我很樂意，以後我也很願意追礦塲找工作做．學校近日情形如何？尙希常常賜教，免得出嫁的人，做人家的媳婦，不得安心．時時掛念着母親的康健哩！

乳樂（乳源縣樂昌縣）農村之目睹

鍾濟新

去年七月，奉校長命到中大農林植物研究所工作後，至八月七日，卽由中大農林植物研究所出發，乳源，樂昌，兩縣，作短期之採藥，在採藥期中，對于農村之各種風土，人情，習慣等事宜，時留心觀察，現藉校友會刊之便，特述之，

奉陳所長命後，卽于七日晨早乘汽車至黃沙，轉粵漢鐵路火車，上午七時五十分啟程，直至下午五時四十五分始抵樂昌站，站址距樂昌縣城僅二里，城中已闢馬路，正街舖戶，亦多築騎樓，余等關於前進請伕到乳源之故，所以就決意到距車站約八里之西鄉區公所投宿，因所帶行李紙樽之類笨重，故行至黃昏時分，始抵西鄉區公所，稍休息，卽用晚膳，因乳樂兩縣地僻，山深，水寒之故，各農戶多以辣椒爲小菜，（當地呼菁菜之稱）所以叫煮起湯水來，就弄了一碗辣椒湯，我是素來不慣食辣椒，而又是初出茅廬，單騎匹馬出去採集底第一次之第一餐，這辣椒湯是令我有深切底認識，俗語說：「辣椒湯飯焦粥」我現在是切實去嘗牠底滋味了．

後來請得工人，卽由西鄉向乳源縣梯下村前進，據說，由西鄉至梯下村，約百四十里之山路，沿途上嶺下埗，不知經過多少底峰巒溪谷，加諸無情天雨，路滑泥濘，所以直至次日下午九時始抵達目的地之梯下村，次日卽開始工作，向該村西方走，距村約十里之山塲，森林密佈，溪水深清，下流湍急，水勢洶湧．天然景緻，已得身歷其境矣，至于森林，則均屬

梁裕基（民廿年同學）現在廣西省政府統計局服務．

劉丕顯 現任橫縣縣立第八小學校敎員．兼訓育主任．

龍廷飛（民廿一預）現住柳州樵家巷西福堂．

廖克義（民廿一預）柳州靑云下街七十二號．

梁守中（民廿一預）柳州龍城街六十四號．

吳錫球（民十七預）現服務政界，任桂平縣白石區區長．

呂　鐸（民廿年同學）現服務於蒼梧縣立戎城小學校．

金顯麟（民廿預）現在崇善縣政府服務

胡彝林（民廿年理科第一班同學）寄寓南寧，從事讀書及著作生活．

程燦章（民十七預）服務小學敎育界，

潘建武（民廿預）在家自習，通訊處：陽朔西街彭西甫先生轉．

林生甫（民廿一預）在賓陽敎育界服務

李會池（民廿二年同學）曾在香港遠東

12

广西度量衡

（创刊号）

出版时间

民国二十五年（1936）三月十五日

编 辑 者

广西度量衡检定所、中国度量衡学会广西分会

印 刷 者

南宁民国日报社

发 行 者

广西度量衡检定所

刊名题字

马君武

创刊号

民国二十五年三月十五日

省政府黄主席题词
全国度量衡局吴局长祝词
建设厅韦厅长题词
《广西度量衡》发刊献词　廖定渠 /1
刊前　丘曙光 /3
培养科学精神之途径　娄执中 /5
为什么要“标准化”　梁吾风 /7
划一度量衡的需要与责任　韦锡智 /7
计量思想之发展　［日］足立廉吉著　丘曙光选 /9
中国度量衡学会广西分会筹设经过　周炳强 /11
广西度量衡划一现状及其前途　李昂鸣 /12
广西一年来度量衡器具之检定与检查及今后应有之努力　黄庆蔚 /18
广西度量衡新器的制造　周炳强 /24
广西三等度量衡检定员之训练　刘统贵 /29

度量衡法令

本省检查度量衡器具罚金处分办法案 /33
柳州秤商邓三记资本短少不能开工案 /35
五合以上干体量器不得用白铁制造案 /35
盆秤之盆不得用白星铁制造案 /35
双刀纽针秤不准制造案 /36
本所考核各县度量衡检定员奖惩规则案 /36

各县消习

陆川县城厢举行常年检查 /37

柳城凤山镇实施推行新制并没收旧器 /37

武宣城厢镇举行临时检查 /38

贺县定期推行新衡器 /38

百色举行临时检查 /38

北流城厢举行常年检查 /38

正误表

本刊投稿规约

广西省新旧制度量衡折合表

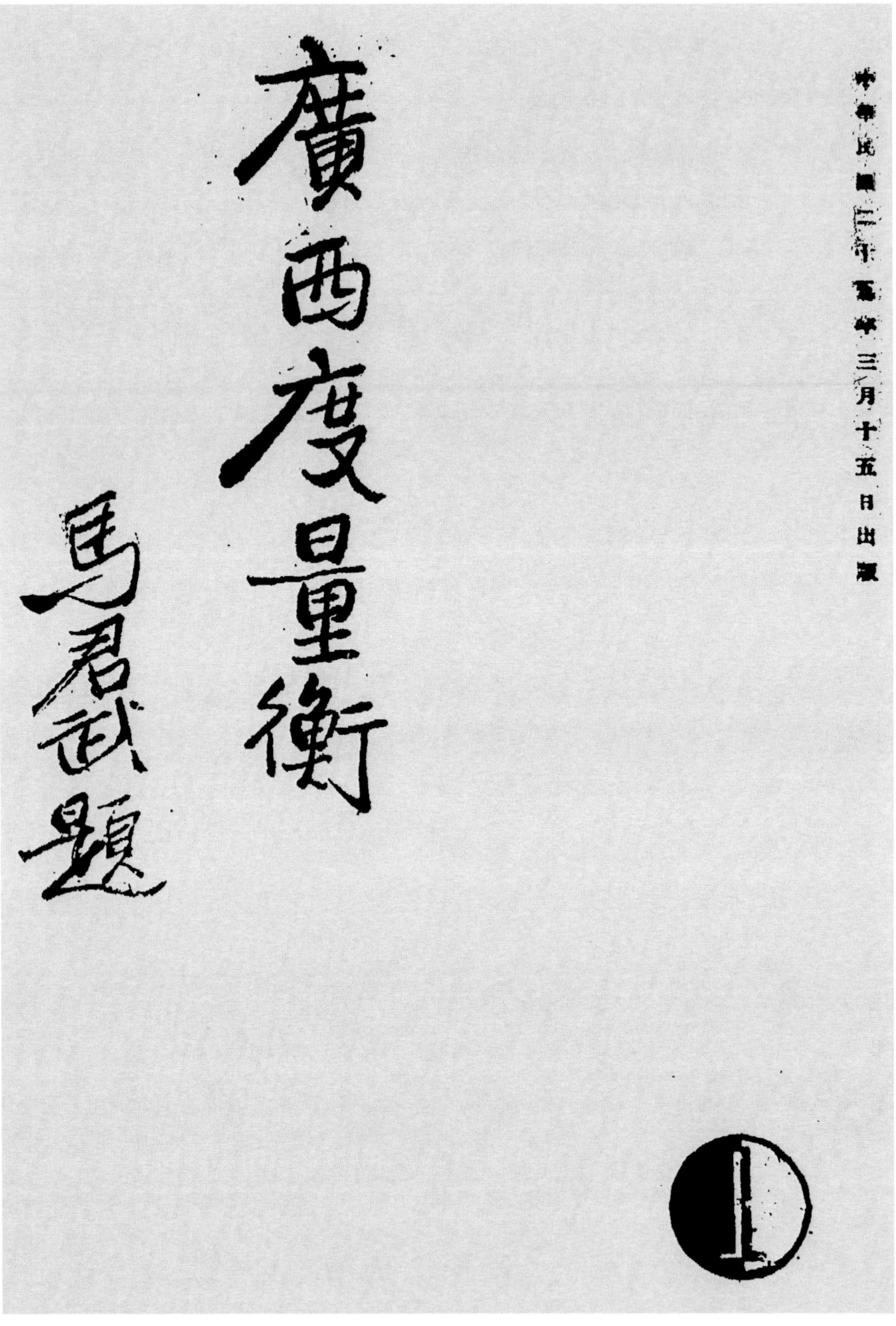
中華民國二十[illegible]年三月十五日出版
廣西度量衡
馬君武題
1

「廣西度量衡」發刊獻詞

廖定渠

表達吾人意志之方式有二：一爲發之於口授，一爲通之以文字。由口授，範圍狹小，即藉電力廣播，亦不免有時間性與空間性之限制；至以文字之遇於目，則可隨時隨地有表達之功能。劃一度量衡之在我國，爲改革有史以來所未能統一之事業，以我國國民性之事事法先道古，故民俗既已如是之頑，民情既已如是之固，欲一旦而成此大業，與民性抗衡，固知匪易；然民俗非不可改也，民情非不可導也，要在擧辦改革者之循循善誘，曉以大義，喻以利害，故劃一度量衡之首要工作，端在宣傳，若本諸吾國人民固有道德招牌——「童叟無欺」作去，自可往必達事必諧矣。

劃一度量衡事業本身問題，姑不必具論，茲特對 貴刊發行之希望，略有六端，具述于下，冀共勉焉！

一、集文字以成刊物，正所以傳達意志，廣西度量衡月刊，所以傳達廣西劃一度量衡意志，以作充實宣傳工作之一種，務希完全達到爲宣傳工作之主體。是爲第一目的。

二、廣西度量衡人材已將完成訓練，各縣檢定員亦將完成設置，在各縣深入民間去作下級實地工作者，爲各縣檢定員，故宣傳工作已有檢定員作民間口頭宣傳，則是 貴刊之發行，應在聯絡各縣檢定員口頭宣傳，作爲整個的一體的宣傳方式，表達出去。是爲第二目的。

三、由政府機關及人員，向民間宣佈劃一度量衡意志，然民間未必驟然明瞭，亦未必無反宣傳者，是要在博訪周諮，聽取民意，將民意盡情達出，並作委婉懇切之解釋，務使人無怨言，民衆悅服。是爲第三目的。

四、廣西各種建設事業，都在沉着實幹精神而毅力進行，尤其有統一的威權，分工的收獲，劃一度量衡本來是劃一事業，自更應本此原則，使上下全體工作人員聯成一氣，以統一的命令，收分工的效果。是爲第四目的。

五、廣西大部分縣道交通未臻便利，縣與縣間尙難迅速通訊聯絡，則是各個進行情形實施方式，有彼此之可借鏡者，又有賴于總其成之勾通聯絡辦法。是爲第五目的。

六、凡舉一事，上級對下級可以命令行之，下級對上級雖可採取建議請示方式，但若有一，必一而二，實二而一之居中協調辦法，則更易收效，故設若上下有所隔閡，必有藉之以爲聯成與援助。是爲第六目的。

綜上六端，可併爲二點：第一、在上下協調，第二、在官民合作。故上有所命，下必奉行，下有意見，上必採用；而官之所施，民之所望，民有所求，官爲興辦，上下合成一體，官民打成一片，是爲 貴省新猷步入正軌極速進展之主素。劃一度量衡本身，即爲統一事業，此在廣西，固早已知之必能本此原則作法；然而所謂協調，所謂合作，尚有賴于文字以爲傳達意志之工具。廣西度政之傳達，前此尚無專一刊物，茲 貴刊發行，誠所謂應運而生，當能負此重任；本上下協調，官民合作之精神，以達到傳播度政與貫徹意志之目的，而完成所謂「量更無欺」之使命也！

二十五，一，九，於首都

刊前

丘曜光

我國對於度政之重視及改革，並非始於現在。蓋度量權衡，所以徵信而齊物，國家設以定制，則民不欺。即社會之交際頻繁，而人民之恃僞亦起，不有以定其標準而嚴厲執行之，則强者役弱，智者欺愚，勢所必至。故自伏羲畫八卦由數起，至黃帝以黃鐘鬌管而制定度量權衡之標準後，即有少皡「正度量」，虞書「同律度量」，舜巡狩同度量衡，夏禹循守會稽，審銓衡，平斗斛一，夏書五子之歌有「關石和鈞存之王府」之語。及後武王造周，且以同律度量衡爲始。而因設專官，掌理權度。市中成賈，必以度量而守護，市門之胥，亦執鞭度，而巡於所治之前，其對於度政之注重，蓋可想見其一般。

秦有天下，不過十有五年，而對於度量衡，亦有「……仲秋之月，平權衡，正鈞石，齊斗角……」之舉。漢之對於度量衡，更分官掌理。元始中，王莽秉政，徵天下通知鐘律者百餘人，以考正律度量衡。晉隋迄明，度量權衡，代有因革，而唐之制定「校斛斗秤度」及「私作斛斗秤度」之制度，對於度量衡之檢查，更爲嚴厲精細。

宋已平定天下，凡新邦悉頒度量其境，其僞俗法度，踰于法制者去之。乾德中，且禁民間私造，度量權衡，皆由太府掌造，以給內外官司及民間之用。

遞至明代，檢査之法尤爲嚴厲，除頒佈鐵斛斗升之形式於天下外，並命在京兵馬指揮司及管市司，每三月一次校勘街市斛斗秤尺。餘如宣宗之由官校印烙；私製造問罪等之規定，均又概見其對於度政之重視。

清代度量衡之整理，始於順治，而完成於康熙乾隆。至光緒三十三年奏定以庫平營造制爲劃一之標準；當派員赴國外考察，制定鉑鉉原器及檢較儀器等，並經籌設造所及度量權衡局，以資辦理。未幾，清廷中斷，民國成立，卽擬直接採用萬國公制。以爲劃一之標準，並經國務會議通過，提交臨時參議院，但

本刊投稿規約

一、本刊歡迎投稿。

二、投寄本刊之稿件，以與度量衡有關之論述，研究，通訊，度政消習及富於趣味之文藝等爲限。

三、本刊文字以語體文爲主。

四、來稿務請繕寫清楚，並加新式標點。

五、來稿如附插圖，請用黑墨繪成，以便製版。

六、來稿本編輯部有酌量增删之權。其不願他人增删者，請於投稿時預先聲明。

七、未經揭載之稿件非有特別聲明，並附足還稿郵票者，概不退還。

八、來稿一經刊登，酌以本刊爲酬。

九、來稿請郵寄南寧上國街廣西度量衡檢定所廣西度量衡編輯部。

「廣西度量衡」第一期

中民國二十五年三月十五日出版

定價 毫幣壹角

編輯者：廣西度量衡檢定所
中國度量衡學會廣西分會

發行者：南寧上國街
廣西度量衡檢定所
電話四一三三號

印刷者：南寧民國日報社

13

广西法院公报

（第十册）

出版时间

民国十六年（1927）八月三十一日

编 辑 者

广西高等审判厅民刑庭

发 行 者

广西高等审判厅

第十册

民国十六年八月三十一日

编纂例言　编者识 /1
本报缘起词并序　叶镜湜 /2

法令与解释

国民政府司法部关于适用律例令（第一八九号）/1
律师承办案件除照章收公费外不准另受酬金令（国民政府司法部令广西高等审判厅）/1
坟地距离若不碍及他人葬地即非侵权行为函（最高法院广东分院覆广西高等审判厅）/1
覆榴江县知事请解释民事案负担讼费电（广西高等审判厅）附原电 /2
覆象县知事请解释刑事案件令（广西高等审判厅指令）附原呈 /2
美国人控告华人案件概由中国法庭审理无庸知照美国官员观审令（国民政府司法部令）/3
废除领事裁判法五款令（国民政府司法部令）附废除领事裁判法五款 /4

法律评论

对于苏俄刑法之我见 /6

批令及布告

张锺氏与张欧氏因房屋涉讼不服终审判决案声明上诉批（广西高等审判厅）/7
苏次辛与陈亚珠因铺屋涉讼上告案续请发卷批（广西高等审判厅）/7
批莫成而等为判词遗失乞饬县查明补发管业执照由 /7
批叶开兰为不服县判恳令省释来邕候审由 /7

批马明楠等为恳请批示准否上诉由 /7
批韦士初与韦士轩因产声请再审由 /7
批党文芹为呈请发还卷宗契据令县给领由 /8
批黄润秀乞维持原判由 /8
批陶世玑等为声请展期审讯由 /8
批莫如理等为重缴讼费请予发还由 /8
批莫如理为委任律师代理诉讼由 /8
批叶开兰为声明上告恳予备案由 /8
批马起劲等为恳准竖碑以断讼藤由 /8
批韦氏与覃绍甡因婚姻涉讼声请令县执行由 /9
批李梓荣等为缴足讼费乞予受理由 /9
本省邕龙梧桂各地方厅办理民事判决案件应迅速执行令（广西高等审判厅通令）/9
看守所应按月造具民刑被押人犯表册呈厅查核令（高等审判厅训令邕宁县地方看守所）/9
人民关于诉讼有所声请应用正式状纸令（广西高等审判厅训令武宣县知事）/10
诉讼应用正式诉状不能用电令（广西高等审判厅训令平南县知事）/10
县知事审判地方管辖之刑事案件应呈送覆判令（广西高等审判厅指令绥渌县知事）/10
那马县种种恶俗准予禁革令（广西高等审判厅指令那马县知事）附原革例四条 /10
覆富川县知事呈称县属有收归国有财产请核示遵电（广西高等审判厅）附原代电 /11
覆郁林县知事呈请解释婚姻案件应否征收讼费电（广西高等审判厅）附原代电 /11
民事案件价额不逾二百元者不得上告文（广西高等审判厅布告）/12

判牍（民事）

周焕芝为扶养金涉讼控告一案 /13
邓丽生为合伙涉讼控告一案 /14
黎辉堂为铺底登记涉讼上告一案 /17
杨光宗为领地涉讼抗告一案 /19
张炳均与冯贞甫因铺底涉讼控告一案 /21

判牍（刑事）

杨钦斋因犯伤害罪控告一案 /23
潘均安因犯强奸嫌疑控告一案 /26
韦崇韫因强奸罪控告一案 /28
黄祖恩因犯杀人罪呈送覆判一案 /29
黄荣生因和诱罪控告一案 /30
梁兰轩因伪造印契罪抗告一案 /32

附录

广西高等检察厅首席检察官林世材意见书二则
　　一、对于许二等犯诱拐罪一案意见书 /34
　　二、对于廖卉甫犯强盗杀人罪一案意见书 /34

各处诉讼汇录

广西高等审判厅十六年六月份判决民事案件表 /35
广西高等审判厅十六年六月份判决刑事案件表 /37

月报表

广西第一高等审判分厅月报表 /39
邕宁地方审判厅月报表 /41

苍梧地方审判厅月报表 /45
桂林地方审判厅月报表 /49
龙州地方审判厅月报表 /53

讼费表

民事征收讼费价额表 /58

法曹摘录

广西高等审判厅委任令 /59
广西高等审判分厅委任令 /59
葛源 /59
郎茂（陆襄附）/59

正误表

紙類

中華民國十六年八月三十一日出版　第十冊

廣西法院公報

廣西高等審判廳民刑庭編輯

編纂例言

一本報係從民國十六年七月一日起所有關於國民政府司法部及本省之司法各項法令均擇原採錄
一本報所錄之法令以關於司法者爲限其餘概不錄入
一本報所錄事件分類編纂以便檢查
一本報初次纂輯難免缺漏統俟再版時加以改正

編者識

葉鏡湜

本報緣起詞并序

法律爲立國要素所以維持各地方之安甯秩序與保障人民之生命財產及一切之自由權能也但法律所賦予一切權能是各個獨立不容侵犯的倘行使一已權能而侵犯他人之權能必致釀成爭訟此社會學說所由起自當注意於社會上共同生活而法律實爲社會學之結晶則凡屬國民均須具普通法學知識以應今日之潮流立法治國之基礎吾國改良司法垂二十年而人民對於司法程序既未明瞭卽民刑實體法亦鮮聞問此其責當在法院經費支絀未能盡情披露使有目共睹之過也現値國運重光司法日謀進步本省日臻治安法令或有更張案牘愈形重要爰與同人協商月出法院公報一册分欄詳載不厭紛繁在治法學者固應人手一編卽凡屬國民亦應隨時參閱以律己而律人庶權能不致相侵社會乃形親睦抑尤有進者凡裁判公牘既登報端與國民共見則向來之假詞訟以詐騙金錢者將無所施其技庶法律信用得在青天白日旗幟之下而常昭焉因爲之詞曰三民主義地義天經緣情立法注重民生抑强扶弱適法平情農工婦女尤屬可矜保護政策如育初嬰宣揚党義法治先聲刊諸公報相見以誠邦人君子幸賜糾繩

訟費表

訴訟物價額	第一審	第二審	第三審
十元未滿	七角二先	八角六先四釐	九角三先六釐
十元以上二十五圓未滿	一元四角四先	一元七角二先八釐	一元八角七先二釐
二十五元以上五十圓未滿	三元六角	四元三角二先	四元六角八先
五十元以上七十五圓未滿	五元二角八先	六元三角三先六釐	六元八角六先四釐
七十五元以上一百圓未滿	七元二角	八元六角四先	九元三角六先
一百元以上二百圓未滿	十四元四角四先	十七元二角八先	十八元七角二先
二百元以上三百圓未滿	十九元二角四先	二十三元零四先	二十四元九角六先
三百元以上四百圓未滿	二十四元	二十八元八角	三十一元二角
四百元以上五百圓未滿	二十八元八角	三十四元五角六先	三十七元四角四先
五百元以上六百圓未滿	三十三元六角	四十元零三角二先	四十三元六角八先
六百元以上七百圓未滿	三十八元四角	四十六元零八先	四十九元九角二先
七百元以上八百圓未滿	四十三元二角	五十一元八角四先	五十六元一角六先
八百元以上九百圓未滿	四十八元	五十七元六角	六十二元四角
九百元以上一千圓未滿	五十二元八角	六十三元三角六先	六十八元六角四先
一千元以上二千圓未滿	六十元	七十二元	七十八元
二千元以上四千圓未滿	七十六元八角	九十二元一角六先	九十九元八角四先
四千元以上六千圓未滿	一百元零零八角	一百二十元零九角六先	一百三十一元零四先
六千元以上八千圓未滿	一百三十二元	一百五十八元四角	一百七十一元六角
八千元以上一萬圓以下	一百六十八元	二百零一元六角	二百一十八元四角

法曹摘錄

○廣西高等審判廳委任令（十六年五月七日）

本廳民庭庭長陽貞粹因病辭職應照准遺缺委本廳刑庭庭長羅聲溥調代遞遺之缺委呂炳光代理未到職以前仍着羅聲溥兼代

第一高審分廳刑庭推事張廷甲物議頻招操守難信應即開缺遺缺委陽貞粹代理

○廣西高等審判分廳委任令（十六年五月廿三日）

本廳前委刑庭庭長呂炳光辭不就職遺缺委該庭推事蕭寶文升代遞遺之缺委梧地審廳民庭庭長吳肇嘉升代遞遺之缺委該庭推事鄒文蔚升代遞遺之缺委該廳簡易庭推事林茂芳升代遞遺之缺委該廳候補推事梁昌宏升代所遺職務委唐桂峯接充

葛源

葛源郎中。初以吉州太和簿攝吉水令。他日令始至。猾吏誘民數百訟庭下。設變詐以動令。如此數日。令厭事。則事常在吏矣。源至。立訟者兩廡下。取其狀視有如吏所爲者。使自書所訴。不能書者吏受之。往往不能如狀•窮。輒曰。『我不知爲此。乃某吏教我所爲也。』悉捕劾致之法。訟以故少。吏亦終不得其意（見王安石丞相所撰墓誌）

案爲政者苟欲戢吏唯嚴明可。夫民雖好訟也。若非吏與交通。亦焉能獨爲欺誣刼持之計耶。吏不得其意。則民訟宜少矣。源使民自書所訴。不能書者吏受之。乃鞫民情覈吏姦之術也。彼旣姦猾。自當畏戢。操術如此。不亦可乎。

郎茂（陸襄附）

隋郎茂。初授衛州司錄。有能名。尋除衛國令（隋諸王置國官有令一人至煬帝時改國令爲家令）有部人張元預。與從弟思蘭不睦丞尉請加嚴法。茂曰：『元預兄弟。本相憎嫉。又坐得罪。彌益其忿。非化人之意也。』乃遣縣中耆舊。更往敎諭。道路不絕。元預等各生感悔。詣縣頓首請罪。茂曉之以義。遂相親

14

广西农民

（第二、三期合刊）

出版时间

民国十六年（1927）十一月十五日

出 版 者

中国国民党广西省执行委员会农民部

第二、三期合刊

民国十六年十一月十五日

论著

农民运动及其组织　邓衍芬 /40
我们应注重农妇的解放　容英才 /46
国民革命与农民　凤 /48
劣绅土豪与农民　方汉斌 /50
铲除土豪劣绅　凤 /52
巴陵曙色（独幕剧本）　李笑花 /52
起来（诗）　莫俊权 /70

农民文艺

岭东民歌（十一首）　田雨 /72

专载

最近施行计划 /1
中国国民党省农部农运工作队工作大纲 /4
农运工作队工作步骤草案 /13
中国国民党广西省执行委员会农民部农民协会登记条例 /15
广西省党部农民部农运指导员条例 /16
农运指导员补充条例 /17
农运工作队助理员条例 /18
中国国民党广西省执行委员会农民部办事细则 /18
本部组织统系表
本部职员一览表 /21

小镰

一、南宁市的性世界　枯桑 /24
二、赶快破除阶级间物的障碍罢！　枯桑 /25
三、下层工作者的悲哀　枯桑 /26
四、好成绩？　枯桑 /27
五、呵！好一个女同志？　蟹 /27

编者的话　编者 /28

附录

废除不平等条约示威大运动传单　本部 /29
廖陈二同志殉党二周年纪念告农民书　本部 /30
清党运动告农民书　本部 /33
十六年国庆纪念传单　本部 /37
农民部征稿条例　本部 /37
介绍本刊出版物
　一、半月刊 /39
　二、画报 /39
　三、农运小丛书 /39
　四、农民小丛书 /40

中國國民黨廣西省執行委員會農民部出版

廣西農民

總理遺囑

余致力國民革命凡四十年其目的在求中國之自由平等積四十年之經驗深知欲達到此目的必須喚起民衆及聯合世界上以平等待我之民族共同奮鬥現在革命尚未成功凡我同志務須依照余所著建國方略建國大綱三民主義及第一次全國代表大會宣言繼續努力以求貫徹最近主張開國民會議及廢除不平等條約尤須於最短期間促其實現是所至囑

第二三期合刊

中華民國十六年十一月十五日

農民文藝

嶺東民歌

第一首

你愛來來儘管來；莫畏兩邊人笑開；
莫畏兩邊人笑走，水流燈草拔心來！

第二首

看天唔係落水天，看妹唔係雅咽緣；
係雅姻緣看得識，隔山隔岸笑連連！

註——雅……我也。

第三首

對面嶺上一枝梅，紅花謝了白花來；
三隻胡蝶飛去採，蕊多花少分唔開！

第四首

坐下來來坐下來，兩人𨂾到心頭開！
𨂾到雞毛沉落水，𨂾到石頭碧目來！

註——碧目：開目也。

第五首

割蘆愛割八月蘆，一蔸割倒兩蔸收；
親哥好比蘆把欏，任妹包攬任妹抽！

第六首

手摘豆莢皮皮青，妹愛連郎趕後生；
過得兩年老兩歲，唔比春草年年生！

註——趕……趁也。

了一群女伶（?）清歌一曲三塊錢，大好旋渦，又鈸鼓喧天了，從前裝着什麼「愛芬」「翠花」；的紙條的鏡子，於今又出過頭來，屏背壁間，又新貼滿了「〇〇〇女同志新由香港到，即晚出局」的條紙了。呵！好一個女同志？

編者的話……編者

這是「農民半月刊」，既然是「半月刊」，那麼，就要半月出版一次纔對，但是自從第一期出版到現在，已經有了一個月了，在一個月之內，第二期的出版，還未能產生出來，這個難產的原因，大概是：

1担任稿件的同志，工作太忙，未暇兼顧，

2印刷方面，不能迅速，（集了稿還要半個月有多才能夠出版）

除了以兩個上原因之外，有的便是編者的不努力，其實幷不是編者的不努力，但是……只好說是不努力能！

「以後總要依期出版，決不稽延！」這是本刊編者下的決心，同時我相信也是愛閱本刊的同志的期望，

○　○　○

「民間歌謠」的價值，任誰都知道是一種真情流露的藝術的表現，而且是可以代表民族的心情，我們到農村去，自不然是聽見許多餘音嫋嫋的清歌，任誰都覺得非常悅耳。現在本刊關於各地的民歌，盡量搜羅，逐期發表，希望欣賞「民歌」的同志，多寫些來，

15

广西省农会成立大会特刊

出版时间

民国十六年（1927）八月三十一日

编 辑 者

广西省农会筹备会

刊名题字

朱朝森

广西省农会成立大会特刊

民国十六年八月三十一日

农会组织与农村建设——中国农村建设往哪里去？　朱朝森 /2
中国农业建设应采的途径　阚宗骅 /3
抗战六年来之广西农林建设　陈大宁 /7
对于本省农会的希望　甘嘉勋 /12
农业科学在中国　童润之 /13
目前大后方农村的生产力　吴汝柏 /17
广西农村经济之特质　侯桂炎 /20
怎样进行大后方农会工作
——农会组织实验工作的新阶段　夏文华 /25
农村基层农会的组织问题　松锋 /31
本省农会组织工作概况　刘能松 /32
本省农会辅导工作检讨　刘钦晏 /33

廣西省農會成立大會特刊

朱朝森

要目

農會組織與農村建設　朱朝森
中國農業建設應採的途徑　闞宗驊
抗戰六年來之廣西農林建設　陳大寧
對於本省農會的希望　甘嘉勳
農業科學在中國　童潤之
目前大後方農村的生產力　吳敬柏
廣西農村經濟之特質　倸桂燊
怎樣進行大後方農會工作　夏文華
基層農會的組織問題　極鋒
本省農會組織工作概況　劉能松
本省農會輔導工作檢討　劉欽晏

廣西省農會籌備會編印

農村基層農會的組織問題

松鋒

廣大的農村，是新中國的寶庫，建國的源泉。

沒有誰能否認農村對祖國抗戰的偉大貢獻。

在前線與敵人作殊死戰的隊伍中，有着無數的農民軍。

但農民向來是被高貴的紳士遺忘了的。

有些人對農民似乎表示着無限的關懷，但他們的思想往往太「摩登」了，只知道怎樣去利用佔全國人口最多數的農民，因之，就假猩猩作態地喝着：「到農村去」！

「到農村去」。對這個起勁的工作，誰也不敢估價得太高。

另一方面，真正想到農村去服務的人不是沒有，可是社會的條件還不夠。

組織農民，訓練農民，使成為新中國的生力軍，誰也不反對！

要達到這預期的目標，起碼的條件，就要農民有飯食。

沒飯食，要談組訓農民，談何容易。

因之，在組織最基層的鄉鎮農會時，農民就首先要問：有什麼利益沒有？

沒有，他們一溜烟的跑了，因為他們沒飯食啊！

組織了會，沒有利，又要繳納會費，他們根本就不知骨子裏玩的是什麼把戲？

組織指導員對他們說：組成農會後，利益是怎樣怎樣……可是始終難於兌現。

不能兌現，他們就憤然的說：農會不是他們自己的會

組織農會，他們認為是多餘的，是故意找他們麻煩！

但，加入農會，利益不是沒有，第一，可向農業金融機關貸金，發展業務。第二，可藉農會購置農具及運輸農產品，並可向政府領發肥料。第三，可興辦農田水利。第四，可與合作社配合，推進業務。第五，可預防水旱虫災的侵害。第六，可興辦農民教育。第七，可儲糧備荒，實施農村救濟。第八，可改良種籽及農具……諸如此類，指不勝屈，然而，實際上，農業金融機關的貸金，沒有以農會為對象，而農會職員，又因本身工作關係，不能致力於農會各項工作，人力經費等，均感困難，其內容顯繁雜，不是簡短的文字所能詳述。

還有，組織農會的指導員，往往不明自己的使命和農會的任務，只知道表面的組織工作，農會一旦組成了，他們的工作也就沒有了，而且，組織指導員實在太少，不能兼顧，雖合作指導員應兼任鄉鎮農會的指導員，但他們只知道合作社業務應如何推進，對農會只是敷衍了事，或索性不理，此外，目的事業的主管部門，也沒有怎樣盡了督導之責。

於是，農會是空虛的，他根本就引不起農民們的興趣。

以一縣之大，只憑各縣政府指派一個人去辦理各鄉鎮農會的組織事宜，而且不是專責其效力就可想而知了。

要組織農會，要健全農會，就要會能發揮相當的效能在業務上是辦不到的。

16

广西物价指数汇刊

（第三号至第四号）

出版时间

民国三十五年（1946）九月

民国三十七年（1948）一月

编 辑 者

广西省政府统计室（第三号）

广西省政府统计处（第四号）

第三号

民国三十五年九月

编制说明
图一　桂林市趸售国货物价指数图
图二　桂林市零售国货物价指数图
表一　桂林市趸售国货物价指数
表二　桂林市趸售国货及外国货物价指数
表三　桂林市零售国货物价指数
表四　桂林市机关办公用品物价指数
表五　桂林市趸售国货物价连环指数
表六　桂林市趸售国货及外国货物价连环指数
表七　桂林市零售国货物价连环指数
表八　桂林市机关办公用品物价连环指数
表九　桂林市趸售物品价格
表十　桂林市零售物品价格
表十一　桂林市机关办公用品价格
表十二　桂林市趸售价格定基价比
表十三　桂林市零售价格定基价比
表十四　桂林市机关办公用品价格定基价比
表十五　桂林市趸售价格连环价比
表十六　桂林市零售价格连环价比
表十七　桂林市机关办公用品价格连环价比

第四号

民国三十七年一月

编制说明
图一　桂林市趸售国货物价指数图
图二　桂林市零售国货物价指数图
表一　桂林市趸售国货物价指数
表二　桂林市趸售国货及外国货物价指数
表三　桂林市零售国货物价指数
表四　桂林市机关办公用品价格指数
表五　桂林市趸售国货物价连环指数
表六　桂林市趸售国货及外国货物价连环指数
表七　桂林市零售国货物价连环指数
表八　桂林市机关办公用品价格连环指数
表九　南宁趸售国货物价指数
表十　南宁趸售国货及外国货物价指数
表十一　南宁零售国货物价指数
表十二　南宁机关办公用品价格指数
表十三　梧州趸售国货物价指数
表十四　梧州趸售国货及外国货物价指数
表十五　梧州零售国货物价指数
表十六　梧州机关办公用品价格指数

廣西物價指數彙刊

第叁號

桂林市物價指數趨勢圖

（卅五年一月至六月）

指數　　基期：二六年上半年=100

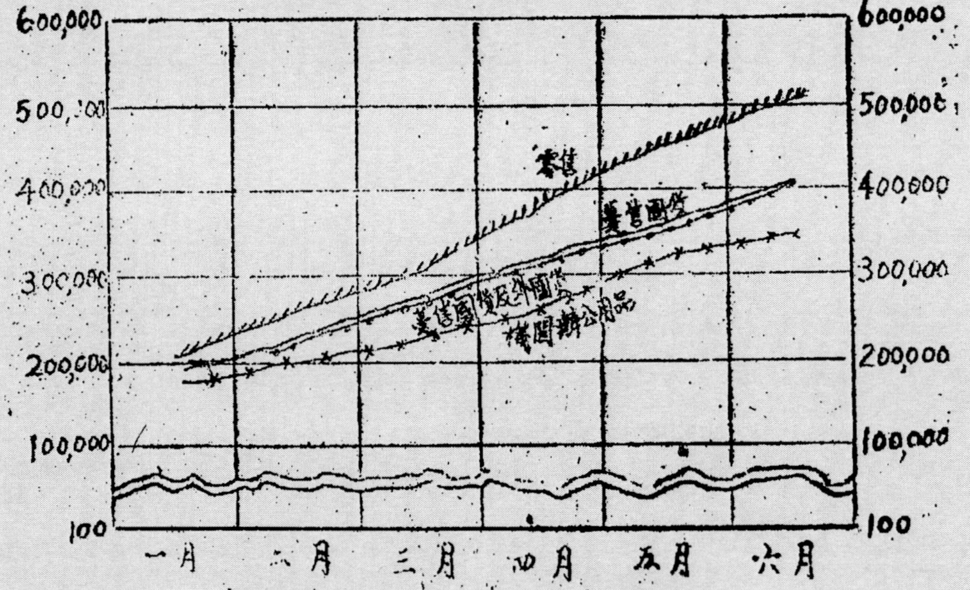
600,000
500,000
400,000
300,000
200,000
100,000
100
零售
一月
二月
三月
四月
五月
六月

廣西省政府統計室編印

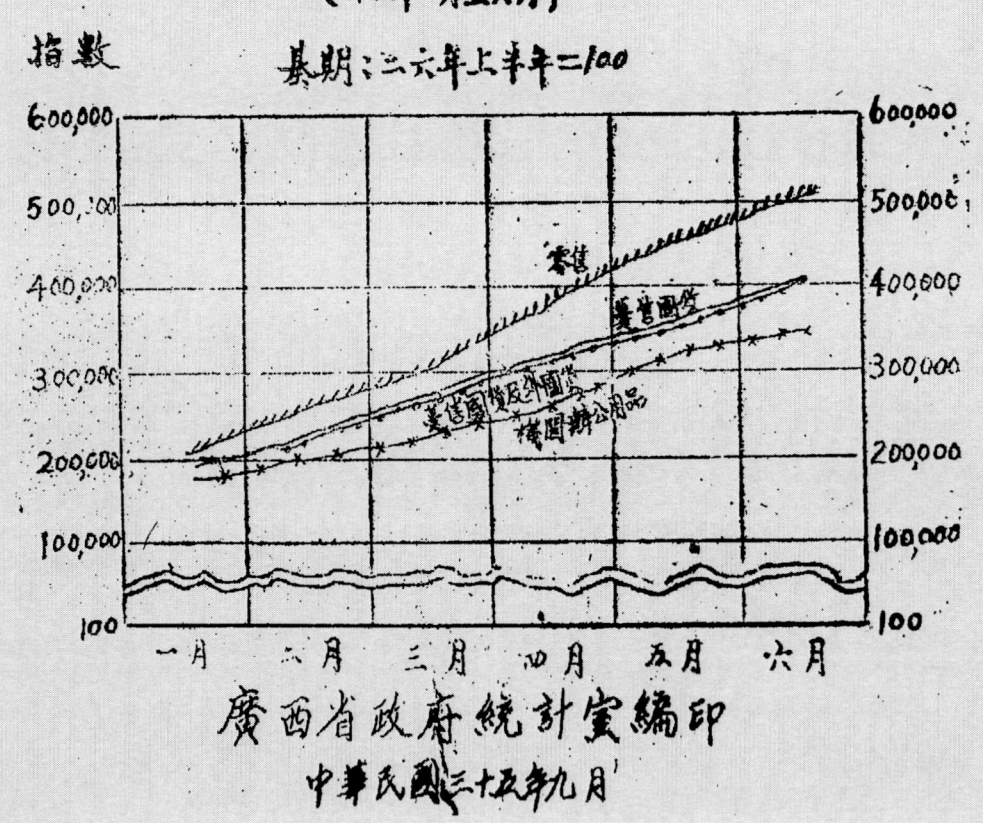

中華民國三十五年九月

編製說明

(一) 本省桂林市物價指數係照 國民政府主計處頒發之「物價調查及統計方案」編製，其編製經過、指數項目及卅三年三月以前各月物價指數，均經分別發表於第一、二號本刊，為篇幅所限，不再重列，茲將卅四年四月至本年六月份止各類指數，繼續付刊，以供社會人士之參考。

(二) 本刊除將各月各類定基指數抄錄發表外，並另列各月之連環指數及各項物品價格定期價比、連環價比逐月刊印，以便閱者比較分析。

(三) 三十三年九月至三十四九月各月指數，因桂林淪陷，原始資料無法獲得，省境光復後，亦無從追查，致該期指數，尚付缺如。三十四年秋，省府遷返桂林，乃於十月份起繼續編製桂林市零售物價指數，及機關辦公用品價格指數。躉售物價指數，因浩劫之餘，商業未振，躉售價格無市，迄三十四年十二月方始恢復編報。

(四) 計算指數之公式及基期，躉售國貨及外國貨物價指數、躉售國貨物價指數暨零售國貨物價指數之計算式，係用簡單幾何平均式。機關辦公用品物價指數之計算式，分類指數係用簡單幾何平均式，總指數則用加權算術平均式。其基期均為中華民國廿六年上半年（一月至六月）。

(五) 本指數原始材料來源，係由桂林市政府供給。

桂林市躉售國貨物價指數

二六年上半年平均物價＝100（簡單幾何平均）

時期	總指數	分類指數							
		食物類			衣着類	燃料類	金屬電料	建築材料	雜項類
		本類指數	糧食	其他食品					
物品項數	50	18	9	9	9	5	4	5	9
二十六年	107.58	105.01	103.14	106.47	107.32	116.26	110.56	108.70	106.78
二十七年	143.03	129.65	118.81	141.48	133.43	184.26	172.32	110.25	171.32
二十八年	230.01	190.45	176.71	205.26	235.44	336.95	292.85	217.74	245.5
二十九年	431.45	390.85	320.97	475.94	461.89	566.14	470.89	367.60	443.91
三十年	981.64	902.19	845.53	962.65	1,147.91	1,210.40	1,022.20	723.39	1,029.26
三十一年	3,248.85	2,920.70	3,213.59	2,654.30	4,837.30	4,002.20	3,172.70	2,185.80	3,022.25
三十二年	11,695.53	10,659.09	11,228.71	10,118.36	24,131.66	16,768.72	10,197.65	8,156.43	8,67[illegible]

4

17

国立广西大学校刊

（第五卷第三期、新一期）

出版时间

民国三十一年（1942）

民国三十八年（1949）六月二十五日

编 辑 者

广西省政府统计处、国立广西大学出版组

刊名题字

盘珠祁

第五卷第三期（概况专号）

民国三十一年

校史 /1
国立广西大学组织大纲 /7
国立广西大学三十一年度校历 /10
各处工作简述
　一、一年来之教务工作 /13
　二、一年来之训导工作 /13
　三、一年来之总务工作 /13
各院概况
　一、法商学院概况 /21
　二、理工学院概况 /24
　三、农学院概况 /29
　四、师范专修科及先修班概况 /31
国立广西大学学则 /32
各学院系科必修及选修科目 /38
三十年度免费公费学生 /53
现任教职员名录（三十一年八月）/54
三十年度领受贷金学生 /65
在校学生名录 /66
历届毕业生名录 /73
三十年度各种奖学金及获选学生 /84
编校后记

新一期

民国三十八年六月二十五日

华中军政长官白健生将军莅校训词全文　汪公奴笔记 /1
我们的盘校长　植槐 /3
本校现任行政主管人员一览 /3
华中军政长官白健生将军莅校训话 /3
在各方殷切期待中，盘校长莅校巡视
——黄前校长旭初偕同莅校，全校员生分别集会欢迎 /4
校务会议决定：分配员工薪饷办法，校分部行政组织局部变更 /4
盘校长莅校接事记　本刊记者 /5
红豆社第七次吟草日内公诸同好 /5
理工学院获配拨无线电工业等器材 /5
校友原地 /5
学生社团动态 /5

民三八级同学毕业纪念特辑
勉十八届毕业同学　盘珠祁 /6
赠民三八级毕业同学　骆介子 /6
校闻拾零 /6
几句过来人的话　宾业绳 /7
离校感想 /7
十八届毕业典礼定六月二十六日举行 /7
毕业典礼筹备会积极进行筹备工作 /7
毕业同学就业介绍，人事组正积极进行办理 /8
本校三十七年度各院系应届毕业学生介绍就业一览表 /8
离情别绪 /8

國立廣西大學校刊

第五卷 第三期

本期目錄

—概況專號—

校史
組織大綱
三十一年度校曆
各處工作簡述
1.一年來教務工作 2.一年來訓導工作 3.一年來總務工作
各院概況
1.法商學院 2.理工學院 3.農學院 4.師專及先修班
學則
各院系科必修及選修科目
現任教職員名錄
在校學生名錄
歷屆畢業生名錄
各種獎學金及獲選學生
三十年度 公費免費學生
三十年度 領受貸金學生
編校後記

國立廣西大學學則

三十年六月十日第十六次校務會議修正通過並呈部修正

第一章　入學

第一條　本大學於每年度之始招收一年級新生一次其招生簡章另定之

第二條　凡在公立或已立案之私立高級中學或同等學校畢業經教育部統一招生或本大學入學試驗錄取檢查體格合格者得入本大學各院系一年級肄業

第三條　本大學各院系二三年級遇有缺額時得招收轉學生其招收轉學生簡章另訂之

第四條　凡在公立或已立案之私立大學相當學院系肄業一年以上者得於本大學招收轉學生時報名應考

第五條　轉學生應於本大學招考時呈繳原在學校修業證明書及成績單經入學試驗錄取後得按其編級試驗成績編入本大學相當院系年級肄業

第六條　轉學生在原校所習之各學程其程度性質與本大學各系所規定學程相當者得免重習

第二章　註冊及選課

第七條　每學期開始時各生須先填繳本大學所規定各項表格並繳納各項費用後始准註冊

第八條　每學期開學後六日內為註冊期間各生應於此規定期內親自到校註冊

第九條　學生如因特別情形不能如期到校註冊者應將遲到註冊之理由及證明文件呈請校長請假但請假日期最多不能超過兩星期

第十條　未經請假或未經准假而逾期未註冊者以曠課論

第十一條　逾期兩星期尚未註冊者無論請假與否均作休學論不得再請註冊

第十二條　各生註冊手續完畢後由註冊組發給註冊證並記註冊卡作蓋章於學生證上始得上課並享受一切

各學院系科必修及選修科目

查三民主義與軍訓（女生改習看護學）兩科目，係各系科一年級生當然必修科，課外運動係各系科各年級生當然必修科，均不給學分，茲爲節省篇幅計，概不列入，特此附誌說明。

法商學院法律學系

科目	學分	備註
國文	六	
英文	一〇	分在第一二學年修科
中國通史	六	
倫理學	二	
論理學	四	
數學	六	
政治學	三	任選三種以上係第一學年科目
經濟學		
社會學		
民法概要		
刑法總則	六	
民法總則	六	
憲法	四	
國際公法	四	
西洋通史	六	
哲學概論	六	
法理學	三	以上係第二學年科目
民法債總	八	
民法物權	四	
商法	六	
刑法分則	四	
行政法	六	
法院組織法	一	
中國法制史	三	以上係第三學年科目
民法親屬繼承	四	
民事訴訟法	八	
刑事訴訟法	六	
國際私法	四	
破產法	二	
強制執行法	二	
勞工法		
訴訟實習		
畢業論文	四	四年級課程不給學分
中國政治史	六	
中國經濟史	六	
近代大陸法	二	以上係第四學年科目

民三八級同學畢業紀念特輯

勉十八屆畢業同學

盤珠祁

本校三十七學年度第十八屆畢業同學，到現在爲止，可算是已完成了大學階段的學程，馬上就要離開母校，各赴前程。人是感情動物，臨別在即，不勝依依，聊贈數言，俾資策勉！

本屆畢業同學是在遍地烽煙中完成你們的學業的，在這個戰禍深重的時候，我們看見有許多青年性命被犧牲，有許多青年生活陷困苦，有許多青年學業遭中斷，而你們却能安然地完成你們的學業，這不能不說是你們之福，是你們之幸，我首先應向你們致以慶賀之意。

本校自創辦到現在，已有廿一年的歷史，爲國家造就人才不少，本屆畢業同學，將近五百人，人數可算不少今天我看見你們這一羣有爲青年就要到社會服務，以在校所獲的成就，爲人民服務，這可說是本校對國家的一點小小的貢獻，我站在學校的立場，確實覺得一點快慰，我站在本校創辦人的立場，更堪以私自喜慰。

你們步出學校以後，應該時時警惕着你們對社會、對國家、甚而至對世界人類的重大責任，不要自暴自棄，要以積極的救世精神，走向社會，走向農村，走向工廠，以自己所學的心得，爲廣大人民而服務，同時，自己更要時時警惕着自己，要不斷的學習，不斷的求進步，把這多難的中國，多難的世界，拯救起來，把人民的痛苦，人民的災禍，澈底解除，這樣才能對得住你們自己，對得住你們的父兄，對得住你們的師友，對得住你們的國家，對得住你們的世界！

只要你們有了上述的警惕和抱負，在這個出發點上去努力前途或許會遭遇到重大的困難和阻礙，可是，我絕對相信以你們的知識，能力和勇氣，一切的困難和阻礙，都會被你們克服的，希望你們緊緊地記着：「沒有人能阻止你的努力和進步，能阻止的只有你自己！」

你們在不斷的學習中，在不斷的工作中，你們的智能是會跟隨着不斷地增進的，所以關於其他爲人處世之道，治學做事之方，現在都不必贅言了。

我記得曾爲本校民國廿六年級畢業同學錄題過這樣的幾句話：「天下事功，成就最難，

贈民三八級畢業同學

駱介子

諸同學因所學不同，志趣各異，出學校而入社會，當各有其計劃與前途。有仍繼續從事於高深學術之研究，亦有專心致力於社會事業之創始；但對治學、做人、處事三者，必有共同之觀念與修養，夫然後，可以立己而立人也。余以爲治學貴乎恆，做人貴乎誠，處事貴乎勤，明乎此而力行之，十年之後，必大有成也。今日國家社會，正需要有爲有守才德兼備之青年。挽狂瀾於既倒，扶大廈之將傾，諸君之任重而道遠也。其各勉乎哉！

校聞拾零

△本校校分部圖書分館前因經費支絀工程未完，茲經決定暫在上月省府借米中撥借六千八百六十斤，加蓋瓦頂以免崩塌。

△校車公票發給標準經行政會議通過如後：（一）因學校公事而必須乘車者，（二）參職員出席全體性大會者，（三）學生購圖每月酌給公票二至六份，（四）除以上三項外一律停止發給。

△本校員生電燈費，自六月十日起暫由校供給，規定教職員每人用電燈一盞（夫婦同爲教員或職員作一人計），學生四人以上共用電燈一盞，如超過規定則按照桂林水電公司規定收費。

△三十七年度第四次校務會議暨第一次教務會議於六月八日舉行，決議要案多項，這是盤校長到校後第一次主持的校務會議。

△本校附中暑期補習班，決定招收初中一初中二各一班，報名日期定自七月一日起至七日止。

△本學期行將結束，暑假瞬即屆臨，在暑假期間，聞教授會擬舉辦暑期學校，以利學生補習，並維繫團體存在以達保校之目的。

△本校在美訂購圖書爲數頗多，皆屬迫切需要者，迄未裝運返校，日前經由校函請在美之甘介侯先生與在穗之何敎務長杰，分向美國訂購本校圖書之公司及教育部洽商，設法早日裝運回校，以便員生閱讀。

△本校圖書館，以本學年度行將滿，分函各教職員並通告學生，於週內將所借閱圖書歸還。

△本學期圖書館購置新書，大部編目完竣。

△本大學各院系各年級三十七學年度第二學期期考，定於本月廿二日開始舉行，二十五日考試完畢後，自六月二十九日起放暑假。

△本大學三十七學年度第二學期，經核准收容寄讀學生，計四百二十八名，業已到校註冊者計二百八十名。

畢業同學就業介紹

人事組正積極進行辦理

本校各院系應屆畢業學生四百餘人，經已舉行畢業試驗完竣，現正積極進行函介工作以，便分往各地服務，惟本年因受戰局影響，交通阻滯，就業頗感困難，現仍依往例積極辦理，計填表申請者二二六人，截至目前止，已由人事組發出介紹分函一八三件，玆將函介情形列表如次：

本校三十七年度各院系應屆畢業學生介紹就業一覽表

院別	應屆畢業學生人數	已填表申請函介人數	主要被介紹機關名稱	填表介紹函數	備考
法律	四四	一	江西廣西各級法院等	三	
司法	四〇	三四	廣東廣西湖南各級法院等	一三	
政治	四四				
經濟	五一	四五	廣西省銀行各縣國稅稽征局營業稅局等	四四	
會計銀行	三七	二九	廣西省銀行湘桂黔鐵路工程局主計處	三四	
統計專科	二一	二一	廣西省政府主計處各縣稽征局等	二〇	
數理	五				
化學	七	七	平桂鑛務局省立工業試驗所等	一二	
電機	四八	三四	廣西省電訊局電話局柳州電廠等	一〇	
機械	七四	二〇	柳州中國農業機械公司湘桂黔鉄路工程局等	五	
土木	二八	九	湘桂黔鐵路工程局廣西公路管理局等	九	
鑛冶	二〇	一	湖湘煤鑛公司	一	
化工	三四				
農學	二六	一三	廣西省政府農林處省內外農林機關等	一四	
森林	八	七	本校林場省內外公私農林場	一〇	
畜牧獸醫	六	五	廣西柳州高農校家畜保育所等	八	

離別情緒

▲本校民三十八年級學生以畢業考試完竣，離校在卽，特於本月二十日假校本部禮堂舉行謝別游藝晚會，招待全校教職員及在校同學，由該級會常務晉秉尊主席致開幕詞，梁校長因公赴分部未趕回參加，由法商學院院長張映南代表致詞，繼請張先辰教授演講，二氏對諸生甚多勉勵，並强調加强團結，共同克服困難，是晚游藝有歌舞及話劇等節目，演出衛爲良好。

▲農學院畢業學生原定於二十一日在校分部舉行謝別晚會，後以一二三年級須於二十二日期考，禮堂用作試場亦須早日佈置，故提前於二十日與學治會之歡送晚會聯合舉行，亦有游藝節目助興。

▲畢業同學離校在卽，近來各種歡送會，聚餐會，謝師會紛紛舉行，至爲熱鬧。

▲學治會和各學會於六月十九晚在校本部大禮堂舉行歡送畢業同學遊藝晚會由西大歌詠團及各班歌詠隊參加演唱，節目有歌詠，新疆舞，青春舞，馬車夫之戀等多種，甚爲精彩，富有民間風味，會場空氣熱烈愉快。

▲畢業同學錄已卽就分發各同學，印刷裝璜甚爲美觀，各同學現正紛請師友題字紀念。

▲近因來時局緊張，畢業同學恐交通將發生困難，有一部份已請准提前發給畢業證明書，未及參加畢業典禮，提前離校返家。

▲梁校長近因參加各種歡送畢業同學的集會，聚餐，攝影，異够繁忙。

18

唤起半月刊

（第三期）

出版时间

民国十六年（1927）十一月三十日

编 辑 者

广西省党部宣传部

出 版 者

中国国民党广西省执行委员会宣传部

印 刷 者

南宁党立印刷所

发 行 者

广西省党部宣传部

第三期

民国十六年十一月三十日

卷头语　天存 /1

时事述评

白帝城边之吴佩孚　锐 /3

唐生智还不到胡帅那里去?　天 /4

怎样做国民党员　炳文 /5

国民革命进程中的唐生智　雷动 /9

国民党员的革命人生观　锐民 /16

三民主义与中国　天存 /26

民生主义与马克思共产主义　嗣虞 /35

文艺：秋的一夜　守廉 /41

出版物评论：读了痛史以后　天存 /42

党务政治消息

甲、国内党务政治军事 /46

乙、本省党务政治概况 /54

报告

省宣传部拾月份工作报告 /59

编后的话 /77

時事述評

白帝城邊之吳佩孚

(銳) 天存

素發武力統一外中國迷夢的吳酸秀才，不惜出其長江所有的兵力，窮兵黷武，放其數十萬的嘍囉，來犯湖南，謀窺廣東，好比癩蝦蟆想吃天鵝肉，吳秀才眞不識羞，到了一敗於衡永，再敗於武昌，部隊星散單騎走蜀道，狼狽情形，有甚於當年曹阿瞞赤壁大敗的一役，吳酸秀才，素好發其寒酸氣，來吟詩、讀易，誦古文章，『其一誦昔日之英雄，而今安在哉』一句，豈不太可憐，現在遠亡於蜀西，受庇於楊子嘉的肘腋下，白帝城邊的吳佩孚，除致吟咏外，報載近想翻風作浪，冀圖死灰復燃，被國府下令通緝後，四川又不能再立足，吳酸秀才想一定又高吟其『茫茫神洲，去將安之』之句，可惜吳佩孚，窮兵黷武，殘殺生靈極多，蒼天罰其絕嗣，否則，白帝城邊，又多一齣[illegible]孤的活劇，自號英雄蓋世的孫張大軍閥，對此又如何？

喚起半月刊第三期

民國十六年十一月三十日出版

編輯者……廣西省黨部宣傳部

發行者……廣西省黨部宣傳部

印刷者……南寧黨立印刷所

代售處　本省各書局

定價　零沽每本銅元八枚　半年五角　全年壹元

19

活力半月刊

（创刊号至第六期）

出版时间

民国三十五年（1946）十月十六日

至民国三十六年（1947）一月一日

编辑者

黄照熹　莫育光

发行者

罗铁青

创刊号

民国三十五年十月十六日

发刊词 /1
社评：评美苏外交 /2
现行政治制度的弊端及其改革　莫育光 /3
论地方自治与县干部训练所　孙振邦 /6
论民族道德与民族精神　何畅吾 /8
实施宪政国民应有的认识　秦淦 /9
当前的省级财政问题　滕肇文 /10
睿评：评中华民国最新分省图　朱震达 /11
　　老舍著《我这一辈子》　朱力 /14
挽救工业危机的道路——合作工厂制度的推行　鲁镇湘 /15
教育上平等原则的讨论　毛锐礼 /16
蒙古人民共和国之渊源　黄照熹 /18
理想主义与现实主义——中国画往哪里走　史良瞰 /23
论近百年来的欧洲绘画　温肇桐 /24
论苏联之外交及美国之对策（上）　［美］杜理斯原作　郭应阳译 /25
联总的剖视　南家 /30
胡适印象记　宋绍柏 /31
报告文学：南疆风情　李尚智 /33
木刻二幅　白唐

第二期

民国三十五年十一月一日

社评：恭祝蒋主席六秩华诞 /1
如何建设三民主义的新中国　罗铁青 /2
民主政治与政党　曾资生 /4
二五减租的先决条件　谢落生 /6
宪法上的领土问题　罗志渊 /8
广西水道交通建设问题　龙慧元 /9
地理与国防　黄国璋 /13
专载：蒋主席年谱简要 /15
蒋主席之伟大罗铁青 /16
论苏联之外交及美国之对策（下）　［美］杜理斯原著　郭应扬译 /18
的里雅斯德港问题的剖视　陶元耕 /24
牛顿小传　野蓼 /25
国内外大事记（十月一日至十五日）　本社辑 /26
发尔哈特和西陵——一个传遍中亚细亚的故事　色楞尼伽 /28

散文六章

早晨　李广田 /30
感谢　李广田 /30
路　韦芜 /31
希望　韦芜 /31
足音　陈敬容 /31
草原　叶风 /32

木刻三幅　白唐

第三期

民国三十五年十一月十六日

社评：省行政会议之收获与今后县市行政　本社 /2
如何作一个良好的革命干部　何畅吾 /3
地方自治的真谛　李宗黄 /4
县长与民选问题　邵鸿镳 /7

现代史地

佳木斯　征凡 /7
南海诸岛屿　一鹤 /8

五五宪草的特质　陈安明 /11
我们需要的宪法　刘静文 /13
由陆海空军之协同作战讲到军事教育的重要性　军事新闻社 /15

时论摘萃

坐视物价高涨者是谁?　申报 /15
展开法治运动　南京中央日报 /17
传说中的三巨头会议　申报 /17
美苏英在国外驻军 /18

青年组训与教育建设　黄珍吾 /19
国际知识：中东之谜　巴鲁第原著　文豪节译 /
文坛人物：朱自清　董桑 /23
美国文学的生长与其特性　靖文 /24
我怎样学习写作　［英］史蒂文生著　孙湫译 /25

国内外大事记（十月十六日至三十一日） 本社辑 /26
为带驴子上天堂而祈祷 牙麦著 戴望舒译 /29
参考资料：联合国 /30

第四期

民国三十五年十二月一日

社评：国民大会与制宪 本社 /2
考据学的责任与方法 胡适 /3
论省应为地方自治团体 王典谟 /5
新兵役法的特色 储子润 /9
现代史地：玉树 吴乃越 /10
今日的文艺 杨振声 /12
看看英美苏法怎样提倡科学 汪敬熙 /14
教育的真谛 余楠秋 /17

时论摘萃

中国的国际政策 南京中央日报 /18
提倡对日的警觉 上海申报 /19

漫画：九流图 白唐 /20
英埃关系的检讨 马俊武 /21
莫洛托夫与苏联的外交政策 C.L.Euzbeger 原著 葛赤峰译 /23
国际知识：韩国介绍 ［韩］金恩忠 /26
文艺：庙与僧 汪曾祺 /29
国内外大事记（十一月一日至十五日） 本社辑 /31

参考资料：领土托管问题 /33

第五期

民国三十五年十二月十六日

社评：世界和平与裁军　本社 /2
耕者有其田之理论与实际（上）　郑震宇 /3
怎样信仰三民主义　何畅吾 /4
如何培养法治精神　雷啸岑 /6
新资本主义　E.A.Johnston 著　福祥译 /7
现代史地：长春铁路　陈嘉骥 /9
中国文教与世界和平　周尚 /11
民族艺术与民族精神　许士骐 /13
连载：总理遗教与总裁言行体系之研究（一）　罗铁青 /16
科学与文明　［丹麦］NIELS BOHR 作　纪泽长译 /18
文坛人物：钟敬文　孟言 /19
时论摘萃：联合国的否决权问题　上海申报 /21
读书偶得　夏雪 /21
国际上的两条主流　刘光炎 /22
克林姆宫中恐惧的人们　JOHN FISCHGR 著　万光译 /23
国际知识：美苏在朝鲜 /25
最好的导师　华夏 /28
文艺：回来杂记　朱自清 /31
国内外大事记（十一月十六日至三十日）　本社辑 /31
参考资料：各省市成立各级民意机关情形一览表（内政部民政司制）/35

第六期（元旦特大号）

民国三十六年一月一日

社评：庆祝元旦·期望三端　本社 /1
建国工作之前瞻与后顾　罗铁青 /4
缺陷与文艺　游牧 /5
论吏治（上）　黄照熹 /6
中国法律应循的途径　王晋伯 /9
耕者有其田之理论与实际（下）　郑震宇 /12
现代史地：南京（上）　陆真 /14

时论摘萃

论欧洲新局势 /15
谈国民道德 /18

有科学乃有技术　赵曾珏 /17
连载：总理遗教与总裁言行体系之研究（二）　罗铁青 /20
英美之商业竞争　［美］G. 尼坚特著　郭应阳译 /22
美国外交政策之基点　杜鲁门 /24
铁幕后的烦恼　M.W.Fodor 作　福祥译 /27
国际知识：印度政局剖解　陈明月 /29
贾克伦敦给我们的活力——贾克伦敦逝世三十周年纪念　萧钟棠 /31
一位西洋音乐家论中国的音乐　［匈牙利］K. 科科果史作　宗实摘译 /33
陶渊明的身世、交游、阅读和思想　朱光潜 /35

青年修养

青年三大问题与建国前途　周辑熙 /37

青年之情绪发展与教育　培育 /40

文艺：主妇（上）　沈从文 /44

国内外大事记（十二月一日至十五日）　本社辑 /44

活力半月刊

創刊號

中華民國卅五年十月十六日
本刊已依法聲請登記
發行人：孫鐵青
主編：黃照寰
副主編：莫育光

發刊詞

環觀世界各國，其所以聲名著於國際間者，非僅恃其武力，而端賴其學術文化，如科學昌盛，學術發達，實乃躋國家於國際強國之林之要素也。

吾國為東方文化學術之中心，立國以來，垂數千年，聲名未墜，惟以十八九世紀而後，科學發達，泰西諸國，競相提倡，進步一日千里，西方文化，遂卓然立於世界學術之林，而光照宇宙，反觀吾人之文化乃瞠乎其後，降諸清末季，改制圖新，民國以來，「五四」運動，競相以科學與民主相號召，而數十年來，發展遲緩，仍未能與泰西諸國相比擬。蓋自，因滿清以來，國內政局不靖，學術文化，乃大受阻遏，時至今日，與列強相較，顯有「自慚形穢」之感也。

第二次世界大戰而後，吾人幸躋列於「五強」之一，但吾人自我檢討，所以列為強者之基礎，實甚為薄弱，期以學術文化在國際間一露頭角，尚待吾人之努力！概而言之，今日所稱之強國，內在求國防之鞏固，外在求國力之充沛。國防鞏固，不僅恃山川形勢之險要，物資之富饒，而科學昌明，學術發達，乃為要著，蓋在積極方面，以求威震寰宇，氣吞全球也。國力之充沛，更非僅指具體之人力物力，而更須吾人之精力腦力，有所發明，有所建設，則足以安定民生，鞏固國本，擴則足以抵抗強暴，與列強爭勝於世界。求諸列強，莫不皆然。如第二次世界大戰結束，世人皆知此種原子彈之威力，而原子彈即美國之科學，美國之學術，美國之人力物力，精力，腦力之集體力量之表示也。欲求吾人為「五強」之一之強國，豈可捨此而他圖乎？

總近以來，一般學術界風氣，未見發揚，而若干青年學子，每喜趨易捨難，稍涉艱深富有學術性之問題，多避而不論，坊間出版之期刊雜誌，多千篇一律，拾人牙慧及時尚之口頭禪，甚少學術性之價值，照此發展，在整個學術文化界將呈萎縮現象。吾人期在學術文化上躋於國際間爭取一適當之地位，尚須吾人作多之努力。且建國工作，千頭萬緒，而建立新學術文化，以發揚吾人之特點，當亦為建國途程中之一主要工作。同人等偶有所見，願在此方面盡一己之棉力，亦即本刊發刊之旨趣，社會賢達，學術界人士，賜有以教正焉。

目錄

一、發刊詞
二、社評：評美蘇外交
三、現行政治制度之弊端及其改革——莫育光
四、論地方自治與縣幹部訓練所——孫振邦
五、論民族道德與民族精神——何暢吾
六、實施憲政國民應有的認識——秦淦
七、當前須救財政問題——顧學文
八、書：中華民國疆域分省圖——朱寶璉
詩：老台：我說「豎子」——朱力
九、挽救工業危機的途徑——[illegible]
十、教育上平等原則的討論——毛[illegible]
十一、蘇市人民共和國之創建——[illegible]
十二、理想主義與現實主義——[illegible]
十三、近百年的歐洲精神——溫[illegible]
十四、論蘇聯外交與美國之對策（上）——杜[illegible]
十五、聯總的剖視——[illegible]
十六、胡適印象記——朱紹柏
十七、報告文學：南擺風情——[illegible]
木刻二幅——白唐

三、聯合國管治的港

在本年七月間巴黎四强外長開會的時候，最初各外長對的港問題未獲得協議，及後乃由法國代表度杜爾提出聯合國管治的港的計劃，並且獲得了四强外長的共同擁護，列入爲對義和約草案條款之一。

但最近由巴黎傳來消息，聯合國共管的港的計劃，義南兩國均不肯接受並以拒絕對和約簽字作爲要脅。我們從客觀的地位對這一問題來研討一下，我們認爲聯合國共管的港才是合理解決的辦法。除了這一辦法之外，我們找不出其他更善的解決辦法。因爲義大利是一個戰敗的國家，沒有理由以喪失了的港而義國經濟卽無法支持作爲運佔的港的口實，而南也不能因小數民族的問題務須操佔的港。惟有的港劃歸聯合國管制才是比較合理的解決辦法。

編者按：巴黎和會於十月五日結束，關於的港問題，在原則上通過法國所提的里雅斯德自由區法規之折衷建議，規定解除武裝後之的港自由區之獨立與完整，應由安理會保證之；如未得安理會授權，不得有武裝部隊進駐，爲適合傳爲自由區立法及行政組織根據之民主原則起見，自由區之永久法規須保證設立人民議會，由人民會議產生之政府委員會，應向議會負責。在和約生效時起，以迄永久法規開始適用之期間，自由區之臨時政府將由安理會負責組織之。安理會並將定期限一切外國軍隊撤出自由區。但南國表示不同意。

牛頓小傳

·麥野·

哲學家兼科學家的兒愛薩克牛頓爵士（Sir Isaac Newton）生於一六四二年十二月二十五日，父親也叫做兒愛薩克牛頓，世代務農，住在英國的部林肯省（Lincolnshire）的烏斯索勒山村中，距離格蘭特汗約六英里。父親在結婚後幾個月就死去，牛頓是他的遺腹子，母親在牛頓三週歲的時候就改嫁了一位教區長司密斯先生。又生了一弟兩妹，牛頓爵士後來的遺產即由這幾位弟妹承繼。

牛頓幼時在家鄉小學讀書不甚勤勉，所以成績并不甚好，在班中朋友之間也不融洽，鬥爭中牛頓却往往獲得勝利，即因此居全班領袖的地位。他最喜的功課是機械工藝製造風磨，水鐘，風箏和日規，也造成一架四輪車，可由駕駛者使之行動。

一六五六年繼父司密斯先生又病死，母親同他的孩子們回到牛頓的老家。牛頓在十五歲時，母親希望他回來照顧自己的田地，牛頓因此就離開了中學。他常同他的老僕去市鎮賣物，藉此機會也常去他在中學讀書時候居住的藥房老板克拉克（Clark）的家中，借閱書籍。

不久之後，家中人等發見牛頓實有讀書的天才，令其務農，實屬可惜，於是仍令其返中學繼續讀書。他的舅父威廉斯考夫（William Ayscough）是另一教區的教區長，畢業於劍橋大學，知道牛頓有興趣於機械和數學的問題，特別就商於牛頓的母親，讓他去劍橋讀書。

一六六一年牛頓正式入劍橋大學。他的成績也和從前一樣，并不顯得出人頭地，對於論理學課程毫不注意，因爲那是在中學裏已經讀過的，對於天文學的圖象，不能了解，因爲三角術的基礎不够，他認爲歐氏幾何學是一本無用的書，但頗致力於笛卡兒的著作。

一六六二年畢業考試的時間到了，他的歐氏幾何被老師認爲不及格，而被勸重新溫讀。但是就在幾年中，因爲致力於幾何學的結果，對於數學立下穩固的基礎，在他後來的發展上有很大的助力。對於月亮的觀察也在這時期中。

一六六五年得了學士學位，以後一年中學校因爲病疫而停頓，一六六七年始再繼續，一六六八年考取碩士學位。在這幾年中，牛頓甚爲努力，他對於三稜鏡和鏡面加以研究，對於化學加以注意，同時對於數學也有貢獻，發表了好幾篇論文。他從前給他歐氏幾何不及格的老師保羅（Isaac Borrow）特把他介紹給當時有名的數學家柯司（J.Gollins），在介紹信裏并未提及牛頓姓名，而僅稱作者是一個對此問題有天才的人。該文得了柯林司的稱賞，保羅大爲高興，所以不久之後，保羅教授退休，就推舉牛頓爲他的講座繼承人。

牛頓担任的課程甚多，幾何、算術、天文、地理、光學和統計，每週至少一小時；另外每週至少有兩小時任學生詢問，解釋課目上的難題。這時期牛頓特別注意光學的研究，對於望遠鏡的改進特別貢獻，他於一六七一年到一

本刊已依法聲請登記

（奉廣西省政府民三十年第一九三一四號指令准予發行）

活力半月刊

發行人：羅鐵青　主編：黃照熹　副主編：莫育光

社址：桂林中山北路廣西省保安司令部政治部

第六期元旦特大號目錄

社評：慶祝元旦·期望三端　本社
建國工作之前瞻與後顧　羅鐵青
論吏治（上）　黃照熹
中國法律應循的途徑　王晉伯
耕者有其田之理論與實際（下）　鄒震宇
現代史地　南京　陸貞
有科學乃有技術　趙曾珏
連載：總理遺教與總裁言行體系之研究　羅鐵青
時論～論歐洲新局勢
摘萃～論國民道德
英美之商業競爭　美、C.尼堅特
美國外交政策之焦點　杜魯門
鐵幕後的煩惱　N.W.DODOR
國際知識—印度政局剖視　陳明月
賈克倫教給我們的活力　蕭鍾棠
一個西洋音樂家論中國音樂　勾，科科果史
陶淵明的身世交遊閱讀與思想　朱光潛
青年—青年三大問題與建國前途　周輯熙
修養—青年的情緒發展與教育　培育
國內外大事記　本社輯
文藝：主婦（上）　沈從文

中華民國三十六年一月一日

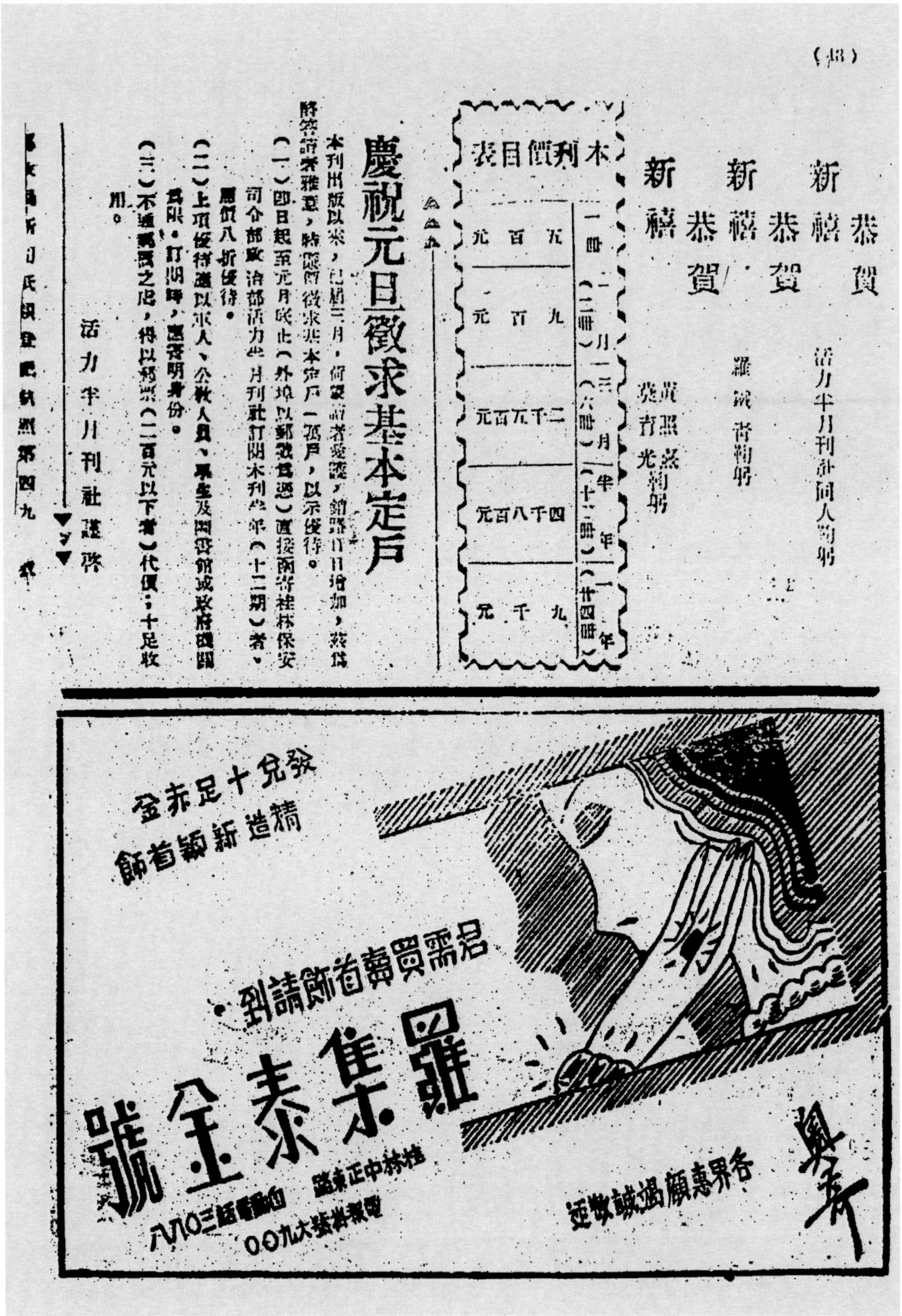

（43）

新禧恭賀 活力半月刊社同人鞠躬

新禧恭賀 羅鐵 蔣莉鞠躬

新禧恭賀 黃照熹 莫青光鞠躬

本刊價目表

一冊	五百元
一月（二冊）	九百元
三月（六冊）	二千五百元
半年（十二冊）	四千八百元
一年（廿四冊）	九千元

慶祝元旦徵求基本定戶

本刊出版以來，已屆三月，荷蒙讀者愛護，銷路日日增加，茲為酬答讀者雅意，特舉行徵求基本定戶一萬戶，以示優待。

（一）即日起至元月底止（外埠以郵戳爲憑）直接函寄桂林保安司令部政治部活力半月刊社訂閱本刊半年（十二期）者，照價八折優待。

（二）上項優待遇以軍人、公教人員、學生及圖書館或政府機關爲限。訂閱時，應寄明身份。

（三）不通郵匯之處，得以郵票（二百元以下者）代價，十足收用。

活力半月刊社謹啓

發兌十足赤金
精造新穎首飾
君需買賣首飾請到
羅集泰金號
桂林中正東路
電報掛號大九〇〇
自動電話三〇八
各界惠顧竭誠歡迎

20

集训生活

（第一卷第十期，第十一、十二期合刊）

出版时间

民国二十八年（1939）十二月一日

民国二十九年（1940）元旦

编 辑 者

广西中学生集训总队政训科

刊名题字

黄慕石

第一卷第十期（训练问题特辑）

民国二十八年十二月一日

对于青年军训应有的认识与努力　黄慕石 /2
怎样实施军事教育　第三中队官佐集体写作　林植梁执笔 /3
我们怎样实施六大训练　陈业勋 /4
关于集体学习诸问题　李蠢灵等集体写作　陈业勋整理 /6
怎样实施小组教育　导委会 /13
怎样实施集体自我教育（小组研究）　导委会 /14
军队斥候名称之起源及其教育应注意之点　梁卓群 /15
追思阵亡将士有感（诗）　马骅 /15
响应保卫大西南运动——我们的工作周（报导）　春林 /16

第一卷第十一、十二期合刊

民国二十九年元旦

迎接抗战第四年要争取胜利　梓元 /2
肩起当前的任务——黄总队长在本总队十二月国民月会中对全体官生训词　黄慕石 /3
克服同学对于“集训”几种不正确的观念　集体写作　王明初执笔 /4
抗战后广西的青年运动　陈业勋 /7
抗战期中青年应有的修养（小组讨论会结论）　罗梓元 /9
夜渡伏波滩（诗）　王正柱 /12
游击战术在抗战军事上的真正价值　张廉 /13

工作学习

怎样做战地服务工作（小组讨论会结论） 第四中队第三小组 /14
加紧课外的学习和工作 第十二中队第五小组 /16
我们要在警报下学习 剑针 /16

报告

三个月的跃进 亦欣 /17
上思——我的家乡 邑人 /19
一百一十张 明 /20

编后 编委会 /20

集訓生活

黃蕪石題

—訓練問題特輯—

●第一卷●第十期●

對於青年軍訓應有的認識與努力……黃蕪石
怎樣實施軍事教育（集體寫作）……三中隊官佐
怎樣實施六大訓練……陳業勳
關於集體學習諸問題（集體寫作）……李叢靈等
怎樣實施小組教育……導委員
怎樣實施集體自我教育（小組研究）……導委會
軍隊斥候名稱之起源及其教育應注意之點……梁卓群
追思陣亡將士（詩）……馬驊
響應保衛大西南運動（報導）……春林

△民國二十八年十二月一日出版▽
★定價·國幣五分☆

★廣西中學生集訓總隊政訓科編★

對於青年軍訓應有的認識與努力

黃慕石

青年們在過去的民族解放運動中，創造了光榮的戰績，在抗戰建國偉大的進程中，將必會建造更光輝的戰績。因之，我在本刊復刊號上便提出了「加緊訓練青年以完成抗戰建國事業」的警語。

目前抗戰的迫切需要，就是加強民衆的抗戰力量，鞏固前綫的戰鬥力；在後方尤須迅速的加強原有部隊和建立起新的軍隊。要使這一任務之達成，首先要以革命的青年來作基幹，迅速培養出大批的新的青年軍事幹部。本隊總是集中青年軍事訓練的集團，這一重大責任就落在我們的肩上。

一般人對於軍事訓練發生了一種誤解，把軍事訓練看得非常狹隘，單純，以爲軍事訓練是軍人的『專業』。因之，反映到負責訓練的人作單純的軍事訓練，政工人員把軍事訓練擺在一，受訓者放出『軍訓機械』『軍訓不切實用』『軍訓浪費時間』的怨言。要使青年軍訓達到最高的目的，我們要堅決的與這種不正確的傾向作無情的鬥爭，根清這種不正確的誤解。

首先，我們對於青年軍訓要有明確的認識：

總裁的訓示：「中國所以衰弱到這種地步，就是因爲一般人的生活沒有實行軍事化，中國社會的組織沒有軍事化……知識份子的文弱和不懂軍事，是中國衰弱之最大原因，……此次抗戰，因爲我們國民缺乏軍事知識，所以在抗戰期間吃了許多不必要的痛苦和受了無謂的犧牲……所以我們要以軍事訓練的方法來造成國民生活軍事化，以軍事化的精神來造成健全進步的新國民。」

從這有力的訓示中，說明了軍事訓練並不是『狹隘的』『單純的』『不實用的』，更不是軍人的『專業』了。軍事訓練究竟是什麼呢？ 總裁給我們這樣的解釋：「軍事訓練是一種有系統，有規律，有一定法則的教育方式；其目的則在養成我們精神，態度，行動，就是一切生活之合理化。這種教育方式對於一切腐惡的生活習慣，是具有極嚴格的革命性的，且其本身又是一種腳踏實地的，一面教訓，一面實施，馬上就能收效的訓練。」

本總隊集中青年訓練，就是要本着這種軍事訓練的要旨去實施，要培養優秀的青年軍事幹部，要養成實行三民主義的忠實信徒堅強的戰士這並不是單純的武裝青年，而是要使青年的一切生活習慣思想行動都澈裏澈外的武裝起來，抱定一種戰鬥的精神和決心，來克服一切工作與學習的困難，打破一切革命的障礙，發揚我們革命事業的功效。這是我們要澈底認識的。

爲求這一任務的達成，訓練的方式與方法，我們應有進一步的改進。遵照 總裁的訓示，對於訓練的方式與方法有如下三個要點：

一、訓練方法要民主化，要注重領導與自動，實際與活潑，深刻與啓發，要多用集會討論（辯論）批評，報告，競賽，檢查，評定，公告等方法。

二、管理方法以軍事化科學化爲最高準則——要重組織，重紀律，重秩序，重勞働，重責任。

三、訓育方法應注重啓發學生自愛，自反，自治，自律之習慣，避免被動的強迫的執行紀律。負訓導責任的人，務要與學生共同生活共同學習和研究，隨時啓發其智能，堅定其意志，並實行參加一切課外活動，造成共甘苦同患難的情感。

這是最進步的適應抗戰建國之需要的訓練方式和方法，我們必須切實遵照實施。本總隊各中隊均有隊友會的組織，以組織的生活，組織的行動來協助軍事管理，以自覺的紀律來維持軍風紀以小組會議來執行工作與學習的批評，報告；競賽，檢查，以集體閱讀集體寫作的方式來促進讀書指導，課堂的教授

一百二十張

——響應捐獻賀年片運動——

明

九號，我們首先在掃蕩報上看到「徵求讀者捐獻賀年片慰勞前方將士」的啓事，上面有六項具體的辦法，我們給啓事上誠摯熱情的字句感動了，決意響應這個運動，「作下這一件最有意義的工作」。

十二號，我們隊友會的幹事會上，通過了「每人至少一張」的決議案；十三號中午，總幹事就向全隊同學宣佈這個議案：

「……我們要以過去響應保衛大西南運動的工作精神來響應這個有意義的工作，這是我們本學期開頭的第一件工作，希望大家提起戰鬥精神來，希望這次工作有很好的成績……」。

「大家贊成沒有？」

「贊成！」年青的心給鼓動了，教室裏哄動起來，討論怎樣來做祝賀前方戰士的賀年片；擁擠起來，九號的掃蕩報快給撕爛了。

決意擴大這個運動，學術部和宣傳部擬了一個發給各隊同學的信稿，花了一天的時間，抄送到其他十二個中隊去，告訴他們共同來完成這一件工作，提高這工作的成果。

頂困難的問題來了，誰容沒有好紙買，市上最普通的只有湘紙或洋紙，大家都爲這問題焦慮着，送到前方將士手裏的賀年片，不能草率馬虎是必須的。別隊的同學，同樣爲這一點阻難了！

——有辦法！我們終于想到用名片來作代替，費了好大功夫，把車站熟人去柳州的方便，廿號，才在提心吊胆中見到了三匣「博士白」的名片，合到每張一分大洋。廿一日分發到每個同學的手裏，大家開始來作這一張賀年片，措詞，上色，裝飾，心血灌注上去。

警報太多，我們連上課都不得安寧，有幾次到夜晚七八點鐘才能回來，洗洗脚已是上床熄灯的時間了，野外實在沒有辦法來好好寫字和構樣。

「快要到限期了」！心裏更焦急。

兩天，僅僅兩天的課餘時間，一百二十多個同學精心設計着賀年片。二十五號晚上自修的時候，彙集了起來，顏色炫耀着，有二寸高。

有一百二十多種式樣，有一百二十多篇短文和詩句，大家都費盡了心血，不會繪畫的同學，爲了表示新年快樂起見，也在賀年片上塗上好幾面國旗，一位同學的詩似乎太多了，寫滿了二個大半面，看起來有點擠眼了。有好多式樣和詞句，值得我們打「哈哈」的。

在賀年片的祝詞裏，我們都表示了慰問和鼓勵，指出廿九年將是我們勝利的一個記號，願將士們「在新年，搶新氣，殺新血路，以建新中國」。告訴將士們「後方的千百萬同胞，正在努力生產，充實抗戰力量」，「你們的府上很平安」，希望將士殺敵勝利，凱旋回鄉」。

在塗飾上，有中國畫，有西洋調，大多用了戰場殺敵的場面，紅紅綠綠的顏色，粗粗細細的綫條，不說太好，也就可觀了。

我們經過了一番剔選，用了一百一十張，廿四號寄出掃蕩報社去，請給我們送到前方將士的手裏，恭祝勝利的新年。(完)

十二月廿五日于四中隊

編後

十一期的刊出期應該是上月十六日，中途因原編輯張鳴同志奉調離隊，重新成立編委會接手開工，已經過了定期，只好把十一二期合刊。

爲了慶祝我們二十九年的元旦，本刊又決定在今天印出。

編委會特向各同志報告。並祝：

新年健康，工作勝利！

——編委會

21

交流月刊

（第一期）

出版时间

民国三十七年（1948）六月三日

编 辑 者

青年军联谊会广西支会交流月刊社

第一期

民国三十七年六月三日

献给“六三”（代发刊词）　编辑室 /1
佳节、新政、年青人——写在复员纪念日　青立 /2
为首届总统副就职大典，本市复员同志热烈庆祝　本会 /4
刷新阵容，整齐步调　寅子 /5
广西大学分会点滴　敏 /7
为甚么要建立预备干部制度　彭俊 /8
给在营同志　知了 /11
山山水水——桂林复员青年军生活点滴　班川 /13
春归鸟　丹林 /14
星夜行　洛潭 /16
人物素描：画家谢志周同志　率直 /17
蒋经国先生语录　编辑室 /17
青年军联谊会广西支会会员公约草案　本会 /18
漓江静静的流　率直 /18
管制矿品报导　马凤昌 /19
编后 /19
青年军联谊会广西支会工作人员表
青年军联谊会广西支会交流月刊社工作人员表

交流月刊
第1期
1948
青年軍聯誼會廣西支會交流月刊社編

春歸鳥

丹林

夜，吞食着大地。

外面不斷落着春雨，忽然劇烈如萬馬奔騰，忽然微細如飛羽；這時只有屋簷流下叮噹的聲音。遠處田野裏有青蛙奏着「咯……」的春夜曲，春歸鳥不時在叫着「母親，歸去」，像一個孤兒的悲慘呼喚。

瀟雨的春，這山城失去了繁華，讓幽靜和荒涼代替了喧嚷。

一間高大寬闊的房子，像古羅馬教堂，陰森而寂靜，如果沒有弟妹的朗朗書聲和桌上的豆大油燈，真有些令人害怕。

「姐姐！講一個故事給我聽吧、！」弟弟忽然停止了讀書。

「怎麼！你又想起聽故事了！」我放下手裏織着的毛線，懶懶地對他說。

「我不想再讀了」

「好弟弟！還是讀書吧！」

「不，你不講故事我要打瞌睡了」他天真的逼着我。

「好好！講一個給你聽，你說講什麼故事呢？」

「哦！讓我想想……噢！講春歸鳥，你說爲什麼春歸鳥要叫『母親、歸去！』就講這個吧！姐姐！」

「對了！姐姐就講春歸鳥，我也喜歡聽」這時妹妹也合上書本，插嘴進來。

我沉入回憶，想起幼年時倚着祖母身旁聽她講故事的情形，我把春歸鳥的故事內容重新整頓，開始了敘述：

「很久很久以前，有一個村莊，那村莊住有兩母女，媽媽天天到山上砍柴或摘野菜，再拿到城裏兜賣，然後買米和別的吃的東西回來，每天早餐吃過早飯，媽媽再包一包午飯，就拿着扁担出去了，直到黃昏才回來，女兒呢，每到黃昏就跑出村門去張望，看見母親從遙遠的路上走來，她便立刻迎上去，接下了母親手裏的東西，她笑笑跳跳，唱着歌兒，母親深愛這個聰明的孩子。

管制礦品報導

馬鳳昌

自前年六月一日青年軍復員，我便來到廣西，加入資源委員會第三區特種鑛產管理處工作茲將工作情形報導於后：

資源委員會直轄計有三個特鑛管理處計江西為第一區湖南為第二區廣西及雲貴等之一部為第三區現行管制之特礦計鈦，鈾，鎢，銻，鉍，鉬等礦不許商民自由買賣他國為對外易貨償債及換外匯之主要物資其重要性自不待言資委會在三十七年度工作計劃中本年除協助礦商增產以增加收購量外並加力辦理自產工程加強採煉設備改善運輸方法期能增加礦品輸出以裕政府外匯收入全年定產鎢一萬公噸錫四千公噸抗戰時間政府大撤退時流入民間特鑛甚多現經政府出價收回報交雖多而存觀望者亦復不少且有人轉輾偷運出口以圖利者故其原因不外政府收價過底外銷價高達一倍以上美英藉在港均派專．經理其事現政府已加緊陸查緝私走私情形已大告減少鎢錫均為重工業源料兵工方面尤不可缺各國競相收購雖我國外匯增加然從另一方面想並不是好現象。

編後

這期出版從籌備到付印只十多天，由於經費困難以及稿件收集不易（有些特約撰稿同志在邊遠縣份的）所以忽促草率的出版了，內容和形式都不如我們的願望。

這是大家的園地，不單是留在廣西的復員同志的刊物，分佈全國各地的復員同志和正在營中我們的同志都有份，願大家予以幫忙，常常賜稿。寄來你的生活狀況和經歷。

本期經費由支會補助，以後擬請南京總會按期撥發，只要經費解決，便可永遠如期出版，讓我們祝福！祝福這份刊物像春天的種子，發芽抽葉，開花，結實，結美好的果實！

青年軍聯誼會廣西支會工作人員表

理事長	庾傳德
副理事長	廖崇文
組織股長	何貽組
組織副股長	陳在敏
事業股長	唐宇澄
總務股長	李良齊
常務監事	陽自强

青年軍聯誼會廣西支會交流月刊社工作人員表

社長	覃駿	
編輯	唐宇澄	林元雄
採訪	廖崇文	何貽組
總務	庾傳德	
專論委員	王炳衡	李敏
	陳在敏	羅靖
	黄杰	彭俊
特約撰稿	石晉明	
特約通訊	王光廸	李樹聲
	莫舒冰	張繼元
	唐欣	彭英燊
	馬鳳昌	駱其武
	謝燊	鄧雄

22

教师杂志

（创刊号）

出版时间

民国三十六年（1947）四月一日

编 辑 者

教师杂志社

印 刷 者

联华印刷厂

发 行 者

教师杂志社

创刊号

民国三十六年四月一日

创刊词　本社 /2
教师杂志勘误表
广西省本年度教育施政计划重点及实施要领　黄朴心 /3
桑戴克论游戏与教育 /4

师范教育运动周特辑

师范教育与建国运动　陈礼江 /4
从宪政实施谈到师范教育运动　张雾渥 /6
为师之道——为教师杂志于卅六年师范教育运动周创刊而作　李智 /8
师范教育运动周举行日期之商榷　蒋宗耀 /10

教师的自尊与被尊　张大贤 /11
教师的宗教般精神与技术般训练　蔡挺生 /12
向武训学习　张牧阳 /12
教师闲话　编辑室 /15
广西师范教育的过去、现在与未来　金开山 /16
博物馆底社教功能　谢康 /17
本年度师运志盛 /18
编后　编者 /19

教師雜誌

★創刊號★

目錄

創刊的話 本社
廣西省本年度教育施政計劃重點及實施要領 黃禊心
師範教育運動週特輯……
師範教育與建國運動 陳禮江
從憲政實施談到師範教育運動 張宓遲
為師之道 李言
師範教育運動週舉行日期之商榷 蔣宗礎
教師的自尊與被尊 張大賢
教師的宗教般精神技術般訓練 蔡挺生
向武訓學習 張牧陽
教師閒話 編輯室
廣西師範教育的過去現在與未來 金開山
博物館底新功能 謝康
編後 編者

創刊詞

本社

「他們所有的功勞，所有的本領，都是我教出來的。」誰可以說這樣的話？唯有教師才有資格。除了教師，任何人說這句話都是不配的。

教師是人類社會不可缺少的非常重要的人物。沒有教師，就不能承先啓後繼往開來，文化也不能積累進步，日新月異，人們也就永遠像其他動物一樣，老是憑着本能從頭學起，愚不可及。

可是，教師的命運怎樣？說來眞使人嘆息！

在西洋，曾被人看作奴僕一般。在中國，雖說「尊師重道」，也還是有名無實。做教師的，那時曾經揚眉吐氣？

雖然過去如此，教師却不應該看不起自己。教師爲了學生，爲了後代，爲了國家，爲了世界，須得團結在一起，建立自己說話的園地

我們這個「教師雜誌」，就是這樣建立起來的。

本雜誌的宗旨，是非單純的。除了要爲教師說話外，只是加強教育學術研究與輔導國民教師及師範生進修而已。

本雜誌的內容，却因盡量努力充實，除了一般教育論著譯述教育問題研討，教育文化資料與消息，打算還有教育文藝和教師傳記。

我們決定，一切靠我們教師自己。無論怎樣艱難困苦，也由教師自力撐過，絕不接受任何方面的津貼或維繫，無論如何，我們必須擁有自己說話的園地。

可是，單憑少數人出力，畢竟還嫌不夠的，我們謹以至誠，請求各界先進多予指示，並望所有現在過去未來的教師一致共同撐持！

及地位提高：（五）師範學校應設推廣研究部：舉辦講習會及研究會等。

柳州爲什麼沒有做推進師範教育各種活動

——柳師李校長在本市舉行青年節大會時表示惋惜——

本市青年節大會，於二十九日上午八時，在公共體育場舉行。主席由青年團幹事長馮培仁担任，致詞後王理事長余委員等相繼演說，柳師李校長以縣府當局，未注意推進師範教育，及小學教師未受注重等事實甚爲痛心，言詞沉痛，嗣後並強調師範教育之重要性，博得不少鼓掌。……（見三月卅日本市大時代報）

熱心教育省府傳令嘉獎

桂林市蘇市長新民，第三科長陳達璣，熱心教育，省府特傳令嘉獎。因省府曾通令中心國民學校教師待遇，應由縣市府統籌開支，並提高與縣級職員待遇相等，現桂林市府首先達成此項命令，所有中心國民學校教師待遇，由市府統籌在市庫開支，並提高與市府職員待遇相等，基本數八萬元，薪俸加成五百四十倍，省府以其熱心教育，並爲達成提高小學教師待遇任務之第一個，故特予傳令嘉獎。

百色縣長莫光庭，教育科長黃叢，推進教育師範熱心，黃主席特予傳令嘉獎（見三月廿九日桂林廣西日報）

本市柳東鎮中心國民學校教師待遇改善。

——每月內四萬五千元增至七萬元——

本市柳東鎮中心國民學校教師，以該校教師待遇過於微薄，上學期爲四萬一千元，本期雖增加四千元每月共支四萬五千元，但在此物價高漲聲中，實不足以維支個人生活，且查本市各中心校如柳州縣立實驗中心國民學校教師每月薪給九萬餘元，屏山鎮中心國民學校爲八萬八千，柳西鎮中心國民學校爲七萬元；至於其他私立小學，均在十萬元以上，同在一市區內之同等地位之學校，其待遇獨至低微，認爲殊不合理，曾經屢向各方呼籲，且多次請求上峯設法改善，均未獲得完滿解決。掌最近省府督學李鎮陳起昌兩位先生到柳視察　該校教師聞訊，特派出代表請予協助催促當局改善，結果經於日前獲准由本年三月份起，每月改支國幣七萬元，此亦爲本市在師範教育運動聲中，一大喜訊云。

編後

編者

本刊原來是打算在三月二十九日出版，以能配合師範教育運動週，之後，因京滬各地的預約稿件以郵寄遲緩，未能如期收到，弄到今天才與大家見面，實在有點抱歉。

「教師雜誌」顧名思義，它是教師們自己的園地：發表自己意見，研討自己問題，和同行的朋友們取得密切的聯繫，讓大家爲教育而努力。

這一期承桂省教育廳黃廳長，國立社會教育學院院長陳禮江先生及廣西大學訓導長謝康先生，桂省教廳第三科科長金開山先生爲本刊賜稿，這是「教師雜誌」呱呱墮地時，即得到的光榮，更是說明它——教師雜誌——已經有教育行政長官及教育界各流在關懷它，撫育它，總之，今後還不斷的要賢明者給予指導。

末了，特將本期的作者向大家介紹：

李智：大家很熟悉，他是廣西的一個硬幹苦幹的青年教育家，他發表了許多教育理論與實際的論文，散見在各報章雜誌上，現任廣西省立柳慶師範學校校長。

蔣宗耀：曾經做過廣西省立桂林師範的校長也是一位實幹的教育工作者。

蔡挺先生：他是一個老教師了，對國民教育有高深的研究，現任廣西省立柳慶師範輔導主任。

張大賢、張霧湜、張牧陽三位都是青年教育工作者，現任教廣西省立柳慶師範學校。

三十六、四、一。

教師雜誌　創刊號

中華民國三十六年四月一日出版

本期每冊售國幣捌百元

主編兼發行者　教師雜誌社

聯華印刷廠承印

稿約

（壹）本刊歡迎下列各項稿件：

一，教育理論著述

二，教育政策闡發

三，教育制度之探討

四，中等學校國民學校課程教材教法教具以及訓導問題之討論與研究實驗報告

五，各國中等教育兒童教育成人教育之歷史及現狀之介紹

六，教師傳記

七，教育文藝

八，教師生活素描

（貳）來稿文件不拘每篇至多不得超過一萬字（特約者例外）

（叁）譯文請附記寄原文或註明原文出版年月地點書誌名稱

（肆）來稿請註明姓名通訊處

（伍）來稿一經發表均致薄酬或贈送本刊

（陸）來稿請寄廣西柳州柳慶師範轉教師雜誌社

本刊依法申請登記中

23

教育之路

（第一期至第二期）

出版时间

民国三十五年（1946）七月十日

民国三十五年十二月一日

编 辑 者

广西省立百色师范学校

印 刷 者

桂西日报社

第一期

民国三十五年七月十日

要凭这根笔划开一条民主的大道（封面）　伍公卜画
刊前语　覃大明 /1
目前的国际形势　辛宁 /2

论著

当前训育问题研究　覃大明 /1
谈学生管训民主化　伦毅 /5
怎样读书读报　胡定谋 /7
略论女师范生的教育　郭华 /10
年龄性别与体育训练之关系　江国梅 /12

学校概况　教导处 /14
实习总结　辅导处 /18

学校生活

迁色半年漫记　柳谊 /22
校闻点滴　编辑部 /23

实习生活漫记　二、三班集体写作 /24

文艺专页

自感　杨振时 /25
忆秦娥·夜过双思亭　朱门弦 /25
春夜雨后感　林瑾 /25

傀儡　陈宽 /25
我的母亲　文昌远 /25
风沙的城　黄玉琛 /26
月夜　韦国勋 /27
三月　韦幼章 /27
儿时生活漫忆　马忠 /28

编后话　编者

第二期

民国三十五年十二月一日

时事述评　亦群
当前师范教育的改进　覃大明 /1
新教育与新教师　金鞭 /5
谈民主政治与民主教育　韦国勋 /6
顽童心理的分析与训练　胡定谋 /7
教学经验谈　集体写作 /13
怎样做小学教师　萤辉 /15
校闻点滴 /16
谈谈小学童军的几个实际问题　黄明祥 /17
编者的话 /18
谈民族健康　伦毅 /19
校闻之二 /22
文艺　朱门弦等 /23
小统计
校闻之三

教育之路
第一期
民國二十五年七月十日出版
廣西省立百色師範學校編

刊前語

教育是一種工具、是民族解放的工具、是人類解放的工具，也是促進「天下一家」，「世界大同」的工具。抗戰八年，前線將士、滴鮮血，拚頭顱，前仆後繼；後方民衆、流着汗、忍着苦，日夜工作；青年學生、由前方移後方、由城市移鄉村、轉輾流離、食不飽衣不暖、然而絃歌雍容、夙夜匪懈，這不能不說是數十年來新教育之輝煌成果、惟自抗戰勝利結束後、經濟復員，未臻常態、內政、外交、交通，諸問題、種種困難，未能克服，致使教育復員、未達理想，教育第一、空有口號、而未實行、今後如何擴大已得之教育成果、診療當前嚴重之教育病症、便是當前教育急待解決的第一個問題。

當前民主政治、政府盡力倡導、輿論界盡力鼓吹　民主思潮奔騰澎湃，已成不可抗拒之勢、因之民主教育，亦成上下一致之要求，今後如何改進教育制度？如何充實教育內容、？如何改善教學方法？如何改善訓育方法？以符合民主教育之旨。如何普及國民教育？如何提高文化水準？如何教育全國民衆使人人普遍的覺醒，人人成爲國家的主人，人人成爲世界的主人，是當前教育急待解決的第二個問題。

中國需要發展科學教育、在「五四」時代、已被提出、到現在，爲時二十多年。迷信、虛空、落後、貧腐的思想、仍舊充滿了中國每個角落，今抗戰勝利，建國開始，中國需要工業化。已成定論、而工業化、必須要有科學環境來培養，要有科學智識做基礎、要有科學方法來運用、故今後如何使全國上下、男女老少，都重視科學、都研究科學，今後各級學校，應如何充實與改進科學教育？如何提高研究科學風氣與興趣、這是教育急待解決的第三個問題。

古人說：「得人者昌、失人者亡」、今人謂：「時勢決定一切」、這些都說明人才的重要。當此建國時期、各部門所需要之人才、異常龐大，根據[illegible]之指示、單就實業計劃這部門來說、在十年內、便需要[illegible]二、四六四、二〇〇人，其餘政治與軍事，文化經濟等工作的部門、尚不計算在內，今後究應如何培植這大批人才、如何由量的增加到質的改進、這是教育急待解決之第四個問題。

本校師生，係以研究教育爲職志，對於當前教育急待解決之問題，我們旣不敢以「能力薄弱」而輕輕推卸我們應負的責任；俗語說：「一髮牽千鈞，蟻負一粒」，又說：「愚者千慮、必有一得」，這里我們遵本着「蟻負一粒」，「愚者一得」之赤心？站在本身崗位，追隨千千萬萬教育同人之後；盡其所得發表，貢獻，這「教育之路」之出版，便是將我們一些平庸之見，及本校生活之實錄，作爲忠實之報告、[illegible]嘗試，尚祈海內教育先進，有以正之。

（一）

年齡性別與體育訓練之關係

江國梅

一、年齡與體育訓練之關係

教育之手段無疑的要與繼續成長中的兒童生理及心理情況相合，故兒童之身心發展階段，以及其對于鍛鍊之需要，為決定活動方式之基原本，故吾人首先需要決定者，為根據兒童生長之情況，予以時期上之劃分，但兒童之生長係接連續，而顯著之段落實難指出。

甲，兒童期，區分

兒童期區分之方法，因各以不同之立場而立論，故意見各異，有以心理情況發達為標準者，有以生理之形態為標準者，又有以各級學校兒童之年齡為標準者，殊無法將各種意見予以統一，今以中國兒童之生理及心理發達情況為根據，並求適合于國學制之規定年齡，而將男孩之兒童期劃分為後：

學齡前期，零歲——六歲此為家庭教育時期不在列論範圍。

第一期：六——十二歲。

生理特徵：縱的生長遲緩，橫的生長增加，精力過剩，組織結實，對活動的了解增加，其技巧性亦增加，

心理特徵：有無形的控制力量之願望，喜作熟練之活動，想像力旺盛

第二期：十二——十五歲

生理特徵：為生長告一段落，抵抗力強大，兒童期結束，組織結實，精力過剩，性機能開始發育。

心理特徵：自試及個別競技興趣增加，有參加比賽願望，愛作有組織遊戲，有崇拜英雄心理。

第三期：十五歲——十八歲。

生理的徵：骨組織生長迅速，肌肉長內臟發達，性機能成熟，肌肉力量漸減，抵抗力弱，為生長過程中之嚴重期。

心理特征：兩性興趣增加，團體活動興趣增加，榮譽意識增加。

第四期：十八歲以後，此時其身體各組織均已成熟。

女孩各期之生理及心理特徵大概類同，惟各期開始及結束之年齡均約易於男孩一二年。

乙、各期兒童體育活動應注意之點。

執教體育教師者，如果對體育活動之種類，分量，及性質，各方面不能與各期兒童身心特徵予以適當配合，結果必不完善，小則抹煞興趣，影響進步，大則妨礙健康，終身受害，今分論於後：

第一期：為六至十二歲之兒童，合于小學年齡。本期兒童，機能漸強應予以特殊之注意：

（一）其在體育活動方面對於學齡前期之各種玩具已不發生興趣，模仿遊戲起而代之。

（二）個人活動漸形發達，對團體遊戲不甚感興趣。活動性質多屬於自試性質，或個別競爭方面，且其時兒童自我觀念很強，不易附和他人。

（三）生長遲緩，體力過剩，試驗其本身體力之動機日漸增加，活動願望旺盛，對其本身機能運用增加了解，技巧學習興趣隨之產生，此期兒童不僅欲運用其體力，且進而欲指揮其體力，故活動種類及項目需要多而有變化，因其對于新經驗種類不斷的需要，故兒童對任何活動都有嘗試的興趣，尤以唱遊興趣為普遍，女孩更甚。

（四）教師在此時應將活動習慣技巧的機能，及各種活動基礎予以養成。

第二期，為青年前期或青春前期

此期兒童青春期已經開始，其行為思想，機能及形態，時有變化之傾向，關於體育活動應行注意之點：

1模仿遊戲已不再為兒童所喜愛

2自試活動及個人競技之興趣仍繼續，然近於具體之方式 如田徑賽等。

3團體意識漸形發達

4喜歡參加有組織之活動，且參加願望增加。

24

抗日救国旬刊

（第一期至第三期）

出版时间

民国二十年（1931）十一月

至民国二十年十二月一日

印 刷 者

广西民众抗日救国委员会

第一期

民国二十年十一月

论文

抗日与倒蒋　非玄 /1
对日声中我们应准备的几个要点 /3
抗日救国问答　磨以显 /9

重要纪事

抗日前途的乐观 /15
世界舆论对满案之意见——到期如日不撤兵照盟约十五条处理 /16
日军在辽所得之战物器其价额计达八千万以上 /17

调查

对日经济绝交应有之认识——日货名称唛头图记调查 /18

附录

广西民众抗日救国委员会各属分会一览表 /23
编后的话　编者 /24

第二期

民国二十年十一月二十日

论文

暴日种种　伯劳 /1

嫩江战后　郁子 /2
抗日运动当中我们应有之几个基本工作　李培桐 /4
抗日救国问答（续）　磨以显 /9

重要电讯

日本对于满蒙之“新积极政策”/14
我国对日经济绝交结果
——日本工厂纷纷闭歇，劳动争议亦急激增加 /15
对日经济绝交后日本商业零落近状 /16
上海日工厂停闭百三十家——抵制日货之效力，国人其加倍努力 /17
日本人的宣传政策——国人睹此作何感想！？ /18
抵制日货之效胜过刀枪——“不怕刀枪，只怕抵制”/19

调查

对日经济绝交应有认识（续）——日货名称唛头图记总调查 /20

附录

广西民众抗日救国委员会各属分会一览表（续）/27
编后 /28

第三期

民国二十年十二月一日

论文

援黑运动　郁子 /1
两重和平的障碍　闲道 /2

抗日运动当中我们应有之几个基本工作（续）　李梧桐 /3
抗日救国要提高我们的责任心　亢英 /6

译著

日本贵族院议员大谷尊由关于满洲问题对美国民众宣传书　陈佩完译 /10
来了！亡东北的阴谋——我们试看本多态太郎氏之鼓吹：所谓极力支持满洲之自治机关　黄立生译述 /12

调查

对日经济绝交应有认识（续）——日货名称唛头图记总调查 /16

附录

广西民众抗日救国委员会各属分会一览表（续）/22

抗日救國旬刊
第一期
廣西民眾抗日救國委員會印
(中華民國二十年十一月)

論文

抗日與倒蔣

非玄

如果我們不是冷血動物，不是甘心預備做亡國奴，對於日本的積極侵略滿蒙，悍然出兵東三省的强暴行爲，任誰亦必認爲非常重大的恥辱，感到無限的沈痛和悲憤。數月以來，全國各地革命民衆的抗日運動，蜂起水湧，層出不迭：抗日救國會的組織，如雨後新筍，乘機暴發，實際工作：如準備對日作戰的義勇軍，實行經濟絕交的仇貨檢查隊，宣傳日本暴行，探討抗日救國理論的各種大小刊物，極一時之熱烈激昂，如此不撓不屈的民氣，實充分表現我大中華民族獨立自强的偉大精神，而使三島太和雜種民族，聞之爽胆而餒氣。

附錄

廣西民衆抗日救國委員會各屬分會一覽表

縣別	成立日期	縣別	成立日期
柳州	十月一日	橫縣	十月五日
平南	十月六日	奉議	十月八日
中渡	十月十日	全縣	十月十一日
上思	十月十三日	象縣	十月十五日
賀縣	十月十五日	鍾山	十月十五日
邕寧	十月十七日	玉林	十月二十一日
賓陽	十月二十一日	柳城	十月二十三日

抗日救國旬刊　二四

武宣　十月二十五日　宜山　十月二十六日

靖西　十月二十七日　遷江　十月九十九日

（未完）

編後的話

編者

在抗日五日刊出版到第二期的當兒，因爲種種關係，停版多日，茲爲切實宣傳起見，改爲旬刊，繼續出版。

本刊忽忽的出世，自不免有些不滿人意的地方，這是編者要聲明的一回事了，可是本刊是絕對公開的刊物，是民衆自己的刊物，希望各界同志本愛護本刊，擁戴本刊的熱忱，予以嚴格的批評和糾正，本會同人願以十二分的誠意接受，惠寄關於抗日之鴻篇鉅作，尤所歡迎，將於可能範圍內儘先刊登。

暴日的侵略行爲一日不已，我們的抗日工作，亦一日不能終了，區區之意願與各界同志共勉之。

25

抗战文艺

（创刊号）

出版时间

民国二十九年（1940）三月一日

编 辑 者

中华全国文艺界抗敌协会桂林分会

印 刷 者

广西日报社

发 行 者

中华全国文艺界抗敌协会桂林分会

第一卷创刊号（桂刊）

民国二十九年三月一日

短论

别忘记团结的重要　鲁彦 /1

坚守我们的岗位　宁英 /1

要认真而且沉着　褚问 /1

保卫西南与文艺工作　孟超 /2

莱蒙托夫论　黄药眠译 /3

萨尔脱可夫·西溪德林　立波译 /6

血的短曲之九（创作）　舒群 /8

诗选

呜咽的云烟　臧克家 /11

我们，行进在乌山岽　张煌 /12

黄昏的原上　婴子 /13

送远行人　陈残云 /15

徒步的旅人　林向 /27

上滩　韩北屏 /27

黄昏　涧丹 /24

关于诗的形象——诗论随想之一　林林 /11

廉州忆记（散文）　芦荻 /14

日本文坛动态　文朴 /14

春祭（速写）　孙陵 /16

旗（散文） 刘火子 /17
谈“鲁迅风”（杂文） 云彬 /19
民族英雄那台刘（报告） 林山 /21
农民 司马文森 /26

来自南路的报告

笔立在昆仑关的峰顶——桂南战地劳军杂纪 林林 /28
昆仑关之行 黄药眠 /29
邕宾路上的奇袭 曹弃疾 /30

抗战文艺

中華全國文藝界抗敵協會桂林分會會報

第一卷·創刊號

桂刊

目次 第一卷·創刊號

短論

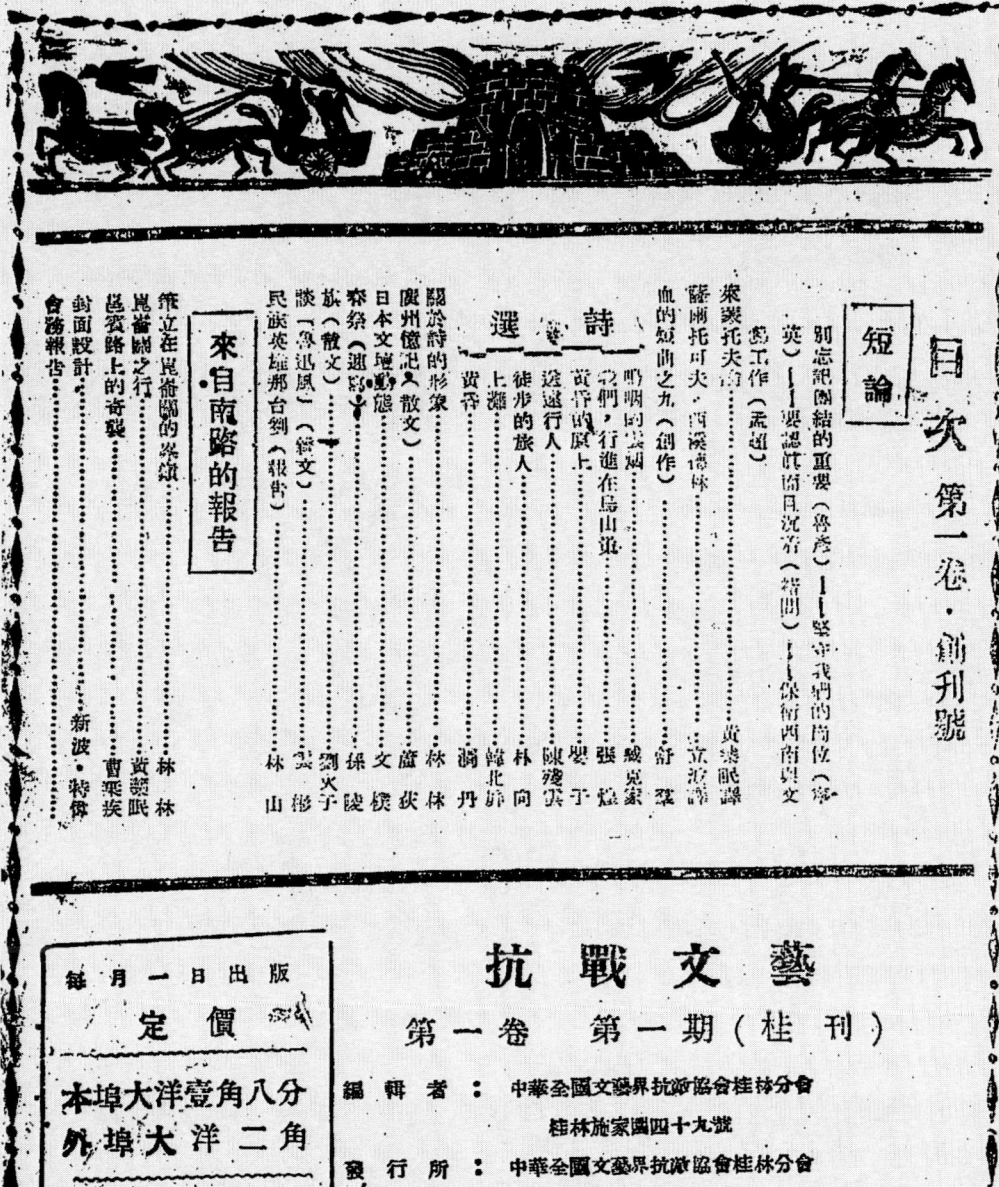

別忘記團結的重要（魯彥）——堅守我們的崗位（寒英）——要認識荷丹沉着（精問）——保衛西南與文藝工作（孟超）
萊蒙托夫詩……黃藥眠譯
薩爾托可夫·西溪德林……立波譯
血的短曲之九（創作）……舒羣

詩選

嗚咽的裴河……臧克家
我們，行進在烏山道……張煌
黃昏的原上……嬰子
送遠行人……陳殘雲
徒步的旅人……朴向
上灘……韓北屏
黃昏……鷗丹
關於詩的形象……林林
廣州憶記（散文）……盧荻
日本文壇動態……文樸
春祭（速寫）……保陵
旅（散文）……劉火子
談「魯迅風」（雜文）……雲彬
民族英雄鄭台劉（報告）……林山

來自南路的報告

雄立在崑崙關的將領……林林
崑崙關之行……黃藥眠
邕賓路上的奇襲……曹渠族
封面設計……新波·特偉
會務報告

每月一日出版

定價

本埠大洋壹角八分
外埠大洋二角

抗戰文藝

第一卷 第一期（桂刊）

編輯者：中華全國文藝界抗敵協會桂林分會
桂林施家園四十九號
發行所：中華全國文藝界抗敵協會桂林分會
印刷者：廣西日報社

民國二十九年三月一日出版

上灘　韓北屏

[illegible]水面半伸出頭顱，
[illegible]着[illegible]的[illegible]，
[illegible]面生有稀有的憎恨的青灰，
睜着多稜紋的眼睛，
[illegible]而厭世的環視着。

水浪傾圮的底牆，
迎面強勁地撲來，
大船如風雪中的老人，
搖搖晃晃滯滯不前。
赤肩水手涉過急流，
粗纜緊在蛇行人的肩頭，
蛇行人爬行于
亂石巉峨的岸畔。

舵工以全力匡扶着大船，
粗壯的手臂旋轉長舵，
嵌于白髮下的老舵工的眼睛，
凝視映于急流上的航路；
久經浪濤洗刷的眼睛，
是千百乘客共有的眼睛，
看着明暗的礁石，
看着洶湧而來的浪花，
操縱千百乘客的安危，
向自然索取勝利。

汽船喘息而前，
蹣跚如被創的巨獸；
大船底擦着碎石的河床，
船內隱聞來自地底的雷鳴；
窗上有飛濺的泡沫，
船內由喧嘩而靜闃了。

在生與死的邊緣，
在進與退的頃刻，
爬行的赤肩的水手，
白髮的老舵工，
喘息的汽船，
用齊一的努力與呼號，
大船終于爬過流動的高崗，
湍流的沙灘，
已為後退的[illegible]所拍擊。
赤肩水手們搖着臂膀，
[illegible]
大家[illegible]一口氣。

徒步的旅人　林[illegible]

——記念一個歸去的友人。

如同走向耶路撒冷的拿沙路人
他是無數徒步者中之一個
——一個旅人
　一個忠[illegible]地完成了他底旅行的旅人

風雨的日子
他曾用自己底[illegible]了的喉嚨
固執地唱着一支痛苦的歌
奴隸的歌，反抗者的歌

在他粗獷的歌聲里
他曾傾吐着充滿于他整個的心靈的
萬人底痛苦
他曾在絕望了的萬人底靈魂里
燃燒起熾熱的欲求底光輝

風雨的日子
他曾用自己底胼胝了的雙足
堅定地走着一段艱險的路
冗長的路，行脚者的路

在他困苦的跋涉中
他踏着無數的鋒稜的路石
　如同踏着人們底無止息的災難
他曾不斷地以他沾血的足
深深地印上了前進者底鮮明的標誌

而今，他歸去了
——毫無遺憾地歸去了
有的人咀咒他
有的却默默無語

而在光榮到來的日子裏
廣大的人群將走上這曾經寂寞的道路
他們將用更年青更美麗的調子
唱着這歌聲。…………
如同走向耶路撒冷的拿沙路人
他是無數的徒步者中之一個
——一個旅人
一個忠實地完成了他底旅行的旅人

26

会计汇刊

（第一卷）

出版时间

民国二十四年（1935）六月一日

编 辑 者

广西省会计人员养成所

印 刷 者

广西印刷厂

发 行 者

广西省会计人员养成所

第一卷

民国二十四年六月一日

发刊词 /1
广西省会计人员养成所开学典礼记 /3
黄主席对会计人员养成所员生训话 /15
会计员以服务为目的不以夺取为目的　张心澂 /19
广西省会计之现状及改进之意见　张心澂 /21
柳州农村建设试办区会计制度　蔡经济 /27
对于会计之感想　张乐宙 /39
记帐之程序及帐户之分化　蔡经济 /43
完成改良会计使命必具之条件　杨绰庵 /47
畜牧农场成本会计　蔡经济 /51
主管会计人员应如何方能尽其职责　龙自强 /75
我所认为你们应该有的几种信念　阳明炤 /79
我国之统计事业　陈应昆 /85
书评：评广东工商业固有簿记调查汇编上编　张心澂 /89
余沈 /92

专载

广西省政府会计委员会章程 /95
广西省会计人员养成所组织章程 /96
会计人员训练方案（附呈文）/98
广西工商局会计暂行规则 /103
广西统计局会计暂行规则 /104

第一卷

會計彙刊

廣西省會計人員養成所編纂

發刊詞

我們這個出版品，是廣西省會計人員養成所（以下簡稱本所）辦的，叫做會計彙刊。並不是要在國內會計界占一個出版品的地位，是因爲以下幾個目的而發生的：

（一）本所的發生及經過應當有一種記載，有了一種出版物，可以達到這個目的。既辦一個出版品，不妨將牠擴充一些，不限於紀載本所的事，所以成了這個彙刊。

（二）本所每星期一　總理紀念週講讀　總理遺教或訓話講演，因教室太小，同時在他教室上課的見習甲班，下午上課的見習乙班及晚間上課的學員，都在各機關辦公做紀念週，不能到場，祇有學生班在場聽講，有許多應當使全所學員學生知道的，非紀錄刊刻出來不可，因有此出版品的必要。

（三）紀念週的訓話或講演有許多關於會計的問題，不但本所全體的學員學生應當知道的，也有須對外公佈，以公諸會計界一般人士的必要，所以要有這個出版品。

（四）本所既集了許多會計界的人，本省各機關各團體任會計的人也及省內外研究會計的人不少，如果有這樣一個出版品，大家有點什麼意見，也可以發表出來，以供討論，於會計方面也是有益的。所以這個出版品也不當作本所專有的東西，不叫「所刊」，叫個「會計彙刊」。

本刊因爲以上幾個目的而做的，至於出版的期限也沒有一定，篇幅多少沒有一定，如果叫做月刊或季刊，到了時候不出來，就名實不符，沒有材料，強勉湊也不好，倒不如老老實實有多少出多少，何時能夠出一期，就彙集了出一期，所以稱爲彙刊，既沒有定期，所以也不稱爲第幾期，就稱爲第幾卷。

本所職教員都是很忙的，沒有工夫做文章，本刊也沒有專任的撰述人員，只是彙得了可以出版的材料，就出一卷，講不到什麼規模體例，至於名人題簽題詞種種虛套，也都免了。辦得不好的地方，還請閱者諸君的見諒和指教。

會計圖書館徵書啓事

竊維會計一科，蔚爲現代應用之學術。經專門學者之研討，而圖書刊物如林；經公私機關之實用，而規制表格尤繁。一般圖書館，雖搜羅甚廣，然各科須謀普及，與專講求此道者不同，究屬難於完備，不足以應需求。本省近日積極改良會計，擬實施超然制度，旣設會計委員會釐訂章制，設會計人員養成所造就人材，復於所中設立敝館廣集圖書，以會計簿記爲主，統計財政經濟爲輔，俾成專門性質之圖書館，供會計界人士之研究，爲計學計政進步之先驅。惟是本省僻處邊陲，見聞不廣；敝館財力有限，圖籍無窮。是賴各方熱心贊助捐贈，方克集腋以成裘。茲將徵求

各機關團體及個人編著關於上項之各種圖書，及規章格式等，無論鉛印油印或抄件每種

惠賜二份，逕寄敝館，以示提倡，俾資研習，不特敝館之幸，而會計前途，獲益匪淺。尤爲一般莘莘學子之所歡欣鼓舞者也。并懇將敝館名義，列册登記，遇有新刊，仍予源源寄贈，尤深感荷！謹此徵求，惟希

公鑒。

廣西省會計人員養成所會計圖書館啓

贈書誌謝

會計雖政事之一端，先聖務求其當；亦學術之一道，時賢益極其精。故學者之撰述，機關之規制，咸足以資攷鏡，而利實施。敝省以地勢之僻處嶺西，感人才之犖空冀北。用是設立敝所，招致員生，嚴其課業，期其致用。雖無廣廈千間，以庇寒士；頗有寶書萬卷，藉餉藝林。因復設立敝館，以備研摩。願中外坊間版本，可斥多金購置；而公私機關刊物，惟憑尺素徵求。經通函全國，廣事搜羅，猥蒙

各界熱心贊助，不遺在遠，源源寄贈圖書，琳瑯滿目，精萃紛陳。多非出售之品，尤爲無價之珍。

嘉惠士林，功垂不朽！敝館除專函致謝外；藉此彙刊一席之地，聊佈銘感萬分之忱！并臚列

惠贈者銜名，及圖書名目於后，以誌弗諼。續領到者，容俟陸續刊布，謹此佈露，惟希

公鑒。

廣西省會計人員養成所會計圖書館謹啟

國民政府主計處歲計局　歲計法令彙編　歲計年鑑　廿年度國家普通歲入歲出總預算　廿一年度地方歲入歲出預算及概算　廿二年度國家普通歲出十三類假預算　預算章程　辦理預算收支分類標準　預算科目細則　概算預算格式及說明　暫行決算章程　預算法　廿三年度國家普通歲入歲出總預算　以上各一册

國民政府主計處會計局　統一會計制度　會計實例全部及總說明　以上共七册

全國經濟委員會　經濟委員會叢刊第十四種　一册

交通部會計長辦公處　電政會計制度　電政會計新制推行須知　電政會計制度實例　以上共十册

交通部總務司統計科　民國廿一年交通部統計簡報　民國二十年交通部統計年報　中國郵政專刊　以上各二册

實業部統計長辦公處　實業統計第一二兩卷　共十册

中華民國二十四年六月一日出版

會計彙刊第一卷

每卷實價大洋貳角
外埠郵費另加

編輯及發行者
邕甯凌鐵村
廣西省會計人員養成所
電話五三八號
邕甯凌鐵村

印刷者
廣西印刷廠
電話三〇〇號
邕甯興甯路

代售處
强華書局
電話三七三號
邕甯中山路
廣西印刷廠營業部
電話四四〇號
上海甯波路一九〇號
立信會計師事務所
電話九三八六八

27

会计期刊

（创刊号）

出版时间

民国三十一年（1942）二月十□日

编 辑 者

广西大学会计学会

刊名题字

雷沛鸿

创刊号

民国三十一年二月十□日

发刊颂　刘古谛

论述

政府会计中处理应收应付款之研究　蔡经济 /1

略述我国政府审计　吴以扬 /3

论

水泥厂成本会计　赵卫 /10

译

折效应否分别计算？　C.A.Mayer 著　程志鸿译 /19

会计学之假定　裴登著　王容端摘译 /22

物价水准变动之会计　裴顿著　刘云译 /26

附录

乐助本刊基金姓名录 /34

本会会员一览表 /34

會計期刊

曾沛鴻

創刊號

目錄

發刊詞

論述

政府會計中處理應收應付款之研究……蔡經濟
我國政府審計述要……吳以楊

論

水泥廠成本會計……趙衡

譯

折效應否分別計算……程志鴻
會計學之假定……王容端
物價水準變動之會計……劉雲

附錄

樂助本刊基金姓名錄
本會會員一覽表

國立廣西大學會計學會主編
民國[illegible]出版

發 刊 頌

劉 古 諦

『會計學會』在去年年初就籌集了一部分『圖書出版基金』，打算利用它來加强研究會計學術的興趣。一起頭他們就和我討論過工作進行的方針，當時我總覺得學會正在創始，基礎還未打定；而且關於會計學的參考資料還是非常缺乏，應該先着手補救這一個缺憾；同時，在物資困難的今日，出版刊物並不是一件容易的事情；因之，我希望他們劃分進行的步驟，先購集圖書，然後再談出版。

時間已經過了一年之久。在這一年中，會計學會的成員突然增加，會計學會的組織也因而加强，並且他們已積有若干稿件，所以打算把圖書與出版的工作同時進行。這自然是很値得欣賀的計劃。

現在，主持出版的同學，再度希望我寫幾句話來湊篇幅，並且又要限期交卷。這一來，確是未免使我爲難，因爲我一時間實在『擠』不出什麽文章來，如果眞交白卷，又好象拂了他們的盛意。幾經考慮之後，我決定獻給他們的刊物一個頌詞。

『會計』在英語是『Accounting』。『act』代表『動作』，如『Act』，『Active』，『Action』；『Count』。就是『計算』；『Ing』自然是變動詞爲名詞的方法。可見會計之學是以『行動』爲先，而且以『行動』爲主。但沒有理論的行動是會流於盲動，所以理論與行動應該互爲表裏。現在的會計學會的成員並不限於在校的同學，將來當然是在校外的成員與年俱增。所以我希望這個刊物的內容能設逐漸側重以實際問題爲基礎的文字。

我國的若干刊物，創辦時幾乎無一不是大家起勁，但多數免不了『一鼓再氣，再而衰，三而竭的命運，甚至有的一開頭就是勉强撑持，結果祇是曇花一現。會計的原則雖千頭萬緒，但基本的假定仍是『永存的事業』（Going Concern），如果這一個觀點不夠把定，不但一切的會計學理無從談起，就是一切的會計實務也難以進行。所以我希望主持這一個刊物的同志，以會計學中『永存的事業』的信念來保持並發揚它的生命。

一般刊物的缺點除了『曇花一現』而外就是『遙遙無期』。有的由週刊改爲月刊。月刊改爲季刊，季刊改爲年刊，再由年刊而改爲『不定期刊』。這一來，不但讀者等得心灰，編者也覺得慚愧，投稿的人，更會有被迫湮沒的痛苦。會計的問題雖然是談之不盡，而問題的根源則在『定期考績』。所以有人說：『會計人員之問題什九起於按年披露成績要求』（A.C.Littleton：『Acccunting Evolution To 1900』P.11）。會計期限雖不必限於一年但如果隨意伸縮，則一切會計工作都發生問題。因之，我希望這一個刊物能夠按期出版。

總之，我希望大家一本會計的精神來珍惜這一個新生的刊物。

28

矿　声

（创刊号）

出版时间

民国二十六年（1937）六月

编 辑 者

广西大学矿冶工程研究会

出 版 者

广西大学矿冶工程研究会

印 刷 者

大明书局

刊名题字

黄旭初

创刊号

民国二十六年六月

发刊词

发展广西矿业之我见　蒙馥 /1

石油之重要性及其资源　蒋如葵 /7

电解法精炼毛铅　李进隆 /14

钨之提炼　陈诚意 /22

硫化物矿石试金术中硝酸钾（Niter）之决定法　R.V.Lumpguist 著　如葵译 /28

普通金属矿物最显著之试法　黎起华 /30

我知道的南丹锡矿　陈逢敦 /32

西湾煤场近况　陈玉制 /36

谈谈陆川的矿冶　矿探 /41

美国油页岩的普通观察　Rolph H.Mckee 著　苏志坚译 /43

用氰化法处理重力及浮流浓集矿　黎起华译 /53

湿式冶金法及用具　Hofman 著　友怡译 /59

宾阳县高田钨矿之分析　陈良栋　阮日权 /66

矿场通讯　邓伯辉　李盛汉 /68

創刊號

鑛聲

黃旭初題

目錄

發展廣西鑛業之我見……裴馥
現代石油之重要性及其資源……蔣如奘
電解法精煉毛鉛……李進隆
錫之提煉……陳[illegible]
硫化物鑛石試金術中硝酸鉀(Niter)之測定法……R. V. Lumpguist著 如蔡譯
普通金屬鑛物最顯著之試法……黎起華
我知道的南丹錫鑛……陳[illegible]
西灣煤礦近況……陳玉[illegible]
談談陸川的鑛冶……[illegible]
美國油頁岩的普通觀察……Rolph H. Mckee著 蕭志堅譯
用[illegible]化法處理重力及浮流濃集鑛……黎起華譯
濕式冶金法及用具……原著者 Hofman 友怡譯
賓陽縣高田錫鑛之分析……[illegible]
鑛場通訊……[illegible]

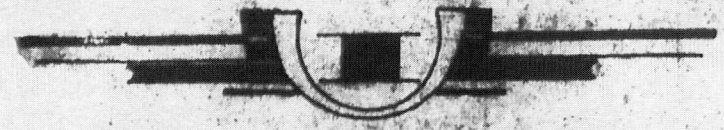

廣西大學鑛冶工程研究會
民國廿六年六月出版

發刊詞

這是公認的事實：

〔一〕無人不說廣西窮。

〔二〕爲的窮，大家便發了『開礦狂』。

〔三〕廣西的鑛業非常幼稚。

其實，廣西並沒有窮，梧藤昭上鳳等地的金，富賀鍾丹池的錫，恭賓邕的鎢，此外還有西灣遷江的煤，桂平平南的錳，貴縣玉林的銀鉛，……………真是蘊藏豐富，美不勝收！計其價值，何止億萬，然而還說廣西窮，無異懷璧言貧！

『開鑛狂』，還動力求富强的意識，原不可厚非，爲的是廣西正須要它！可是，祇知去搶頭搶開，而不致力於技術研求，不理它，其實亦不知道，是否蘊量豐富？經濟狀況如何？是否值得開採？究應應用何種方法？甚致所含成分幾多也不知，是鎢砂是錫米抑是鉄屎，是銅還是金也不清楚。自己一點鑛學常識都沒有，一味憑着開鑛的狂熱，以爲人家開鑛，已找大錢；於是聞說那裏有什麼鑛，便搶着去請頭來開，有的還開夜車到桂林去！動手便一千八百，十萬八萬，以至三五十萬，這的確有些危險！雖然，幸得天賦廣西獨厚，數年來開鑛的還沒碰着甚麼大釘；但恐怕就見就有見，現在領開邕花山的某鑛公司，聞說已集了幾十萬資本，然而據探的結果推斷，前途未必樂觀！卽由××失敗後搬到盤高再開的某公司，看來也許仍要蹈囘覆轍。

說到廣西的鑛業，實在幼稚得可憐！年來廣西鑛產出口日增，表面上看來，對於本省的金融無不裨益，可是出的是生鑛，入的則爲金屬或合金，無異替他人開發富源，利權於我何有？縱或有些可以自煉，又因煉的不純，受人以雜質之多寡壓制；並且採冶方法不良，每每損失極大，賀縣的採金，梧州的煉錫，僅得四五成，多麼的可惜！

然而，怎樣才能使廣西人不致懷璧而貧？怎樣才能使鑛狂的人們不致發生危險？怎樣才能使廣西的鑛業得以改進，這是廣西目前嚴重問題，也就是本刊——鑛聲——發刊的目的和使命！

可是，同人的財力，經驗，和學識，都是非常薄弱，深知能力有限，重任難肩，無如實之所在，實不容辭！所望海內名達，與及愛護本刊的讀者，予以最大的匡助和指導，使本刊得以達到目的，完成使命，那又豈僅是同人之幸呢。

編後的話

在萬難中，得到各方的贊助和努力，這小小的刊物——礦聲，總算是編就出版了。這裡敬向愛護本刊者致謝！至於本刊內容如何，自己不好說，還是請讀者去研討和批判吧。

徵稿之初，李鍾珩先生等惠賜「淘馬嶺」錫礦開採計劃」一厚册，計不下數萬言！內容非常充實，計劃尤爲周詳，應登載，以供讀者參閱；奈爲本刊經費和篇幅所限，迫得割愛，抱歉良深！

編者不文，且能力薄弱，內容固不待說，而疏漏之處，自知在所不免，慚愧之下，還望讀者原諒和指導。

末了，本刊以經費不敷，險致留產，幸幸請得李進隆趙玉昌黃祖芳三位先生捐助，始克出書，謹此鳴謝。

志堅於編輯室

編輯者　廣西大學鑛冶工程研究會
出版者　廣西大學鑛冶工程研究會
通訊處　梧州　廣西大學
印刷者　大明書局

29

木 艺

（第一号至第二号）

出版时间

民国二十九年（1940）十一月一日

民国三十年（1941）一月十五日

编 辑 者

中华全国木刻界抗敌协会

出 版 者

中华全国木刻界抗敌协会

发 行 者

中华全国木刻界抗敌协会

第一号

民国二十九年十一月一日

卷头语　西 /1
一个比喻　夏衍 /2
对当前木运的几点意见　建庵 /3
中国与中国的人民（木刻）　新波 /5
谈壁画　黄茅 /6
待救者（木刻）　建庵 /9
十年来中国木刻运动的总检讨　集体撰述 /10
坚苦的战斗（木刻）　温涛 /19
对于战士的心（木刻）　周令钊 /25
高尔基像（木刻）　孙平 /33
谈市侩主义　欧阳凡海 /34
秋收（木刻）　陈仲纲 /37
孩子你去吧（歌曲）　时玳词　舒模曲 /38
艺坛消息 /39
木协会务报告 /40
负伤的游击队员（木刻）　林仰峥 /41
看画偶感　李石锋 /42
“笑弹”——漫画谈　所亚 /47
编后 /48
请进来（木刻）　莫莎・令钊

第二号

民国三十年一月十五日

对木刻的希望　周钢鸣 /1
绘画上的现实主义史的研究　李桦 /3
负重（画）　陈仲纲 /10
亚美尼亚底绘画　M·沙里阳作　周行译 /11
末日之音（画）　温涛 /13
解决无政府状态的美术生产　任真汉 /14
小品三帧（画）　曹若 /15
纪丹霞山的两个和尚　黄药眠 /16
战地的墟集画展·小型单页画报　沈振黄 /20
永生的灵魂（画）　建庵 /24
难以“解脚”（画）　汪子美 /29
某种人（象征剧）　曹若 /30
预言者与镜子　黄茅 /32
捧血者（画）　新波 /33
夜巡（画）　莫莎 /33
马蹄声（插图）　郑思诗　建庵画 /34
木协会第二次会务报告　木协总务部 /36
乡村什景（画）　林樵 /36
沉默　司马文森 /38
所谓自动撤退（画）　刘元 /44
待发（画）　沈同衡 /44
我们以总反攻为答覆（画）　所亚 /45
苏联建设小圕插图（画）　建庵 /46
艺坛消息 /46

少其来函　赖少其 /47

致苏联木刻艺术家书　中华全国木刻界抗敌协会 /48

血衣（画）　新波 /49

木藝

第一號

中華全國木刻界抗敵協會出版

卷頭語

沒有熊熊的烈火，就燃起螢火似的光來也好吧。所謂集腋成裘，積少成多，似的光燃起來，宇宙也自然變成明耀的。夜鶯火，揭竿而起的豪傑，他們並沒有神話所說的三頭六臂。有的是誠，毅，和熱。

拿一件東西出來，有美與醜，好與壞之分。製作者當然同有希望一方面竭盡其力，觀者也應持其善意的心，二者合一，不管前者開始如何幼稚，但卻有前途。

木藝的產生，並沒有什麼野心，更不企圖堂堂皇皇的站在什麼領導的地位。祖國在戰鬥中，能夠去當一名列兵，已經非常榮幸。偉大的建築底基石，它永遠不會出頭的，然而，它底作用，有識的人們是能默認於心的。

要作一件事，或推行一個運動，它底活動範疇不一定纏繞着這一個圈內，視野放得開闊一點，見聞必會增多。集思廣益，豈不是更好麼？所以這本刊物，名義雖取曰木刻藝術的意思，但它內容卻包涵有藝術各部門。

有一些英雄們，平日當自命不凡，目光四射，對他說好話，他便指你是無聊，嚴肅一點，則云那是漂亮話。總之，天下之最高者莫如他，最正確者亦莫如他，於是乎東討西伐，昂然闊步的要想踏上雲端。一木難支大廈，還是團結好！

有花，有木，有陽光的彼岸已不遠，我們何不把腳步加速一點呢？

創刊伊始，照例來一套卷頭語，讀者諸君還是看下文吧。（西）

請進來　莫莎·令劍

編　者：中華全國木刻界抗敵協會

出版者：中華全國木刻界抗敵協會

發行者：中華全國木刻界抗敵協會

總經售：新知書店

出版日期：二十九年十一月一日

小品三帧

曹若

—15—

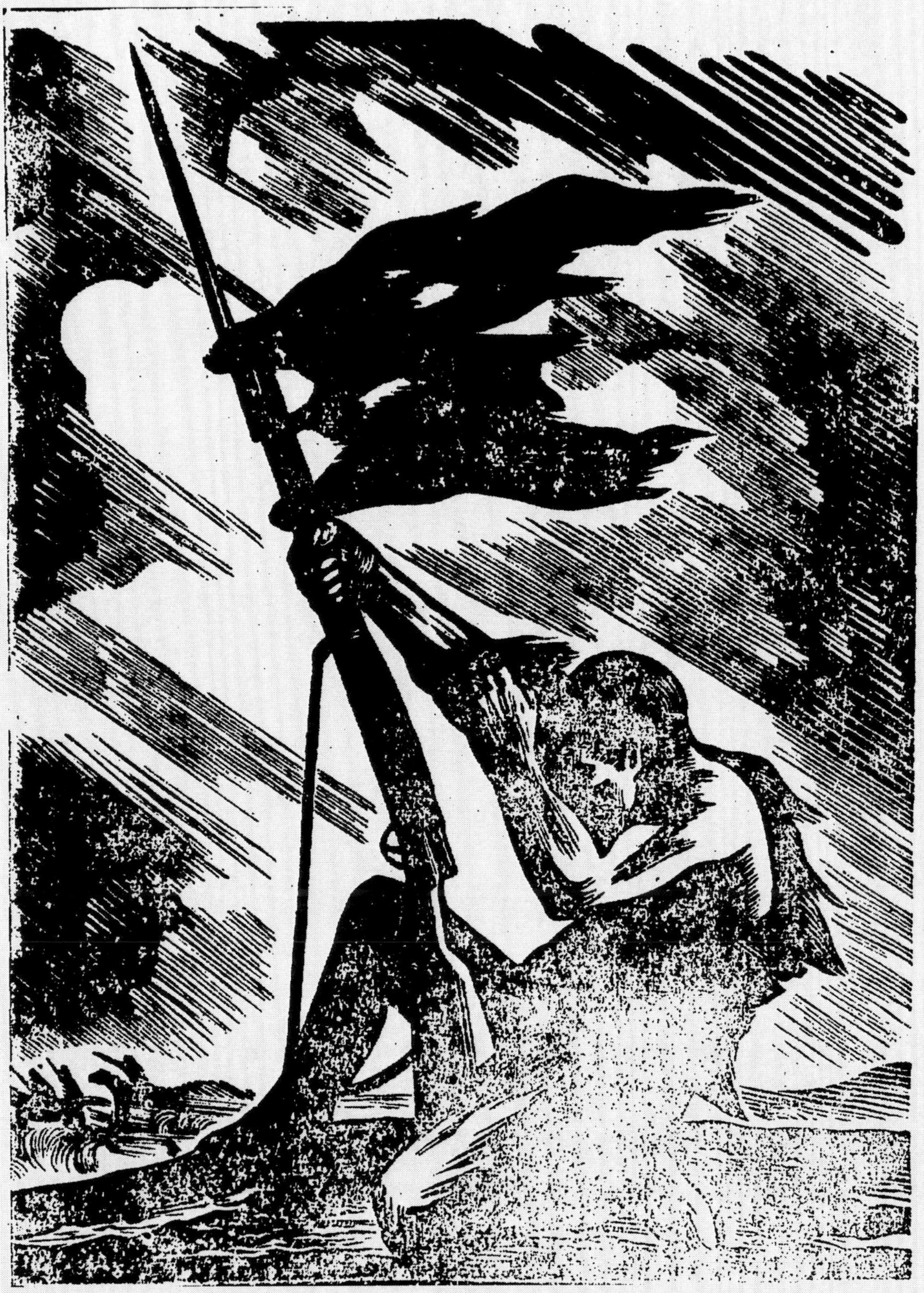

血衣

新波

本刊已呈請登記中
廣西省圖書雜誌審查委員會審查證桂字第三九九號

木藝

第二號

中華民國卅年一月十五日出版

主編：中華全國木刻界抗敵協會

出版發行：中華全國木刻界抗敵協會
桂林東旭路七十號

總經售：新知書店

定價每冊國幣玖角

桂林西南印刷廠承印

30

南高四二周年校诞纪念特刊

出版时间

民国三十七年（1948）四月三日

南高四二周年校诞纪念特刊

民国三十七年四月三日

发刊词　黄其芹
南宁高中沿革　杭玉华　陈同 /1
校庆有感　陈同 /3
次韵陈同兄庆校有感　李驹光 /3
校庆咏怀并赠毕业班学生（诗）　李耿仁 /3
教务概况　麦有权 /4
训导工作的检讨　黄露西 /6
体育卫生概况　黄福经 /7
事务概况　刘运禧 /8
南高校景　陆鑫 /8
南高校景次陆生鑫原韵　李驹光 /8
校庆感怀　李驹光 /8
校庆咏怀　黄衡 /8
卅六年度上学期的学治会工作　古忠新 /9
广西省立南宁高级中学四十二周年校庆吁请校友献金祝寿启　黄其芹 /10
我们的希望——为庆祝校诞而作　文定权 /10
漫谈科学与民主　万益 /11
编后的话 /12
本校课外活动之一角　秋庄 /13
校闻辑要　韦绍新 /13
师生通讯录 /14
南宁高中筹款修建校舍充实设备进行计划

南高

四二週年校誕紀念特刊

民國三十七年四月三日出

發刊詞

黃其芹

其芹奉命來接長南高，到現在已有八個多月了。在這時間裏面，本想有計劃的把南高整頓起來；但因主觀力量漸弱，和客觀條件限制，直到今天，檢討起來，覺得所收穫的成果，和原來的理想距離尚遠；待努力改進之處甚多。

本來，要想把學校辦得好，需要具備許多條件才行，最主要的是人的條件，其次是經費。在南高，人的條件，是具備了，全校教職員五十餘人，都是本省教育界的老前輩，和學行兼優的青年。本校學生七百餘人，也都是桂南的優秀學子，每期從一二千考生中選拔出來。一年來師生精誠團結，共同合作曾克服了許許多多的困難，所以說人的條件在本校是具備了。可是學校經費實在太匱竭了，除了教職員薪津之外，什麼辦公建置等費，幾等于零，因此校舍殘破，設備簡陋，都無法建置，去年幾次請省憲撥款修建，但結果，只撥得復員費二千萬元這筆款，僅能建設一個校門，及添置幾件零碎的用具罷了，還有急需修建的無法進行，所以涵着在本年寒假中發動廣泛的募款運動，幸得社會人士熱烈的捐助，結果，募獲國幣叁億餘元，在這物價暴漲的情形下，這筆款亦僅能修建總教室，換幾條欄杆橫担，修理各座建築的瓦面，添置一些新圖書而已，還有急待建置的如學生廚房之搬遷，後座校舍之修理，科學實驗館圖書樓之建築現化生物標本儀器的添置等項，尚無法進行。

而今，一年一度的校慶又來臨了，為要達到完成修建充實設備的目標，便趁着校慶的來臨，發動校友獻捐祝壽，並公演歌劇籌款，我們深知學校與社會的關係太密切了。此次發動募款，頗得社會人士的贊助，更證明社會人士的愛護本校。因此，向社會各界報導本校的情況，是非常必需的。所以也趁着這次校慶，出版一個特刊；雖則是雪泥鴻爪，掛一漏萬，[illegible]此只就教於社會賢達呢！

校刊要目

一、發刊詞
二、南寧高中沿革
三、教務概況
四、訓導工作的檢討
五、體育概況
六、事務概況
七、上學期學生自治會工作
八、本校四二週年校慶籲請校友獻金祝壽啓
九、我們的希望
十、漫談科學與民主
十一、詩
十二、本校課外活動之一角
十三、校聞輯要
十四、師生通訊錄

31

平乐青年

（第七、八期合刊，“三二九”特刊）

出版时间

出版时间不详（第七、八期合刊）

民国三十五年（1946）三月二十九日

（“三二九”特刊）

编 辑 者

三民主义青年团广西支团平乐分团部干事会

印 刷 者

大中印务书局

第七、八期合刊

出版时间不详

欢迎团务班第三期同学　培 /2
何苦自打嘴巴　宗寔 /3
“黄金梦”的演出　雪亭 /4
青年动态 /5
自勉室随笔　培 /6
渡船歌女　雪峰 /8
编后　编者 /10

“三二九”特刊

民国三十五年三月二十九日

“三二九”告青年书　平乐各界举行第三届青年节庆祝大会筹备会印发 /2
题词 /3
今日的青年　李新俊 /8
献给平乐青年　陈福汉 /12
纪念、反省与力行——与青年同志们共勉　李菁 /13
期望青年　黄兆□ /16
青年与民主　黄超白 /17
当前中国青年的任务　黄以娄 /17
缅怀先烈勉励自己　黄□金 /19
给青年同志们共勉　黄廷□ /20

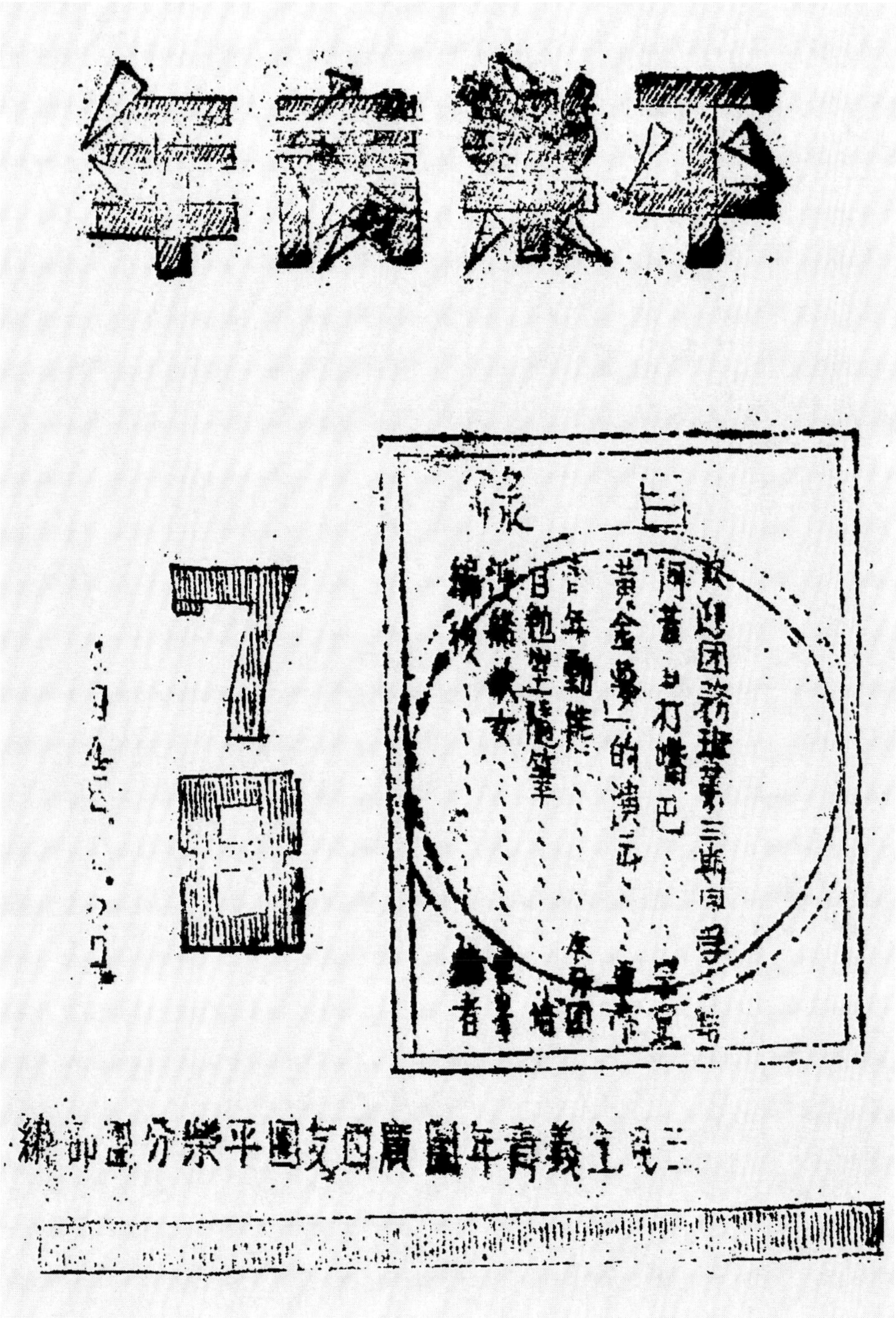

平樂青年

7 8

目錄

歡迎团務班第三期同學……學□
阿Q自打嘴巴……學員
「黃金夢」的演出……東帝
青年動態……本分團
自勉堂隨筆……蒼
漫談婦女……素
編後……編者

三民主義青年團廣西支團平樂分團部編

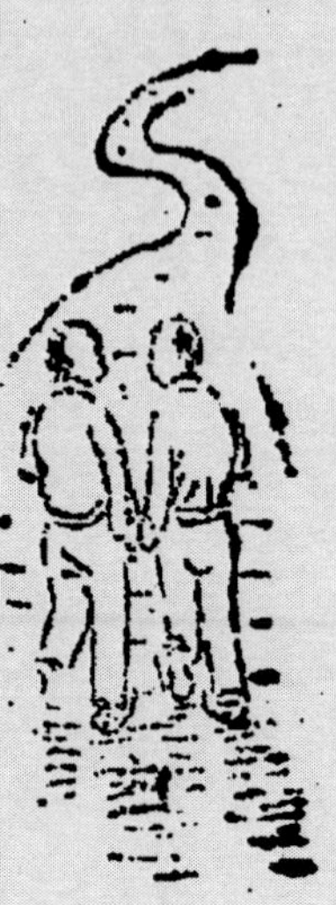

歡迎團務班第三期同學

培

本團廣西支團主辦之團務班第三期同學，最近畢業分派工作，本團又增加一批生力軍，值得我們爲團的前途慶賀。我們知道，三期同學，除少數是招考及保送受訓的學識優良，經驗豐富的青年外，大多數是在廣西偏僻鄉間做戰地工作備嘗艱苦的廣西支團青年戰地服務隊的隊員同志，受訓時間及課程方面，雖因復員期間，人力財力物力等關係，較第一二期短少，但是所得的心得和信念是很大的。加以三期同學以往的學識，技術，經驗以從事團務，其貢獻必定可觀！

本團卅二年三月編印的法令輯要第三編第二頁載：「三、訓練寔施方針：一精神訓練；在養成親愛精誠團結統一之精神，並使團員了解革命之目的與抗戰建國之全般設施計劃以及其本人在建國計劃中之責任及使命」故此團務班同學雖有先後期之分，然而我們都是以團爲家的青年同志們、自然應該遵照支團 韋書記贊唐先生所訓示的「如手如足」情同兄弟姐妹般友愛，相互幫助，勗勉及扶持！

讓我們一二期同學們，與第三期同學攜手邁進于本團的光明事業前途吧！

—8—

渡船歌女

雷峯

清脆婉靜的歌声
和着水流声演奏
風声交响
舵板共鳴
你
横江渡的小船女郎
嘹呀随意唱
急忙送客程
船歌女呀
你年刚七齡
手提酒篙
帮母相依助劳
清高的歌声没振動母親底腦
海
倒激動了乘舟人的心弦啊
你雖然——

声氣愉快
音不諧和
但声音却使旅客心往
岸邊流浪女郎
遠灘上的水鳥
都起了共鳴之感啊
宏大的韻曲是你創作
艱苦的生活由你操勞
船歌女呀
萬籟中會發現妳的清高
生活里會從艱辛的茁壯
船歌女呀
歌声使你忘記旅程
没有煩惱
更無所謂憂愁
生活把你製造成年

—18—

編後

本刊是是半月一期的，這一月以來，為了平樂民眾藝術館夠成文，本分團負責話劇之演出，由元月下旬起一直忙到現在。同時又為了發放清款，本分團負責究暨負鄉同志下鄉工作，故至第七八期不得不合刊了。特此誌歉。

——編者——

32

前　线

（新一期至新二期）

出版时间

民国二十六年（1937）四月三十日

民国二十六年六月三十日

编 辑 者

广西省立桂林高级中学学生

自治会出版委员会

印 刷 者

桂林典雅

刊名题字

廖竞存

新一期

民国二十六年四月三十日

前奏曲——献给“前线”底战士们　子青 /2
西班牙内战给我们宝贵的教训　丸车 /3
现阶段的中华民族解放运动　H S/4
悼绥远阵亡烈士　若克 /7
目前我们的认识　觉民 /8
谈谈中日经济提携　棠 /9
现阶段的中国妇女运动　罗琛 /12
“社会万恶”论　野流 /13
逃荒　巴雨 /15
悼绥远阵亡战士　李俊夫 /15
我们是青年　唐仁桐 /16
忆记起了亲爱的爸爸！　汗夫 /17
悼　恕兹 /20
编辑后记　编者 /22

新二期

民国二十六年六月三十日

纪念伟大的“六一”运动　丸车 /2
伟大运动中广西妇运的非常教训——为纪念六一运动而写　真田 /3
抗敌救亡中我们应有的认识　警声 /5
我们与战争　归容 /8

怎样做一个广西青年　雁樵 /10
“文艺创作自由”论　巴雨 /12
文学与生活——短论之一　黄风 /13
反正　光戎 /14
流浪者的歌　HC/14
异乡人之曲　李子夫 /15
巨浪　HC/15
吼声　毛建奇 /17
难　雁樵 /17
夜车（生活速记）　丸车 /18
打铁匠　李莺 /18
寒夜的街头　剑雄 /19
体育之功效——廖竞存先生廿六年六月五日在本校讲（特载）/25
编后的话　编者 /29

前綫

新一期

廖競存署

目錄

前奏曲……子青
西班牙內戰給我們寶貴的教訓……丸軍
現階段的中華民族解放運動……HS
悼綏遠陣亡烈士……若克
目前我們的認識……覺民
談談中日經濟提攜……棠
現階段中國婦女運動……羅琛
『社會萬惡』論……野流
逃亡……巴爾
悼綏遠陣亡戰士……俊夫
我們是青年……仁桐
憶記起了親愛的爸爸……汗夫
悼……恕茲
編輯後記……編者

廣西省立桂林高級中學學生自治會出版委員會編
民國二十六年四月三十日出版

前奏曲　——二——

前奏曲

子青

——獻給「前線」底戰士們——

有力民族解放鬥爭的鼓手，
我們這羣——
鐵鑄成的是三百多人的鋼志，
心和心是打通的火流！
前進！信仰拚出血光！
咆哮代替了弱者的呻吟，
熱血變成奴隸的流淚！
在暴風雨中奏出壯烈的救亡歌曲。
革命的狂潮掀起新的陣勢，
用堅強的肌肉築起生命的長城！

正義的光圈下會熒起真理的火焰，
鐵血的鬥爭中才奏歸勝利的凱旋！
再期待和平是一個騙人的謊；
用集體偉大的力量推着時代之輪前滾！
前進呀！前線底戰士們！

逃荒

巴雨

（一）

天，可在亮啦。

黑魆魆的天空，拉上淡灰色的幔幕；整個浩大的宇宙任殺哪開，吐出魚肚白的影子來。

在一條新修成功的馬路上，一羣飢餓，憔悴，沉重的陰影在前進！

幹末，老是這樣地走着，走着！有爲用？

他們在懷疑命運里的註定：爲什麼咱們要在硬起脚筋走啦！

跟這頭想起來，老朱定在有點要流淚。

「咱們今天準得走到什麼地方？保五叔！你………」

老朱放開脚步，追上！樣子一股勁兒實在有點那個，哭可沒得淚水，歡喜可沒有絲毫的笑痕。張開怪大的枯嘴，就是這末的一股勁兒跟保五叔嚷。再嚷，可設不去下，要是喉頭子有石在塞，準得要那個………

「有了飯喫，咱們可就不走，要是………走！」

保五叔的心早就給苦痛溶化了。跟他說，他準得要這末的一個沒打味道地回道你。再問他，他就閉上了嘴嚥口沫，可不答啦！

保五叔打這想起來，甚這樣地走，走，可沒待爲味道，要不然，肚子里怎的會有那香氣噴噴的飯喫嘍。

他領引這一羣，不時在後面逼着：

「走啦！」

然而這時像百斤重的足，老是這末地走不起勁兒。保五叔在後面再嘶着嗓子嚷：「走啦！」可沒有効力。在嘶破喉音時，這一羣才慢吞吞地走起了一忻寸。然而殺那間又無形地恢復原樣子，在這一羣中，有一個夥子，他老趕不上衆人，他沒得辦

悼綏遠陣亡戰士

李俊夫

中華民族抗日救亡有力的戰士，
在最寶貴的歷史上寫下這——
永遠不忘的「一二八」。
如今又在國防最前線的綏遠，
刻下光榮空前之血史！

啊！爲大衆，爲祖國的
陣亡的戰士——咱們的兄弟！
在九泉下發笑的夢囈，
這是你們對祖國忠誠英勇的表現。
偉大的精神永刻在祖國創傷的臉。

雖然你們是這樣地逝了，
但這是一個有力血的教訓啊！
血焰燃燒在整千萬個……的拳頭，
跟着你們血跡前進的是二萬萬個的兄弟！
在鐵血的鬬爭中紀念你們的永眠。

夜的黑幕拉過了整個的宇宙，意外嚴重的事情在發生了啦。

「日本鬼子兵進城啦！日本……」

沉靜的空氣里，迅速波漾起反動的高潮：

「殺呀！拚命！不願做奴隸的人們，起來！」

在空氣里回旋蕩漾，這有力覺悟的信號展開到每個黑暗的角落里去！

——完——

楚的在讀者面前出現，這却用不着編者個人的介紹了。下一期希望讀者與作者更努力的來稿，盡量滋養這個在暴風動搖的嬰兒，使他長大，展開我們民族解放運動的指針！

前線投稿規約

一、本刋是大衆園地，各門一律歡迎本校員生工友投稿。

二、來稿請繕寫清楚，並加標點符號，不要用鉛筆和兩面寫。

三、如係譯稿需注明出版處。

四、本刊特別歡迎木刻與漫畫。

五、來稿請勿超過五千字，否則恕不登載（特別佳作不在此限）。

六、來稿請寫明眞姓名，發表時署名聽便。

七、關於來稿本刊有增删權，如不願者，請於投稿時聲明之。

八、投來稿本刊概不作覆，如不登載，可到前線編輯室取回原稿。

九、已登載的稿本刋概不作酬。

十、來稿請投於桂林高中『前線』投稿箱內。

桂林典雅承印

第二、要有恆心。古語說，人無恆心，不可以作巫醫。可見恆心是事業成功之母，我們要鍛鍊體格，就要具有恆心。朝如斯，夕如斯，不斷地去練習，將來自可練成一個銅肋鉄骨的好漢了。

第三要有組織。單單是個人的鍛鍊是不行的。譬如打網球，藍球，非有多數人不可，而且有組織的鍛鍊，更可以互相勉勵，互相研究，精益求精。

今天我所說的很拉雜，我的意思是希望各位同學注重體育的原故，所以特別提出來和各位同學談談。我前次在紀念週發給奬狀時，看見得奬狀的同學，平日都是極用功讀書的，但他們的臉色灰白，很不健康，特有感於體育之重要，所以說了這一大堆話。偉大的事業，寓於健全的體魄，各位同學，希望你們個個注意體育，人人身體健康。

編後的話

編者

本刊第二期終於在掙扎中出版了。同學們熱烈的來稿，使得我們倍加的興奮，感激啊！但是本刊的篇幅是有限的，卽是說，這期的經費只有這多；而且完全是靠我們的校長，教導主任，軍訓主任及各先生樂捐來的。這是證明了在現階段中華民族水深火熱的危機當中，奄奄一息的生死存亡關頭下，每一個不願做亡國奴的人是怎地需要「抗日救亡」求民族的眞正解放，國家的自由平等。這期能出版是表現了每一個西林公園的人，是怎樣地熱情着愛護本刊，指導着！希望它負担起偉大的，艱難的任務。在這，我們向特別熱情愛護本刊，指導本刊的校長，教導主任，軍訓主任及各先生們，致一個民族解放的敬禮！感謝他們十二萬分熱情的幫助同指導！

我們說過，本刊的篇幅是有限，這樣有好些可登的稿件就擱下來。但第三期又不能繼續出版，所以只得在無奈地割愛了。得着各同學踴躍的來稿，這期的內容似乎較前期充實些。我們不會自誇，也不會扯謊同欺騙自己，在一偉大運動中廣西婦運的非常教訓」，作者系眞田君，是寫在去年六一運動中，女學生軍在婦女解放洪流中——民族解放的一環，對於抗日救亡工作一個嚴肅的檢討。希望讀者，尤以熱烈求婦女解放的女青年，不要把它輕易放過去。另外是「我們與戰爭」，理論的正確，內充的光實，現實的把握到，也是一篇很好的作品，讀者也不要輕意的把它放過。在幾篇詩歌的作品中：流浪者的歌，在異鄉之曲，雖，是三篇很好的國防詩歌。偉大的詩人——任鈞在「我歌唱」中明白地把詩人的任務吶喊出來：

我歌唱——
我是一口大鐘！
要用洪亮的聲響，
去喚醒沉迷中的大衆，

33

青年先锋

（创刊号至第二期）

出版时间

民国二十九年（1940）十二月二十五日

民国三十年（1941）一月二十日

编 辑 者

广西省立桂林中学学生自治会学术股

印 刷 者

光中印务馆

发 行 者

广西省立桂林中学学生自治会学术股

创刊号

民国二十九年十二月二十五日

“一二·九”学生运动与当前学生运动（研究提纲） 宗遗 燮能 /2
论青年思想 楚森 /6
谈当前青年的学习问题 波特 /9
论目前学生运动的方向 建封 /11
对青年领导者的希望 玲心 /14
论“新生代”的典型创造 冬阳 /15
“一二·九” 苏军 /17
“一二·九”献歌 沈玲 /18
编后 编者 /19
纪念“一二·九”工作报告 /20

第二期（青年问题特辑）

民国三十年一月二十日

短论

一九四一年的展望 燮 /3
怎样过今年的寒假生活 遗 /3
进步与退步 洪 /4
现阶段学生生活问题 惠 /5

青年问题特辑

现阶段中国青年运动（研究提纲） 宗遗 燮能 鸿樵 /6
几年来广西学生运动研究大纲 梁哲克 /11
论青年的工作与学习 高浪 /14
论革命与恋爱 何间 /17
女智识份子与当前妇女运动 瑾瑜 /20

一九四〇年帝国主义战争的总结 格黎 /24
抗战进入一九四一年——新的年头新的展望 楚森 /28

文艺

脱险 冬阳 /31
千人针——战利品诗钞之二 苏军 /31
辞岁 醉诗 /32

学治会一学期来的工作报告 胡惠 /10
介绍“鲁迅论及其他” 冬阳 /16
建立学生文学 方放 /30
编后记 编者 /32

創刊號

民國二十九年十二月二十五日

目錄

「一二·九」學生運動與當前學生運動（研究題綱）……宗貫 發能
「一二·九」運動與中國革命……洪流
論青年思想……楚森
論學生運動……何聞
談當前青年的學習問題……波特
從陳與海說到現階段學生應有的覺悟……嵐
當前學生運動的方向……建封
對青年領導者的希望……玲心
論「新生代」典型的創造……冬陽
論「一二·九」史詩……碧白
「一二·九」……蘇軍
「一二·九」獻歌……沈玲
紀念「一二·九」工作報告
編後……編者

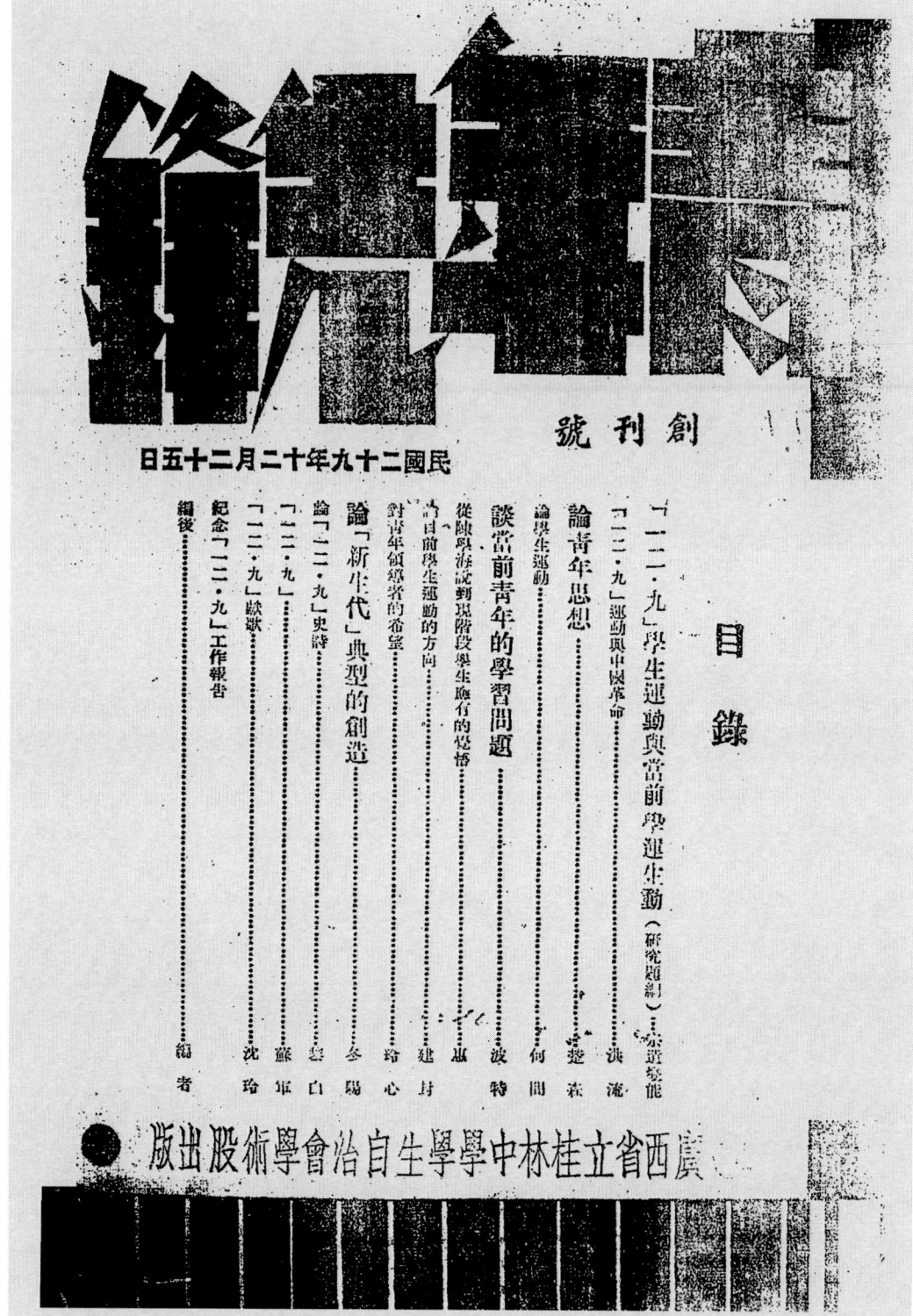

廣西省立桂林中學學生自治會學術股出版

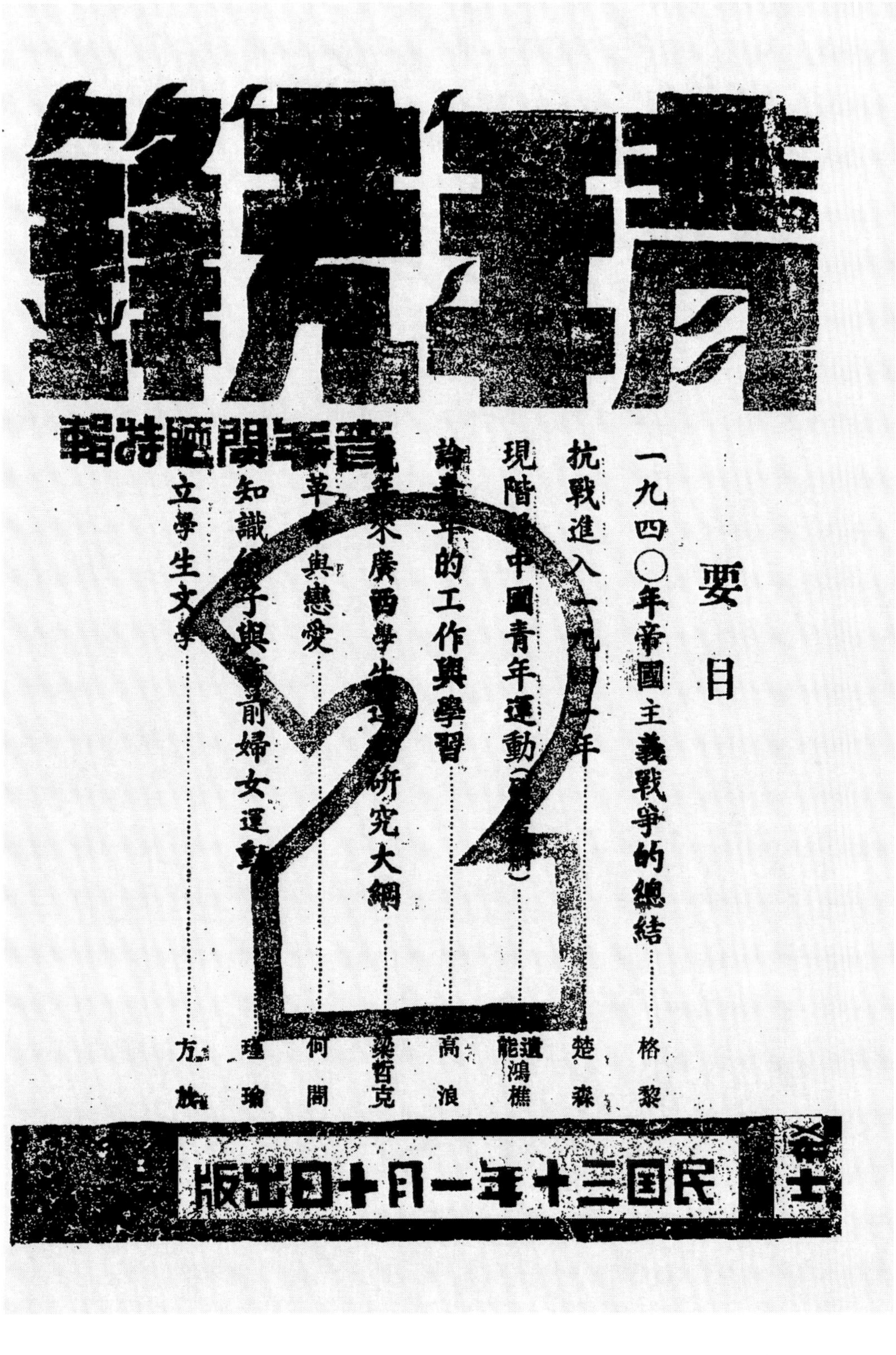

青年先鋒

青年問題特輯

要目

一九四〇年帝國主義戰爭的總結……格黎

抗戰進入一九四一年……楚森

現階段中國青年運動([illegible])……遺能 鴻樵

論青年的工作與學習……高浪

[illegible]來廣西學生[illegible]研究大綱……梁哲克

革命與戀愛……何聞

知識份子與當前婦女運動……瑾瑜

立學生文學……方旅

民国三十年一月十日出版

目錄

短論

一九四一年的展望……燮
怎樣過寒假生活……還
進步與退步……洪
現階段學生生活問題……憲

青年問題特輯

現階段中國青年運動（研究提綱）……宗遺 燮能 鴻樵
幾年來廣西學生運動研究大綱……梁哲克
論青年的工作與學習……高浪
論革命與戀愛……何閒
女知識份子與當前婦女運動……璜瑜
一九四〇年帝國主義戰爭的總結……格黎
抗戰進入一九四一年……楚森

文藝

脫險……冬陽
辭歲……辭時
千人針（詩）……蘇軍
介紹「魯迅論及其他」……冬陽
建立學生文學……方放
學治會一學期來的工作報告……胡惠
編後記……編者

青年先鋒
第二期
民國三十年一月二十七日出版
編輯
發行 桂林中學學生自治會
印刷者 光中印務館
每冊另售二角五分

徵稿簡約

一，本刊歡迎投稿
二，凡關於青年論文、時論、文藝、翻譯均所歡迎
三、來稿經登載後酌以本刊爲酬
四、來稿請交高十四班章宗遺或高二十班邱燮能收

學有關聯的——是因為作家呼吸不能與學生羣衆的呼吸同時配合，作家的脈轉不能與學生羣衆的脈轉同時跳動的原故。

目此，學生文學的作家，必須把自已的生活，浸透入學生羣衆的生活裏外，實際參與學生羣衆的鬬爭。

但，另一方面，學生文學的建立，還包含着學生本身的力量。因為學生自己的生活鬥爭是自已所最熟知的，自己最熟知的東西，用形象表現出來，那樣的藝術是最逼真，最生動的！

那麼讓我們動手吧！寫自已的生活。

脫險

冬陽

朦朧中，我做了一個惡夢——

一個夜深人靜的晚上，我在一個頹敗的長滿了雜草的院子裏徘徊着。

四周圍着被燒焦了的矮牆；（在我心目中，那恐怕是隨便用些乾鬆的泥土，堆集起來的東西罷？）牆頭上錯落地生長着萎黃的野草，都低垂着頭，昏睡去了，凝結着如牛乳似的月光里。

…………——這是我失去的舊家嗎？

我徘徊，四處采望，不禁有點兒懷疑。恍如浮沉在記憶底浩海里。

忽然聽到嘩喇喇的響聲。

不知從那兒竄來了一條青幽的毒蛇！停在那牆角的雜草中，我忍不住失聲叫喊了，急忙跳上走廊。

毒蛇也跟着竄過來，竄到了走廊下。

我急忙拾起身旁的一塊磚頭，對準蛇頭便砸。

蛇頭給砸爛了，上下張着蛇嘴，蛇身卻不住地滾動。

我急忙拾起身旁的磚頭又砸。

蛇不動了。

…………

我又浮沉在記憶浩海中。假使砸不中蛇頭，又怎麼辦呢？我也許被蛇咬而致死罷？心中禁不住卜卜跳動。醒來，卻躺在床上。

——

千人針

——戰利品詩鈔之二

軍

千人針
送征人
一針
兩針
針針刺閨人
閨人的郎君
跨馬渡海去了
陌生人來到「支那」的大地
山也崎嶇
路不平
蹉跎的歲月
鎖緊着征人的心
離鄉背井
思念、思念着嬌妻
子夜的孤寂？
沒有「榮歸」的希望了
化爲夢裏的幽魂…………

千人針
送征人
寄與——
一千個人的祈禱
一千顆心的戰慄
征人死在「支那」的土地上了
千人針落在異國入的手裏

——一九四一，一，六深夜於燈下

辭歲

醉詩

在漫天的烽火裏，「一九四〇」已經流向歷史的河床了！

我們又渡過一個驚心動魄的歲月！睜大了眼睛，看見的是火，是血，是「莊嚴的工作」，是「荒淫與無恥」，……而我們便挺起胸膛，在火光與血腥裏分受了祖國的災難！

但災難的祖國裏，某些「勇士」却專向死路開刀：某些「英雄」却把「狗洞」看成了「虎穴」。當爬出那「狗洞」之後，「英雄」的心裏飄飄然了，因爲他會「深入虎穴」哪！而仗着主子的威風，「狗洞」裏却依然是一片汪汪的狂吠。在牠們的世界裏，「廉恥」早已成爲多餘的事物了！這些傢伙是人呢？是蒼蠅還是狗呢？時代將剝出牠們的臉譜來供給人們欣賞罷？

而多少人已走向戰鬥，把溫暖的家鄉拋棄在天涯的烽火裏？多少人犧牲生命去鞏固那全民的團結，又多少人在暗裏戚戚切切，幹有那有背國家民族利益的勾當？

我不知道是否還有「寧爲太平犬，莫作亂離人」的奴才？但這年頭，我們看到了太平盛世的人們所看不到的，我們幹了那太平盛世的人們所不敢幹的。面對着祖國的解放戰爭，我們把歲月消磨在莊嚴的工作裏！

但歲月像悠悠的歲水，流着，流着，終於要流向浩渺的汪洋。生命假如像顆樹，那生命之樹又加上一道年輪了！而歲暮天寒了啊，多少天涯淪落人，但祖國正烽火連天，誰還再作無從然的悲嘆？

「歲月雖然給日曆帶走了，但工作却依舊歷歷在我們肩上啊！

過了一年，生命的旅程便縮短了一段，時間是絕對地逝去，但還是又春來，歲月是一條無盡的連環。誰還再說「浮生若夢」？縱是夢也應做一個莊嚴的夢啊！緊要的是自問着：自己底一段生命旅程是不是堅實地走過？

讓時代的風霜，染着生命的顏色罷！要走向戰鬥去迎接青春！

編後記

編者

「什麼是路？就是從沒路的地方踐踏出來的。」但，我們只是開始，也可說是嘗試。前面還那麼的崎嶇，生滿荊棘，那樣迢遙……，而這開闢的重任落在誰的肩上呢？「以前早有路了，以後也該永遠有路」吧！

這也許只算一顆新生的芽，可是，我們敢說它充滿了生命的熱和力，只要大家愛護得法，它決不怕暴風雨的損害，它會成長爲葉茂枝繁的大樹的。

這一期跟讀者見面，正當是新年的開始，又是放寒假的時候，我們該感到特別的愉快罷！上期創刊號，有二點覺得對不住同學的，第一是因原定的稿子送審被檢了一些，致內容不很充實，第二是因印刷廠的誤會，印少了五百本，使同學不能得每人一本。這也算是我們負責人的疏忽，請大家原諒才好。這期我們用最大的力量，想將這些缺點克服，雖然在內容方面仍感到許多不够，不過，總算能出一個「青年問題特輯」，而且也還相當豐滿，如集體創作的「二階段中國青年運動的研究提綱」及梁哲克的「幾年來廣西學生運動研究大綱」比起創刊號的「一二九學生運動」，當前學生運動研究提綱」實有過而無不及。而當前青年苦悶問題日趨實際，寒假來臨的時候，[illegible]年的工作與學習」，[illegible]

[illegible]

帶國進中，[illegible]戰候[illegible]特[illegible]文章[illegible]

嘲熱個人的[illegible]家來[illegible]

[illegible]我們希望第三期能以更嶄新的姿態出現！

34

容县留梧学会会刊

（创刊号）

出版时间

民国二十六年（1937）六月

编 辑 者

容县留梧学会出版委员会

出 版 者

容县留梧学会

印 刷 者

益智印务局

刊名题字

黄旭初

创刊号

民国二十六年六月

发刊词

会史 /1

转载

论救灾问题（西大农讯第四期） 盘珠祁 /2

广西灾荒问题及其补救办法之献议（西大农讯第三期） 唐有恒 张世超 /3

龙州之地境及其人文 韦来珏 /1

改进容县沙田柚之管见 陈德储 /22

果实之效用与经营果树之利益 盘国铭 /25

容县留梧学会种植委员会初步实施计划 植委会拟 /27

闲话故乡 秦襟 /32

诗

蝶山即景 来阁 /33

春雨小楼诗稿 覃春 /33

“冲向那边去！”/34

这儿是东海之滨 廖国侨 /34

微雨打湿了的晨光 琼伊 /35

离会会友生活代述 韦谦 /36

附载

本届会员录 /1

会议录 /4

会闻（六则）/8

县闻（四则）/10

启示（二则）/11

编后话　编者

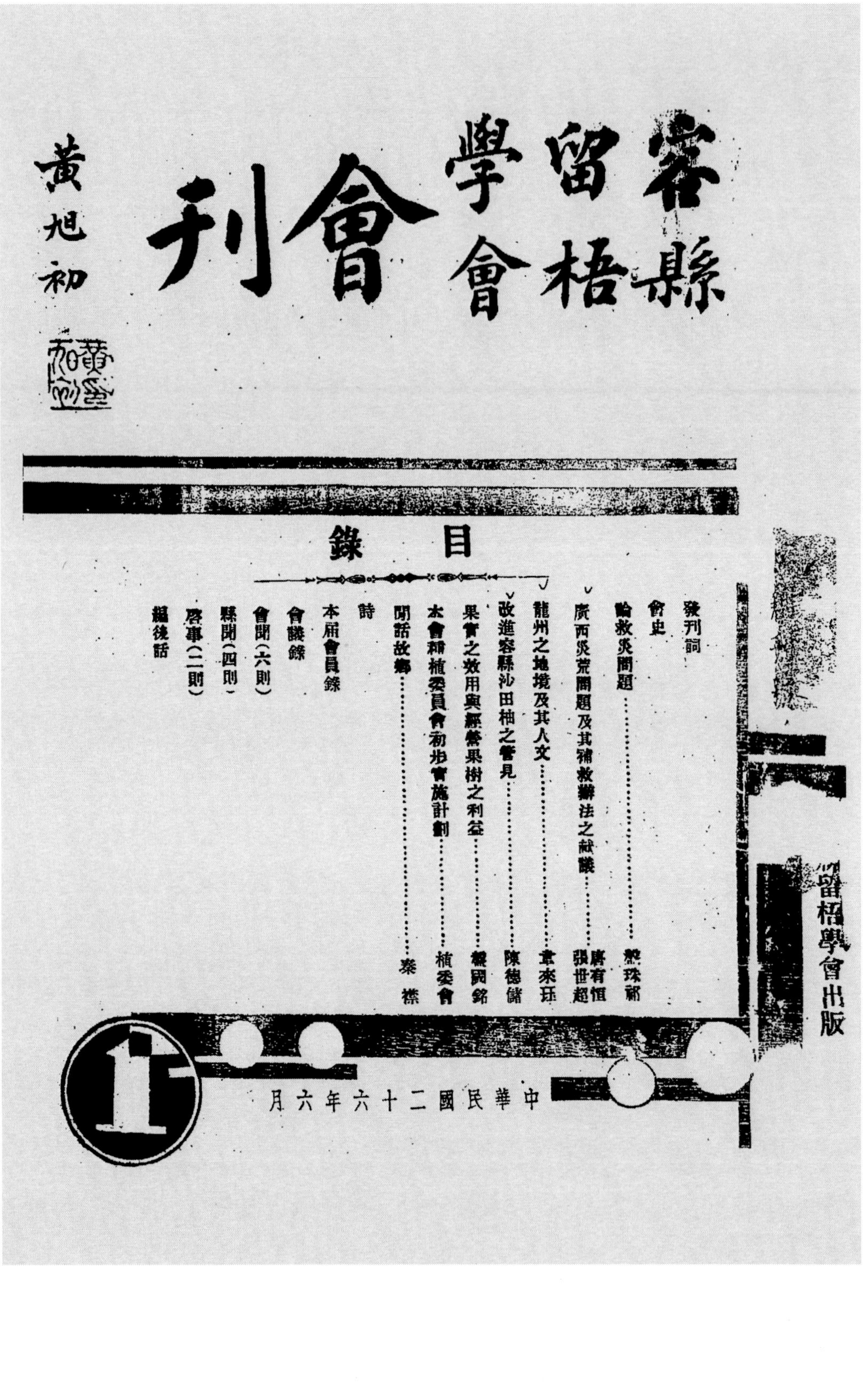

蒼梧縣留學會會刊

黃旭初

1

目錄

發刊詞
會史
論救災問題……黎珠祁
廣西災荒問題及其補救辦法之獻議……唐有恒 張世超
龍州之地境及其人文……韋來珏
改進容縣沙田柚之管見……陳德儲
果實之效用與蒼縣果樹之利益……梁岡銘
本會種植委員會初步實施計劃……植委會
閒話故鄉……秦襟
詩
本屆會員錄
會議錄
會聞（六則）
縣聞（四則）
啓事（二則）
編後話

蒼梧學會出版

中華民國二十六年六月

發刊詞

蒙各位鄉先生的熱心贊助，經全體會員的一致努力，好容易，屢次胚胎而隨即幻滅的容縣留梧學會會刊，終於在萬難中產生出來了。

我們不敢說，本刊的內容是怎樣的充實。我們更不敢說，本刊對於社會有怎樣大的貢獻。然而，我們同是中國國民的一員，生逢現在這個國家多難的年頭，無論誰，如果不是心死的話，總應該直接的或間接的負起一部分救亡的責任。本刊就可說是我們欲盡救亡責任的一點表現。

有人說：「同鄉會的組織，同鄉會刊的印行，這完全是表現着地方的色彩，無疑地是一種封建社會的遺蹟」。又有人說：「以一地方有智識的青年，集合成一個團體，去從事喚醒組織及指導那地方的民衆，以提高民族意識，增厚國防力量。在「一盤散沙」「風雨飄搖」的中國裏，這種活動是很必需而且很有效的」。本刊的印行，社會人士或不免有見智的批判；然而，本會同人印行本刊的動機，純是屬於後者。這是應該預先聲明的。

容縣是廣西省的一縣，也就是中國的一個縮影，被敵人侵畧的痛苦，容縣感受到了；世界不景氣惡潮的襲擊，容縣也感受到了。縣中一切應興應革的事，都有待於我們的推動。所以，我們應聯絡我們的感情。集中我們的力量，發表我們的管見，去完成我們的使命。同時，我們希望國內任何一個團體，任何一個地方，都切實去做我們這樣的工作，各個局部弄得好了，整個國家自然發生力量，那麼，中華民族的復興，就不怕沒有辦法。

我們的知識淺陋，本刊所發表的文章當然難免有幼稚或錯誤的地方。我們很希望愛護本刊的人們，不客氣地加以培養及指正！

我們對於鄉先生的熱心贊助，外界稿件的惠賜，始終不會忘記的。在這裏，我們謹以十二分的誠意致謝！此後，還希望各先生不斷地繼續着這種精神，使本刊收到更大的效果！

蟬鳴高樹雨餘天　良晨似此難聯袂　嘉會何常撫別絃
吟興未闌吾去矣　離情無限載歸船

題贈鄉友李果蕃君紀念冊

猶憶當年鷲島遊　艱難曾與子同舟　而今重聚羊城裏
話到興亡感未休

元日聚餐有感

日臨

元旦聚餐狂　微醺獨倚牆　輕烟彌城市　細雨灑街場
悵望嶠山遠　幽思緖水長　鄉愁無限緒　應付與壺觴

『衝向那邊去！』

看—四邊天黑地暗
——滿佈風雲。
風，猛烈的風！
何日才止？
雲，濃黑的雲！
何日才散？
天，晴朗的天！
何日才現？
啊！到處暗漫漫，
退？無路！
進！難前！
喂，光明之路在那邊，
衝，衝呀！衝向那邊去!!

小兀寫於蝶山・廿六，五，廿四，

這兒是東海之濱

廖國僑

這兒是東海之濱，
我鼓着巨輪——
想——向鴨綠江上飛奔。

◎　◎　◎

這兒是東海之濱，
我鼓着巨輪——
想——去把富士山踐蹈。

◎　◎　◎

這兒是東海之濱，
我鼓着巨輪——
想——遍太平洋上遨遊。
鴨綠江畔充滿了妖氛，
富士山傍住着敵人；

靈山鉛鑛

容縣靈山鄉六瓦村木益冲頂，香蓀，逢圳地方，蘊藏鉛鑛甚豐，鑛苗已露地面，前經該鄉始興鑛業公司代表對傳友，遂章具領，並請省府派員測勘，劃定鑛區，閱省府所派測勘員陸本均，經於六月七日到縣，並由縣府派員，引導前往，會同測勘，據該公司代表所請領地段，尙無遙隔及糾葛重複情弊，與請領鑛業權章程第一條所規定相符，現該公司一俟省府批准後，即行開工，並謂該鉛鑛含鉛量頗富，一般殷商富戶，均欲投資開採云。

縣長易人

七月一日報載容縣縣長黎植松調任象縣，遺缺以葛維廷繼任。副縣長劉鈞蟬聯云

啓　事

一，本會特設升學諮詢處辦理下列各項：

一，凡吾邑青年，不悉梧州各校近況及梧州情形者，可來函諮詢，本處當竭以答覆。

二，來梧升學者，不悉路徑，請先函本處，當派員指導及照料。

三，抵梧後，本處負責指導膳，宿，報名，入學等事項，仍請先函或電話通知本處。

四，來函請逕寄梧州廣西大學黃如竹轉。

二　鳴謝

本會出版會刊經費不敷經緊

陳先生傑夫捐桂鈔叁拾元
夏先生理孚捐桂鈔壹拾元
陳先生碩夫捐桂鈔壹拾元
黎先生植松捐桂鈔壹拾元
馬先生泗川捐桂鈔壹拾元
黃先生昶芳捐桂鈔壹拾元
張先生世超捐桂鈔壹拾元
馬先生啓鴻捐桂鈔壹拾元
蘇先生學愚捐桂鈔壹拾元
鄭先生顯通捐桂鈔伍元
黃先生紹猷捐桂鈔伍元
蕭先生勛成捐桂鈔伍元
陳先生滌齋捐桂鈔肆元

謹此鳴謝

編後話

本會之有會刊，這是第一次。這決不是編者微弱的力量底收穫，而是愛護本刊的作者所集中的精神。

「希望本會本屆出版會刊一冊。」在會員調查表對本會的意見中，有了幾十張是這樣地寫着，可見會員們很心切地渴望本刊的誕生。現在經過了不少挫折，總算匆匆問世了，可是遲延了許久的時間，這是編者很抱歉的。

這裡底，好幾篇是會員於百忙中，抽暇的撰著，可知其對本會的熱心與興味。深望全體會員，「大家一齊努力」，衛護本刊。

因為經濟與篇幅的限制，有多少作品，一時未能發表，這是編者認以為憾的事，而要請作者原諒的。

（編者）

容縣留梧學會會刊 創刊號

出版者：容縣留梧學會

編輯者：容縣留梧學會出版委員會

印刷者：益智印務局

通訊處：梧州廣西大學傳達處轉

本刊非賣品，凡容縣內外機關，團體，學校均可來函索閱

35

山　程

（文学集林第一辑）

出版时间

民国二十九年（1940）四月

编 辑 者

文学集林社

发 行 者

文学集林社

文学集林第一辑

民国二十九年四月

美利坚战歌四首

吾侪降生自由中——美国独立战前之战歌　卢生译 /2
波司顿茶党歌——美国独立战前之战歌　卢生译 /3
星辉旗——美国一八一三年之战歌　卢生译 /4
“联合州”与“马其顿尼亚”——美国一八一三年之战歌　卢生译 /5

破碎的商籁诗——现代波兰诗人的长诗　〔波兰〕凯拉苏赛诺司基作　韦佩译 /8
死的影子（小说）　李健吾 /11
一个家庭的戏剧（一）（散文）　〔俄〕亚历山大·赫尔岑著　巴金译 /19
山程（诗）　卜西 /34
跋脉望馆钞校本古今杂剧　郑振铎 /35
扬州梦（小说）　志行 /69
乐山通信（散文）　圣陶 /83
骑士（散文）　芦焚 /89

读书杂记

关于“古名家杂剧”　孚 /68
梁启勋之中国韵文概论　孚 /92
俞曲园与元曲选　孚 /92

言志载道及其他（散文）　石灵 /93
后死者（小说）　罗嘉 /97

吴梅著述考略　徐调孚 /109
关于奥薄洛摩夫　〔日〕昇曙梦著　黄伯昂译 /115
奥薄洛摩夫（长篇小说）　〔俄〕龚察洛夫著　方逸之译 /124

山程
文學集林第一輯

美利堅戰歌四首

盧生譯

吾儕降生自由中

——美國獨立戰前之戰歌

全體勇武美國人，
以手接手來相親，
只爲「自由」之徵召，
人人醒起共從軍。
再無苛政力抑壓，
使汝請求不獲申，
美國榮名永被奪，
亦無玷汚啓陵侵。

疊句和唱

吾儕降生自由中，
吾儕生活自由同，
錢囊在握有夙備，
意定朋友勿貳行。
不似奴隸似男兒，
（原文用自由人一字因譯詩字數易從男兒）
吾儕金錢將獻呈。

遠溯豪偉之先宗，
可許吾儕致敬誠，
天氣惡變難預卜，
把舵大勇無畏行，
歷渡洋海到沙磧，
卻爲「自由」啓行程，
先人長逝吾儕承，
彼等自由與令聲。

先人手植一株樹，
但爲建立自由故，
樹長壯大經目視，
并致崇畏念虔肅；
載樹上船同歡呼，
「吾儕所願終獲取，
兒童將擷佳果實，
自由歡樂無痛苦。」

全體勇武美國人，
以手接手來相親，
吾儕合力能堅定，
吾儕分散趨沈淪，
卻爲如是正義因，
吾儕希望終可申，
俠勇之行天所允，
天道無親在善仁。

此歌不知作者誰氏，據紐克姆（B· Newcomb）氏論文曾述及當一千七百六十八年，此「吾儕降生自由中」歌詞在波司頓之波司頓書店發賣。又爲美國革命時代最早之歌曲云：

山程

卜西

山巒,
是祖國
無垠的平原裏
一股鬱勁
生長出來的雄獅,
牠,
粗暴的肌肉
霸凸在膚外,
暴躁怒沖着
雲端的層巔。
一隊年青者
——我們
用輕捷的脚痕
跨着
祖國廣闊的.
連綿的土地,
像信天翁之羣
在青的海洋
銀白色的浪花上
展翼長揚。

山層,
嶂疊着
起伏到天外,
煙嵐靄不斷,
茫茫的地層,
萬里的翠黛。
前面
那遙遠的地方
像老年
而微笑着的母親,
伸張着慈愛的雙手,
期待着我們的親吻。
通過淡墨的森林,
用脚尖連接着
善良與和平。
祖國三千年間
先人開闢了的足印。
在地層之巔,
我們呼吸着

勇敢而新鮮的空氣,
和祖國的
自由的愛情!
跋涉在
峭峻的
無盡的道上。
——呀,我們祖國
無窮盡壯宏的土地呀!
祖國的風塵
親熱地
貼了我們滿身;
山溪幽幽的情歌
潤了我們沸着的心。
祖國,
——我們的母親呀!
你偉大的摯愛
已燃燒在我們週身。
今日!
爲了,你——

我們那浩渺的長空,
和受辱着
被殺害着,
你的孩子
——我們的弟兄們呀!
不怕是再崎嶇的山道
和更堅苦的行程,
我們仍要
放大着脚步踏過,
去到
那山巒中的邊疆,
用血汗去凝結成
祖國的,
我們那鐵甕的隊伍,
讓他們
帶着鮮花般美麗
自由的種子,
撒播在你——
那肥沃的野原裏
成長起明日的光明。

一九三八,十一月黔滇道上

跋脈望館鈔校本古今雜劇

鄭振鐸

一

元人雜劇多賴臧氏元曲選而存。從前研究元劇的，幾以臧選為唯一的寶庫。臧選刊於萬曆四十四年，所選雜劇凡百種，㊀殆為雜劇選中最豐富的一種。不僅前無古人，抑且後鮮來者。孟稱舜於崇禎六年刊古今名劇柳枝集及酹江集，多半據臧選，㊁所錄連明作併計之，亦不過五十六種而已。十年來，陸續發現刊行於臧選之前或約略同時的雜劇選集若干種，像息機子古今雜劇選，尊生館主人（黃正位）的陽春奏，古名家雜劇選，新續古名家雜劇選，顧曲齋刻元劇，帝野□刻元劇，繼志齋刻元劇㊂等，較之臧氏百種，均相形見絀。所載的至多不過臧選的一半。且所能補於臧選的，也不過寥寥的幾種而已。就在顧曲齋刻元劇裏得到關漢卿的緋衣夢一種，曾詫為不世之遇。在古名家雜劇選裏所見的羅貫中龍虎風雲會，楊梓忠義士豫讓吞炭，無名氏漢鍾離度脫藍采和，龍濟山野猿聽經，蘇子瞻醉寫赤壁賦㊃在息機子雜劇選裏所見的九世同居，符金錠，在陽春奏裏所見的二郎神醉射鎖魔鏡，都曾使我感到興奮過。在金貂卷首發現的敬德不伏老，也使我有相當的激動。㊄六本的西遊記雜劇㊅的出現，成為一件重要的大事。八千卷樓書目（卷二十）載明抄本孫臏用智捉袁進，吳起敵秦掛帥印二種㊆曾引誘過我特地跑到南京。等到知道這二種不知何時已亡佚了去，我卻懊喪了好幾天。這些發現都是零零星星的。

最大的發現是元刊雜劇三十種。這是黃蕘圃舊藏，經羅振玉、王國維的發見而流傳於世的。㊇在這三十種裏便有未見收於臧選及他選的元劇十七種。㊈更重要的是，藉此，我們可以見到元人刊元劇的本來面目。㊉藉此，我們也可以知道，明初周憲王（朱有燉）刊行他的「樂府」㊉㊀時，為什麼每種都要註出是「全賓」。㊉㊁當時，黃蕘

吳梅著述考略

調孚

吳瞿安先生，我沒有見過他，可是「心儀其人」卻已很久了。他的著作，大部分我也都讀過。三年前，我和聖陶伯祥諸兄同校六十種曲，每遇原本漫漶不可讀，輒訪問藏有初印本者，求其鈔示，以成完璧。瞿安先生藏有初印本多種，因此我得有機會和他通函詢問。承他好意，幾次的把我們的疑問給解決了。只可惜這些寶貴的信札，已和開明書店其他許多稿件同葬於炮火之中了。如今瞿安先生客死滇南，我們欲再得其片紙隻字而不可得，思之曷勝憤恨。茲刻舉瞿安先生的著作，略加敷衍，成此短文以作紀念。惟是戰後書籍散失大半，無從一一覆檢，僅就記憶所及而已。又承趙景深、阿英兩兄借我不少書誌，得成此文，我應該深深的致謝他們。我再十二萬分的熱望着有人能詳詳細細的作一篇「著述考」，好讓我這篇簡陋得可笑的「考略」早日「覆瓿」。

甲　創作之部

（一）霜厓曲錄　民國二十年商務印書館本

這是瞿安先生的惟一的散曲集，由其弟子盧冀野君輯集。計收小令四十九首，套數十六篇八十五首。

（二）霜厓詞錄　民國二十八年制言月刊第四十八期起刊載

這是瞿安先生的詞集，二十七年二月手定。到現在（第五十三期）還沒有刊完。

（三）霜厓平生集

內容未詳。想必為詩文集，未刊印。商務印書館之出版週刊一一二期上所載先生履歷中有此書名。

（四）煖香樓（雜劇）　宣統二年奢摩他室曲叢第一集本

本劇計南曲一齣，據板橋雜記所載姜如須與李十娘事，而成此劇。作於光緒三十二年，為湘真閣之初稿。霜厓三劇自序有「湘

36

生路半月刊

（创刊号至第二期）

出版时间

民国二十六年（1937）十二月一日

民国二十六年十二月十六日

编 辑 者

生路出版社

发 行 者

生路出版社

创刊号

民国二十六年十二月一日

半月评论

我们的信条　同人 /1

我们要与国　淦 /1

妥协是死路　太一 /2

华北战局的失败　似玄 /2

太原的陷落　淦 /3

上海的退却　罗伯比 /3

论丛

九国公约与反共协定　孙治公 /4

我们要记取抗战的教训　千家驹 /5

怎样使政府和人民打成一片　陈此生 /7

抗战中的政治动员　毕明 /9

统一民主与自由　李焰生 /12

上海与君士坦丁堡　李焰生

半月笔谈

致祭殉国将士之灵　绍英

伟大的行列　李得标

有钱出钱与有力出力　毕明 /15

战时生活　克存 /16

第二号

民国二十六年十二月十六日

半月评论

华南国防问题　焰生 /2
东线败战的政治教训　辉 /2
意大利脱退国联　澄清 /3

论丛

抗战神圣论　毕明 /4
抗战与政治维新　向实 /6
可怕的成见　陈此生 /8
酝酿中之国际新局势　孙治公 /9
南宋晚明给我们的教训　徐梗生 /11
民众运动公论　焰生 /13

半月笔谈

北望家乡——江阴　孟辉 /15
哀江南　李麟 /15
第二种奴才型　梦白 /15
我们的韩青天　得标 /16

生路

半月刊　創刊號

生路出版社編輯

(民國二十六年十二月一日出版)

目錄

我們的信條……(同人)
我們要與國……(淦)
妥協是死路……(太一)
華北戰局的失敗……(似玄)
太原的陷落……(淦)
上海的退却……(羅伯比)
九國公約與反共協定……(孫治公)
我們要記取抗戰的教訓……(千家駒)
怎樣使政府與人民打成一片……(陳此生)
抗戰中與政治動員……(華思)
統一民主與自由……(李餤生)
上海與君士坦丁堡……(餤生)
有錢出錢與有力出力……(畢明)
致祭殉國將士之靈……(紹英)
偉大的行列……(李得標)
戰時生活……(克存)

▶本刊已呈請登記◀

總經售：桂林前導書局

生路創刊號

每月一日，十六日出版

編輯者　生路出版社

發行者　生路出版社

總經售　前導書局　桂林中南路

分售處　全國各大書店

本刊文字非經允許，不得轉載。

定價

零售國幣六分

時期	冊數	國內及日本	香港澳門	國外
全年	廿四冊	一元四角	二元四角	三元六角
半年	十二冊	七角	一元二角	一元九角

廣告刊例

地位	全頁	半頁	四分之一	套色
底封	八十元	五十元	三十元	二套
封裏	六十元	三十元	二十元	一套
普通	四十元	廿五元	十五元	一套

的實效。

「有力出力」這一個口號的解釋，應該怎樣才對啊！

戰時生活

克存

如今，顯然已不是平時。要說是平時，為什麼許多地方的同胞給敵機轟炸，給敵兵屠殺？

不過，據說還有一些未給敵機轟炸敵兵屠殺的人還是若無其事地一樣滿着快樂生活，從漢口來的朋友告訴我，那兒的官僚和有錢人們，都跑到法租界去，嫖賭飲吹，從香港來的朋友告訴我，香港的中國人除了少數熱烈分子之外，還是一樣地叉其麻雀，跳其舞，打其「波」。恐怕四海之內，不止漢口香港吧？這就是中國人的戰時生活啊！

某女士日前曾向軍事當局請過纓，說要參加前綫看護；但我却見着她塗得厚厚的脂粉，指甲還抹上蔻丹，足上穿着高跟鞋子哩。某男士常常對人義憤滿面，表示隨時要到前綫殺敵，可是我却見着他天天穿着漂亮的西裝，拖着愛人到戲院酒樓去。像這樣的人，一定不少，這又是他們的戰時生活。

另一方面，我們從報紙上看到想到：有許多人正在流着血，揮着汗，餓着肚子，冷着身子，喊着，哭着，走着，……………這又是什麼生活呢！

半月筆談

北望家鄉—江陰

孟輝

秋天是最容易生懷鄉病的，何況是今年的秋天，家鄉江陰已在日本帝國主義的「皇道」炮火下炸成了灰燼！古老的城頭上，在三百年前曾經用鮮紅的熱血替中華民族史寫過光榮的一頁，但那偉大的城壁上，現在被插着太陽旗了。

遠處萬里遙遙的桂林，信息不通，親屬不知道化成了血泥，還是飄零何處？但這些是值不得悲傷的！而在整個民族的意義上講，毋寧是可喜的信兆。

我們幾百年來欠了物質文明的債，受這種悲慘的懲罰，原是歷史的公道！誰叫你不努力的？誰叫你物質文明追不上人家？很榮幸的，我們這一代，已在挺起着胸膛，替祖宗還清歷史的債務了！我們再不屑過奴才般的生活下去，我們要爭取做一個堂堂的人的資格了。

我北望家鄉，一片燒紅的焦土，千萬個斷下的頭顱，這一幅慘絕人間的悲壯圖，我不暇悲哀，我反覺得要歡喜！因爲他已表示了中華民族的偉大人格，中華民族的鬭爭能力，他已答覆了「九一八」以來非人所能忍受的屈辱，他已爲人類的文明盡着他的任務！他已警告了日本帝國主義者的侵略行爲，使他們再不敢想侵略中國像「大會操」那樣容易！

一片燒紅的焦土，千萬個斷下的頭顱，他是中華民族再生的代價，他是中華民族復興的憑藉！這個小小的城頭，已盡了他對中華民族的任務，他現在正帶着光榮的殘缺，強硬不屈地等待我們的明天。

哀江南

李麟

時代不須作賦，爲什麼要哀了江南起來。但是，和我有十年關係的江南，在日本的大陸政策和我國的焦土政策之下而毀滅了。

「暮春三月，江南草長，雜花生樹，羣鶯亂飛。」當時讀那位邱遲先生的文章，這句子還是牢牢的記着。後來到了江南。趁滬杭路，有松江的蓴鱸及鶯湖的煙雨。趁京滬路，由龍華古塔外的桃花，到南翔古漪裏的桂樹。由崑山的毛蟹，想到了姑蘇的餅食。由常熟的琴川，憶及了無錫的惠泉，一切一切的、江南的風景物候，充滿了詩情畫意的[illegible]候，是多麼的可愛。但在今後，祇好夢裏追求了。南朝金粉，隨北地胭脂以俱盡，江南如此，如何可哀，我想，寬袍大袖文縐縐的詩人畫人，也要握拳透爪而怒吼了。

江南，是可哀的，但兵哀者勝，日本目前所佔領的江南，不是錦繡裏的河山，而是血火中的焦土。山川不改，興亡由人！江南太明媚了，太嬌柔了，我們民族以哀者的心情，有勝者的把握，要以戰神的力量，換來一新江南吧！

龍華的桃花，染了我們民族的血色！鄧尉的梅花，着了我們民族的刀光。我相信，總有一天江南的羣鶯，要爲我們唱勝利之歌。

我哀舊的江南，我想新的江南！焦土抗戰的精神，是悲壯的！

第二種奴才型

夢白

回國以來，很多人問我蘇聯什麼時候會打日本？英，美什麼時候會打日本？問者的態度是這樣的懇切，他們對蘇聯和英美的希望，又是如此熱烈。不容說，他們的留心這種事情是一片誠心的希望中國得救，但從他們情緒裏却表現了「卑怯」，「依賴」的奴才心理，他們無形已對日本懷了一種恐怖心，他們失去了自信的勇氣，因之他們乃於無意之中，把蘇聯與英美當作了我們民族的救主，也當作壯自已和別人胆子的希望，這眞是一種値得可怕的現象。

大家說束手待斃，或是看見敵人打來作揖的是奴才；那末懷着這種天天希望人家來救命的心理的人，可說是第二種奴才：如果要以積極，消極來分別，那末第一種型是積極奴才，第二種型是消極奴才。

我們固然希望國際會有一種對日本的制裁行動出現，但對這種裁制行動，我們只能利用加強加速我們的民族獨立鬥爭，却不能希望此種行動來救我們的命：我們要知道，一個民族的能夠由半殖民地而獨立，必定他的本身充有着完成任務的條件，然後纔能達到目的。缺乏獨立鬥爭勇氣和决心的民族，是沒有談獨立資格的，如果張三來犯，希望李四救我，李四來犯，又希望張三幫忙，那末這種人在心理上已完全成了奴才，還有什麼希望？第一種奴才型固要不得，第二種奴才型又豈能要得。

我們的韓青天

得標

在去年，記得曾經在喜峯口抗日，而後來鎮守北平的宋哲元先生，發表了一個談話。他說他要做郭子儀曾國藩，不要做文天祥史可法。到了現在，北平在宋哲元手下失去了，文天祥史可法當然沒有做，不在話下，而日本天皇，也不讓他做郭子儀曾國藩。一失足成了千古恨，現在才覺得日本鬼子靠不住，但也來不及了。這眞是對國家民族不起，對自己的部下不起，即對喜峯口抗敵時代的自巳也不起，然而還好，聽說還帶着他的兵，在前線帶罪圖功。他還要做人的話，看他今後如何努力了。

我眞驚訝這輩軍人，頭腦簡單愚昧到這步田地。宋哲元張自忠劉汝明之流之後，還有以彭公案中的彭公自居的韓復榘之按兵不戰，（據馮玉祥先生所披露與彼往來電信所云）曾響影了華北而至整個的戰局。爲宋明而死的文史，自然他們不肯做。但借兵回紇的郭子儀，復興滿淸的曾國藩，也何曾做到，時代環境甚而至於事實也非其類。常心，勿要做了劉豫張邦昌。

宋張劉完了，而我們的韓靑天，韓復榘先生！下集的彭公案怎樣的做下去呢？

定價

本期零售國幣五分

時期冊數	全年廿四冊	半年十二冊
國內及日本	一元四角	七角
香港澳門	二元四角	一元二角
國外	三元六角	一元九角

生路第二期

每月一日，十六日出版

編輯者　生路出版社

發行者　生路出版社

總經售　前導書局　桂林中南路

分售處　全國各大書店

37

田东训练

（第一卷第一期至第二期）

出版时间

民国三十六年（1947）六月十日

民国三十六年七月一日

编 辑 者

田东县训练所

刊名题字

胡树楶

第一卷第一期

民国三十六年六月十日

发刊词 /1
勗本县乡镇村街长　胡树桀 /2
乡镇财政如何整理　莫如尊 /3

时事评述
两点忠实的忠告 /5

歌谣：平津新谣 /6
县闻 /7
所闻 /8
编后话 /8

第一卷第二期

民国三十六年七月一日

做人做事的基本认识　胡树桀 /1
本县第二届国大代表选举之商榷　黄裕德 /2
漫谈竞选　黄如锦 /4
村街民大会与宪政实施的联系　莫如尊 /5
同学通讯 /6
训练后的我　韦汉武 /7
给韦汉武同学 /7

时事评述

一、论匈牙利之政变与马歇尔之援欧计划 /9

二、外蒙军为什么侵略新疆 /9

县闻 /10

所闻 /10

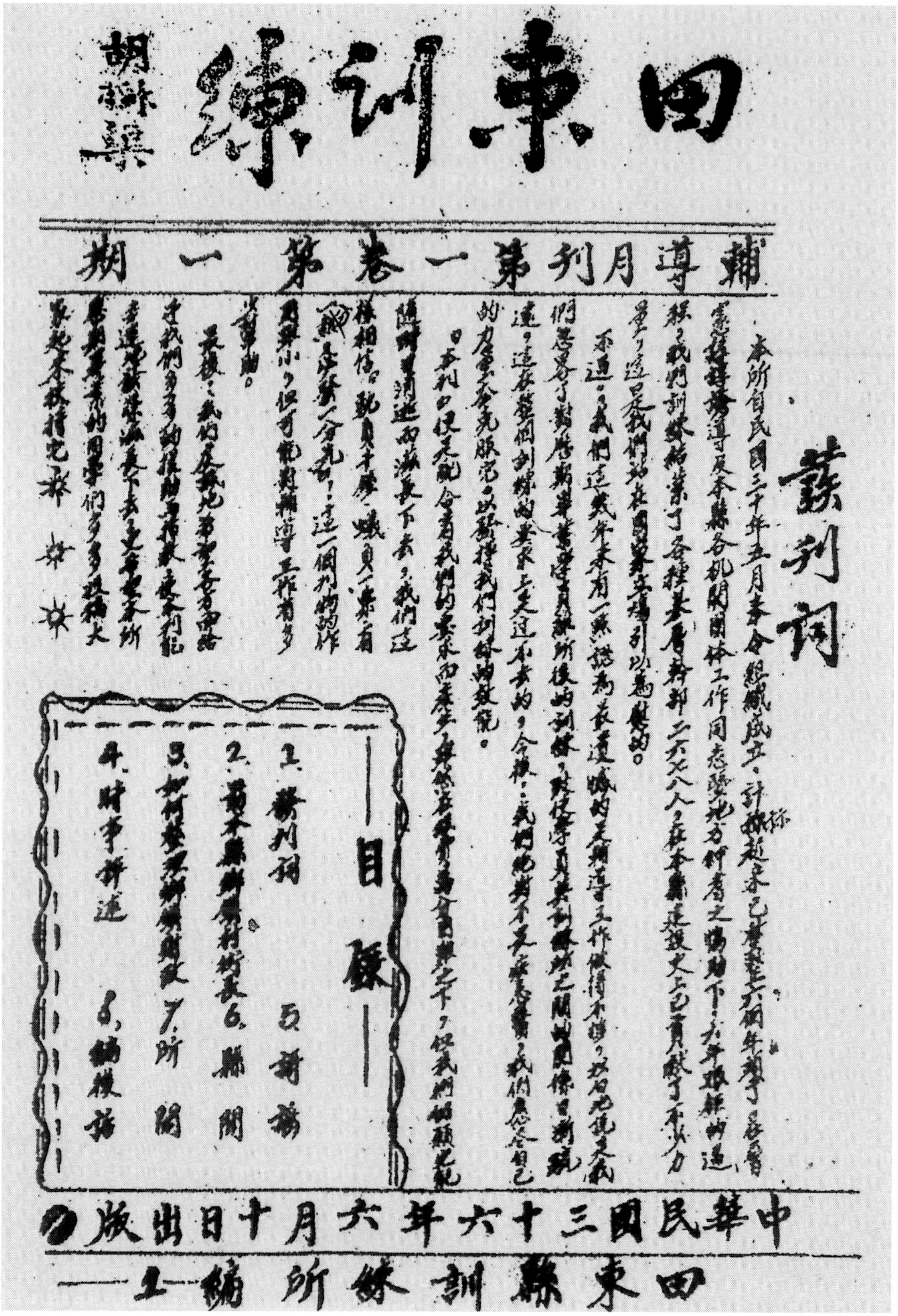

田東訓練

胡□題

輔導月刊第一卷第一期

發刊詞

目錄

1. 發刊詞
2. 告本縣鄉村街長
3. 如何發現鄉鎮幹部
4. 時事評述
5. 專稿
6. 縣聞
7. 所聞
8. 編後話

中華民國三十六年六月十日出版

田東縣訓練所編

—1—

(三)是外蒙的喪失人性，受中共的挑撥，破壞外蒙與中國間之關係，以增加其中共全面叛變的實力，總之這件事件必然發生，蘇聯與外蒙及中共應負擾亂世界和平破壞我國統一之責任，尤其是蘇聯更應負破壞中蘇三十年友好條約的責任。

縣聞

（一）本縣參議會第一屆七次常會敞於六月十六日舉行預備會，十七日正式開幕，連日所在縣府各科室及縣屬各機關作施政報告，各參議員有所詢問，均經逐一解答，於以對縣戰務推進之詢問甚詳，情緒甚為熱烈，會場空氣頗為緊張。十八日由大會再公推參議員黃如璋、黃福瑔、岑峻岷、凌承寓等代表到縣府二科及會計室查核征收解款數目，發現八月延解稅款，每月竟達千餘萬元，閻乙安縣長當即負責說明，呈奉大會討論決議轉呈省憲核辦。又於十九日公推代表赴警局查考是否依照編制名額設置。下午審查提案，並兩日討論提案，關於此次對本縣興革事宜，諸多提議，責要廿日即可宣滿閉幕。

（二）縣府為提倡水上運動，以發展民族健康起見，召集有關機關商討決定於端午節日發動競舟競賽，設優勝三名並向城市商号募捐獎金，計獲國幣六千餘萬元之多，是日下午參加競舟競賽者共十位，與當觀衆者不下人海，又算是勝[illegible]水上運動[illegible]。××××××××××

（三）縣府為使各鄉鎮公所幹事明瞭縣府辦法令並提示辦理程序及提高工作效率起見，特於六月十七日起至同月廿日止召集各鄉鎮幹事來縣集中研究，聞各鄉幹事均能依時來縣參加。

（四）縣府學社團年會於六月一日上午八時在縣府禮堂開成立會，到會者有各機關學校及商股應旅鄉[illegible]代表，限於本年首十日以前清繳之自治合作社本縣代表一人，當即公選黃亮家氏代表出席，然已電報省憲核備。

（五）本月十六日上午十一時許有江南鄉渡船載客人八人由江南渡過縣城河岸，在離岸約丈許時，因受破船水沖翻，立即救起乘客多名，游泳上岸，不過易於救護，均告安全，零碎有向鄉縣警一名失去大洋一袋，損失款三百餘萬元。

所聞

（一）本所辦事向總統遵職員，時懸頒惟以職員辭意堅決，經已照准，遺缺派幸秀明接充，又本會語聲實任職員吳焱珠，另以本所何區道一員充任的事中。

（二）本所專員宿舍房屋[illegible]以[illegible]所有以[illegible]經招商投標修[illegible]

—10—

38

文化救国

（创刊号）

出版时间

民国二十六年（1937）六月一日

编 辑 者

广西文化界救国会

印 刷 者

广西日报社

创刊号

民国二十六年六月一日

发刊词　编者 /1
六一运动与中国民族革命　李宗仁 /2
六一运动之检讨　白崇禧 /4
六一抗日运动与广西民众　潘宜之 /8
六一运动产生的客观条件和它的历史意义　班昂 /10
六一抗日大运动后的政治动向　凌空 /13
我们对六一运动应有的认识　黎锦若 /19
六一运动的评价　黎书圃 /22
六一运动中的广西学生　路淡 /24
伟大的回忆——为了纪念“六一”而作　梁风 /30
会务报告　达谨 /35

文化救國

創刊號

本期目錄

發刊詞……編者
六一運動與中國民族革命……李宗仁
六一運動之檢討……白崇禧
六一抗日運動與廣西民衆……潘宜之
六一運動產生的客觀條件和它的歷史意義……班昂
六一抗日大運動後的政治動向……凌容
我們對六一運動應有的認識……黎錦若
六一運動的評價……黎書圃
六一運動中的廣西學生……淡淡
偉大的回憶……梁鳳
會務報告……達謹

民國廿六年六月一日出版

發刊詞

由於日帝國主義瘋狂無厭的侵略與進攻，中華民族臨到了「生」和「死」的最後關頭。

「抗日救國」成爲四萬萬七千萬人民舉國一致的要求，成爲中華民族「死」裡求「生」的唯一途徑。而動員所有力量向敵人反攻，又成爲達到這一目的和獲得勝利的重要條件。文化救國這一小小的刊物就是適應着這種迫切的客觀需要，集結廣西文化界同人的微薄力量希望共同担負這歷史的使命和推進這一自救運動而誕生的。

民族抗戰是一個長期的艱鉅的鬥爭過程，直接的肉搏固然要依靠軍事力量和政治力量，但在平時都不能缺少或忽畧文化運動的一面。因爲民族自衛堅固的防禦工事，存在於每個民族成員健全的民族意識之確立和全民族的自覺上。文化鬥爭常常是政治鬥爭的前衛，目前國內正踏上對內和平對外抗戰的階段，民族抗戰陣線正以橫線飛躍擴展，文化運動亦應配合着新的形勢在意識領域下肩負它重大的任務，可是在這新形勢下，我們一面看見國內和平團結空氣洩露了幾年來未有的曙光，各集團的聯合抗日亦已略具雛形，中樞政治的相當轉變，抗日國策的建立，亦有實現的可能，這一切都表示全民族聯合抗日的前途，確比從前有了新的開展，但另一面我們還看到少數人依然堅持過去主張，把什麼安內攘外的舊調，穿起統一在前抗戰在後的新裝，來加重對內分化，拆散各集團各地方抗日實力和人民擁護政府統一救國的熱烈信賴，甚至挑撥離間企圖削弱抗日力量，破壞既成的民族統一抗敵戰線，這種事實反映在文化方面，顯然是予敵人有利予民族有害的毒惡宣傳。這種宣傳的結果祇能促成內爭，增重國內的不和平不統一，這很可能又把新形勢拉回親日的陣營去，做了侵畧者以華制華的梯階。

爲了保証全民族大團結共同抗戰的勝利，爲了督促中央政府負起領導抗戰的任務，爭取言論出版集會結社之自由，批判和糾正增重人民恐日病消弭人民抗戰情緒的宣傳，以及揭露親日分子的歪曲理論和它挑撥離間破壞民族抗戰的陰謀是本刊正面的任務。至於隨時確發民族危機，介紹正確救亡的理論，鞏固民族意識，喚起民衆覺醒，把抗日的以至稍稍落後的遲疑不決的廣大民衆組織到抗敵陣營上，是本刊的日常課題，本刊將竭誠朝着這方面而努力。

「六一」這一戰鬥的輝煌的有歷史意義的日子，擊破了五年來全民族屈辱退讓的沉悶，把全民族抗戰運動提到更高的階段，本刊恰誕生於這可紀念的週年，實具有無限重大的戰鬥的意義。爲了賡續去年「六一」精神，爲了實現本省領袖「焦土抗戰」的主張，特在創刊號，出「六一」專號來紀念它，這決不是誇張的。

與子偕作」

這是動員之令甫下，自動投軍的三十萬健兒心理，亦代表準備投軍及從事後方接濟工作的一千三百萬民衆心理．他們不懂得「敵乎？友乎？」的論調他們不了解「調整外交」的妙用，他們只知道佔領我土地殘害我同胞的日本帝國主義者就是大家的死敵，這就是六一抗日運動普遍的廣西民衆心理．他們預擬的是「飲馬長城窟」他們想的是「長白山頭崖管聲」他們永遠熱烈的是「相率中原豪傑還我河山」！

『六一』運動產生的客觀條件和它的歷史意義

班昂

去年的六月一日，西南發動了偉大的抗日運動，這抗日運動的巨潮洶湧起來以後，立刻便用着強大的壓力和飛快的速度波動了全中國以至於波動了全世界．全中國的民衆們，在這新的，爭求生存解放的猛烈刺激之下，都瘋狂了起來，不斷地投到了這浪潮裏面；別方面，日本帝國主義強盜，在這洶湧的抗日巨潮面前，不能不開始抖索起來；西南，成爲了全國抗日運動的重心，成爲了全世界注目的政治焦點之一．這個巨大的抗日浪潮，在中國民族解放鬥爭歷史上留下了不可磨滅的偉績，對於以後抗日運動的發展種下了重要的因子．

『六一』抗日運動開始到現在，又是一週年了，中國的政治形勢已經發展到了一個新的階段．它的主要特點是中國走上了統一抗日的更大現實可能性的道路，是中國已經走向抗日戰爭的轉變點上，這新的政治形勢，在某種程度和某種意義上，是『六一』抗日運動的更高發展．在這新的形勢之下，紀念偉大的『六一』抗日運動是有了更偉大的意義．紀念『六一』尤其是在目前的新的形勢和任務之下紀念『六一』，對于它重要的歷史意義，應該加以正確的認識．

首先，我們應該說明『六一』抗日運動是怎樣產生的，即『六一』抗日運動的客觀條件，因爲這對於正確認識『六一』抗日運動的歷史意義上，是非常必要的，那末，產生『六一』抗日運動的客觀條件是什麼？

第一，在「六一」運動以前，中華民族的危機就已經達

文化救國　創刊號

編輯者　廣西文化界救國會

印刷者　廣西日報社

中華民國廿六年六月一日出版

39

梧州学生

（第二期，第三、四期合刊）

出版时间

民国二十六年（1937）六月十日

民国二十六年七月二十日

出 版 者

苍梧县学生抗日救国会

第二期

民国二十六年六月十日

寒假下乡宣传日记（二）　莫诺 /4
小消息 /5
今年北平的“五四”　编者 /6
“五四事件”的经过　静澄 /6
本会监察委员 /8

第三、四期合刊（宣传问题专号）

民国二十六年七月二十日

怎样从工作中学习　铁士 /1
在敌人势力下的宣传方法　丹心 /2
谈谈宣传农民　翟唐 /2
漫画与宣传　小莽 /4
话剧宣传　直文 /4
关于口头宣传　政 /5
我的经验　锐 /6
呐喊——一个青年战士在前线寄给商家老板的一封信　周宁 /6
寒假下乡宣传日记（三）　莫诺 /7
编后的话　雄 /8

第一版

梧州學生

內容已經審查

第二期　二十六年六月十日出版　蒼梧縣學生抗日救國會出版　每份銅元二枚

看，那末教育就是一種藝術的改造過程。前者是把單細胞的卵子經過精子的配合，創造成一個高等的多細胞生物；而教育却是把一個無知識的細胞生物改造成一個有知識的有社會屬性的人。

同時，教育也與母親生產兒子一樣，是一種繁難而偉大的工作；牠不但須要教育者有豐富的學識，正確的宇宙觀與人生觀，並且還須要有絕大的忍耐心與持久性。甚至於教育者，還須講究言語的技術，和藹的態度。

還不夠，如果有了豐富的知識，正確的宇宙觀與人生觀以及忍耐心持久性，還不能夠從事這艱難而偉大的工作，還須要懂得教育的藝術，研究牠的戰略和戰術。

我們不能跑到街上隨便扯住一個人，就向他說，我教育你；於是就擺出學者的臉子向他背誦一大串人生的哲學和救亡的道理。我們第一步應該去接近他。

我們也不能像默罕莫德那樣，一手執劍一手拿經，用武器把自己的主張壓入受教育者的頭腦，現在的人們中了幾千年傳下來的遺毒；那樣一開頭便想灌臘腸般的把救亡的理論灌入人家的頭腦是不可能的。「不可入性」的緣故，那錯誤的思想在他的腦子裏先佔住了，我們的道理如何漂亮，也不能使他接受的。所以第二步就是解毒的工作，那便是「說服」。

我們能使人家心誠悅服地歸向我們，我們才能正式開始教育。

嘿，教育是一件繁重而艱苦的工作，教育的過程就等於作戰，一個頑强的持久戰！

一，如何接近對方

接近對方，就要打進他們的生活圈中。

第一，我們首先便要把那莊嚴架子取下。然後，我們應當不放棄任何一個機會，和我們的對方來往，宴會，閒談，跳舞，遊玩，旅行以至於各種娛樂都是接近對方的最好機會。其次，我們不要故意顯出比他們特別，比他們知道更多；我們應當平常到和他們一樣。這樣，他們才敢和我們來往，才不會因為他們感到不配和我們接近而對我們物給他們看，同時常常和他們討論社會問題。

當他對於讀書發生相當的興趣之後，我們就應該進一步，有系統地，按着他的程度介紹些社會科學哲學的書給他們看。

此外，我們還須要用集體的方來進行討論，讀書。常常分析時事作各種讀書報告，這樣才能加濃對方讀書的興趣，如組織讀書會，時事研究會……。

但是，空是讀書也是不中用的，我們還得 他們帶進實踐中去，我們要鼓勵他們推動他們參加實踐。如果一時 他們引進救亡工作來了，那末，我們就退一步，使他們參加和平的、學術的或游藝的團體，給他們工作做，代他們找工作做，使他們從工作中感到興趣，從團體生活中養成好的習慣。然後慢慢的找一個機會，如宣傳，唱戲，開國恥紀念會，等等，等等，使他們參加，令他們更進一步的體味到救亡工作的興趣。

到了這个時候，我們要注意的，就是當他們犯了錯誤時，我們應該怎樣處置？首先，我們要抱着寬大的容忍原諒他們；其次，我們應當攷慮對方的接受程度，或直接地批判 或簡接地予以暗示。我們要用很好的態度，用友伴的真誠感動對方，切忌當着很多人的地方，馬上給與打擊。我們要在事後，當沒有第三者在傍邊時，好好的，用商量的態度和他談，我不能開首就直定他的錯誤，我們要婉曲的，從側面的，慢慢地使他自己知道他的錯誤，最好是能由他自己承認錯誤，在他知道他犯了錯誤的時候，我們要安慰他，最好舉出你也犯過的錯誤來，使他知道犯了錯不是可恥的，只有明知犯了錯誤而不糾正才是不對的。同時我們要指出：只有在不斷的實踐中，才能發現我們的錯誤，和克服我們的錯誤。

寒假下鄉宣傳日記(二)

莫諾

一九三七，二，三。星期三。（大霧迷濛）

倒水工作的一剎

假若我們自命爲「征人」，那就是「早離雞水去，暮宿撫河邊」了，但我們不像「征人」：只是生活而已。如果要真的比起「征人」來，慚愧得很。人們在冰天雪地中掙扎，統門，風餐露宿，我們却還有房子住，有被窩蓋，我們雖辛苦一点 但還算得舒服。

今天喚醒我們的，并不是學校興奮的號音，也不是枝頭婉轉的鳥聲，而是滿天迷濛的大霧。因爲還沒有號兵，同時小鳥的歌喉也冷啞了。

窗外籠罩的霧氣，飄向我的被窩，也吻在我的臉上（我想，北方的雪花，或許就是這樣吧！實在也很冷呢！又因昨天早晨我看見白霜降下，今天的大霧，我還疑心是大霜。

黎明的第一綫，玫瑰色的光彩，被濃霧籠罩着，未能透露出半個面龐來，我們行營對岸的樹林，村莊看不見了，四周的高崗，原野被埋沒了。「大霧橫江」，是孔明借箭的時候，黎明之前，正是我們追求光明的時候、更是我們向黑暗勢力總攻擊的先兆。

小鳥雖還沒有發出嘹喨的聲音，我們自己倒吱 喳喳起來了。

我們運用八個人的能力，分工合作：有些去買米，買菜，買油，買鹽。有些拼着火籠去寫標語和歌曲，畫漫畫和地圖。有些準備去造飯和弄菜，我們劈柴燒火的工作，一方面可以偷煖。

我們忙碌了一個鐘長的時間，霧氣解散而消失了，太陽也伸頭出來了；我們今早的工作做完了，我們今早的飯也吃光了。只是 只有把救亡的種子，向鄉下播去！

昨晚我們全體隊員大會的議決計劃，以後工作的方式是這樣的：

工作進行的路綫 由倒水開始實施，然後由倒水渡河到長發地，再循撫河北上到京南，如果在京南有進展的話，我們再向北推進。最後是凱旋退回長郢地以求匯臨倒水，繞過夏郢 光榮的復員回梧州大本營。

工作進行的方式 是白天到鄉下的小村，採取遊擊戰式的個別談話，夜間退回行營，在城市的地方，集中演講和談話，但是墟日是例外。如果集中演講時，即行分記担任工作。有些說抗日一般報告國內抗日的情況及國內政治的動向，有的說本省的建設綱領，提倡植樹禁烟，禁賭，建設廣西復興中國，我說組織民衆，訓練民衆，養成真正的民主政治的村民大會。

九點鐘的時辰，我們就全體總動員出發，黃部捧着一大袋漿糊，我們各人都拿着宣傳品——傳單標語，地圖或漫畫，到街市上去張貼。小孩子們都跳躍的跟着我們走，我們給他發[illegible]和傳單，他們歡喜得了不得。

那些大約是小學校里的學生，他們看見漫畫上的日本鬼，他們的小身中的血液奔騰起來了一他們非常的憤恨，他們緊握着拳頭，高呼打倒日本鬼仔。因着小戰士們對于日本鬼仔的憤慨，反映到我們工作上的鼓勵與努力。我們感到：「中國不會亡的」。

(1)

梧州學生

宣傳問題專號

蒼梧縣學生抗日救國會出版

第三四期合刊

二六年七月二十日出版

怎樣從工作中學習

——鉄士——

自從「九一八」以來，日本帝國主義者不斷地加緊侵略我國，大量國土的喪失與走私的毀壞經濟侵略，破壞了中國的國民經濟，使中國由半殖地積極地走向安%殖民地化，這種病狀的蔓延，激起了全國大衆强烈的反帝情緒！「一二，九」北平學生的反帝運動，能夠立刻得到全國學生及各界人士的響應，是有其客觀的必然性的，所以我們很清楚地把握住，今日中國唯一的生路是民族解放！而我們的學生特殊任務開路先鋒！所以我們的工作是：喚醒大衆、組織大衆，訓練大衆，動員全國的人力物力參加到當前的神聖的偉大的民族解放鬥爭！

但是，這工作是艱巨而煩重的，需要廣大的人們去努力工作，爲了增加工作的效率，必須不斷地改進我們的工作呢？．只有學習，尤其從工作中學習，才能改進工作，但是，怎樣從工作中學習呢，下面讓我把個人的意見，供獻給大家。

（一）理論的基礎。

要從工作中學習，先要有學習的能力，受過教育的人與未受過教育的人的學習能力的差異，便是因爲智力高低不同的緣故，所以我們要想增强自已學習的能力必須有相當的正確理論做基礎，假使我們沒有積極的世界觀與人生觀，那麽在工作中稍遇困難便退縮了、怎能從工作中學習呢？假使我們沒有站在動的觀點上、用正確的辯證法去理論事物，那麽觀察與結論往往是錯誤的，又怎能改進工作呢？假使我們沒有基本的社會科學常識，怎能從工作中認識現實呢？所以要想從工作中學習，先要有相當的正確理論來指導我們的實踐。

（二）工作與批判

在工作之前對自己的工作要有計劃和準備，在工作後要嚴密地檢討工作的成績，例如發動一次群衆運動後，要檢討時能達到估計的成分之幾？而工作的形式與內容是否完善？又如演講時聽衆的反應如何？這些都是要詳細檢討才能看出工作的成敗，然後用集體的力量來批判它，找出成敗的原因，成功的地方要保持並擴大它，失敗的地方要改正和克服它，所謂「失敗是成功之母」，是要經過嚴格的批判與努力的改進，才能達到的。

過去，許多同學，在工作後，便算盡了責任了，不再理會它的得失，這是非常錯誤的！實則工作後不批判，只算做了一半！所以所以我們在工作後應當立刻來一個集體批判，這樣才能從工作中得到大的教訓，才能改進我們的工作。我們不怕錯，只怕不知道錯在那裡；我們不怕批判，只怕批判後不去開展新的工作。

在批判後得到新的結論或工作方式，我們必須勇於新的嘗試；否則，仍不能將工作推進。所以不斷地工作，也就是不斷地學習，這樣才能使工作的效率增高，加速地完成我們的使命！

（三）自我的批判（指个人）

在工作時，學生是非常熱情的，但是，往往缺乏冷靜的理智，所以對於自已所做的工作及自已本身的缺點，不能看出；甚至別人指出了，也不肯承認與接受，這是非常不對的，我們要想從工作中學習，非冷靜地觀察，分析，批判不可，還要盡可能地克服自已的缺點與錯誤，譬如工作的技巧與內容，不良的習慣，以及有防碍工作的個席等等，都應當改正的。如果每个人都能夠這樣去自我批判，它一當能從工作中得到許多益處的，所以自我批判是个人修養必須的工作。

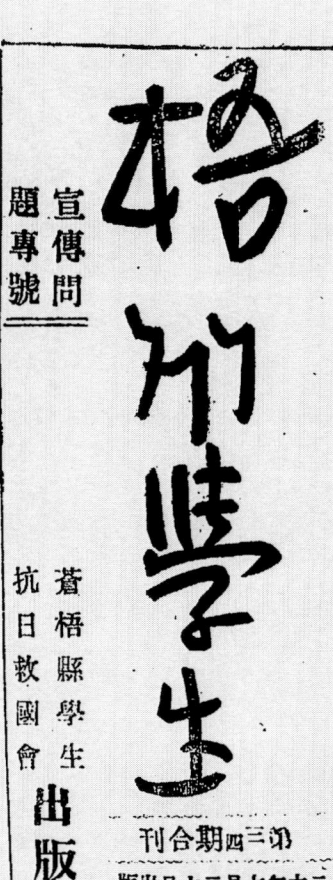

以上是我个人拉雜的一點意見，也許有許多錯誤，希望大家指正！總之，在今日，我們的國家，已到了千鈞一

行李雖沒有人來挑，但宣傳的工作一定要做的。

工作計劃隨七隨時變更了，米菜的東西給它放在這里，輕便的必需的——傳單、標語，漫畫，我們就隨身分配携帶去。今天是長發地的墟期，工作後便轉回這里（倒水墟）住宿。

霧霧的飄散，比昨天還來得順利，八個人成一行縱隊走來，隊尾的都看不見前頭的旗幟。天上看不見太陽也看不見月亮，四周只是白茫茫的一片，像在大海之中，無涯也無垠。

走過田邊阡陌的小路，粉亂的野草圓滑滑的沾上許多晶瑩的露珠；露珠，又轉沾上我們的鞋來了，透濕了鞋，透冷了腳。潔白的地毯，在我們輕輕的走過了之後，它便刻上深深的一個個連續的腳印，這就是我們的行蹤，就是地毯的花紋呵！

我們快樂的走去 越走越起勁。因為黎明蒯之空氣，怡悅的情緒 使人愉快，興奮，又因昨天走的路途不多，腳骨還很硬，身體感覺得很冷，所以我們一氣跑了很遠的山徑。我們[illegible]跑隊，『一二一』，『一二三……四』的號音。

田野間，發現很多挖金鑛的深井；許多牛屎堆上插了香燭，原來今天是舊歷臘月廿三了，他們祭牛屎，預祝豐年吧！

一路上，我和鍾談了許多社會問題和中國革命問題，只有高和陳一邊走一邊看書，正正經經的，搖搖擺擺的，怪好笑。

我們趕冷趕得非常的有趣，我們說走前頭的是前進，走底尾的是落伍；所以大家你趕我我趕你的搶着走，這樣不知覺中又過了幾重山，『那怕關山千萬重』呢？要到目的地！——長發地了，許多趁墟的人，挑着東西去買賣。我們立即把握住他們，追求看他們，一個個的拍近他們走，和他們誠懇的談話、宣傳。我們好像和愛人親熱的拍拖，甜蜜的談情話一般 快樂極了。這是意外的收穫，

這就是墟場了，熙熙攘攘的人在買賣，喧嘈，在爭吵一個半個銅板的價錢，討價還價，小小的墟場，也還嘈得鬧熱起來。可是這封建的房屋，給資本主義的商品打進來後，許多的房屋被打崩了，慘淡荒涼的遺棄在街頭巷尾，給資本主義商品打過嘴巴，面頰的人們，他的肌肉更摺皺得厲害，身體非常的衰弱，成了一種枯槁憔悴的病。

我們就在許多人包圍之中，張開喉舌盡力的向他們說；

（未完）

編後的話

雄

暑假期中，本會的鍾，黃，丘三位常務幹事，各代表該校出席省學聯代表大會去了。在三位常務幹事離梧期內，常務的職務，幹事會議決由黃樹基，甘紹瓔，程康寧三位幹事代理。所以負責出版股的程君，不能兼顧了。因此出版股的工作，由幹事會聘請吳震雄和謝英才君代理。這許多周周折折的事情，就給本刊予晚產。同時本刊經濟營養的不足，和文字審查的延誤，致令本期不能如期的出世，遲延了個多禮拜，這只有請讀者和作者們原諒！

本刊的產期，恰在各同學搾腦汁的期考之後，接着就是學校的放暑假，同學們多數回去了，自動到鄉下宣傳去了。所以稿量非常的缺乏，稿質也不能很滿意，這些不多的稿件，在已超過的時間來出版，那末，只有三四期合刊了，這很使讀者失望，編者也以為缺憾。

這一期是『宣傳專號』許多的作品、都是同學們親身實地做來的經驗或理論，這些寶貴的材料，可以作我們同學們宣傳時很好的參考和依據。編者出這專號的意思，就是在怎樣去實行政府頒布下來的假期宣傳團的具體而有效的辦法。

赤炎炎的夏的天氣，怪悶熱的。有錢而無聊的人，多數是遊山玩水，想消磨長夏的好時光而避暑去了。但是在同一個時候，同一個環境，我們能夠得到許多同學寫稿，在現階段救亡工作緊張的時候，這當然值得我們十二萬分的欽佩和感謝！我們更希望在這悠長的假期中，各同學能夠更多的供給稿件——生活的探討，工作的報告尤其歡迎。

這期得到一篇南寧周寧先生寄來的稿——吶喊，他把去年『六一』抗日運動在北海的一幕異景，攝映出來，這真是難能可貴，在此我們只有向周先生感謝。

最末，希望各位在『盧溝橋事件』正鬧得火熱的時候，在炎熱的天之下，熱烈的天幔之下，熱烈的向民衆擴大宣傳。由理論的宣傳，而引導到實踐的抗日。努力吧！——同學們！不願做亡國奴的人們！

一九三七，七，廿。

本刊已登記審查

每份售銅元二枚

40

小春秋

（第四十二号至第六十号）

出版时间

民国三十一年（1942）二月十一日

至民国三十一年四月十一日

第四十二号

民国三十一年二月十一日

反纳粹运动　丰 /1
关于犹大之类　麦穗 /1
宝塔诗 /1
三腰六面 /1
希特勒求和 /2
吉光片羽：访理番夷族 /2
快乐与美丽 /2
继续的演讲 /2
菲洲的蚁　剑鸣 /3
倭子夹軗 /3
青年人的几种特性 /3
随随便便 /3
抗战歌谣 /3
小绅士日记　志定 /4
高丽义士殉国诗 /4
旧调新歌　未岗 /4
各地风光：藏人生活特俗 /5
三日谈：女人村男人死光 /5
奇特名字　伯 /5
处世学 /5

世界侧影

做新时代的娜拉　王□鸣 /6
纳粹艺坛　科 /6

文艺珍闻：纽约世界博览会中之书的戏院 /6

亡国的惨痛——犹太人取名也失去自由 /7
闲话苗舞（战时后方通讯）　戴广德 /7

诗两首

赠李白华教授　陈子展 /7
赠何德鹤教授　陈子展 /7

壁报诗抄　王三 /7

掌故

江上梅花　萧然 /8
康定风土人物　蜀人 /8

第四十三号

三十一年二月十九日

自由法国女记者塔布衣夫人　李纯精 /1
松子豆腐 /1
第一次做媒人 /2
风云人物：于斌主教　卓兆 /3
留别胡适　柯焚 /3
海底燃犀录：落雁寻巢 /4
英雄的悲哀　小米 /4
世界侧影：巴勃罗沙王蹈海记　毓祺译 /5

林语堂理发之前 /5
希墨谈话 /5
灶神　承藩 /6
西妇芳龄 /6
鲥鱼怨　不方 /6
陶知行吃锅巴 /6
学者趣事　素明 /7
三日谈 /7
《玉娇李》与《隔帘花影》　荆有麟 /8
苍蝇在搓着他的双脚 /8

第四十四号

三十一年二月二十一日

荷属东印度轮廓　允章译 /1
吴佩孚趣语 /1
风云人物：英国的财政大臣西门爵士 /2
严嵩的家产 /2
掌故：今古镜　萧然 /3
倭国的艺妓业 /3
海底燃犀录：再谈面子问题　大愚 /4
“以广招来”　风林 /4
非洲之谜：埃及边境　□译 /5
笑脸　信条 /5
各地风光：湘西妇女生活 /6
三日谈：烤火的话 /6

学校风光：男女同校 /7
吉光片羽 /7

世界侧影：包罗万象 星辑
疯子城市 /8
婚姻统计 /8
汪逆与鸟 /8
西康金猴 /8
女王岛国 /8
字母炸弹 /8
神秘飞机 /8

第六纵队 马郎 /8

第四十五号

民国三十一年二月二十四日

纳粹的欧洲地图怎样设计的——记第五纵队的资料室 程冷人 /1
章太炎骂日本人 /1
各地风光：记滇边的土司 /2
掌故：博士不如茶博士
——王宠惠王正廷品茗于吴苑 欣赏苏人喝茶艺术之故事 心冗 /3
戊戌康南海脱险 /3
送穷趣联一则 /3
拿破仑的处女战役 绿蝶 /3
风云人物：胡适之“枪毙”钱玄同 □今 /4

苏曼殊与周作人　千星 /4

也是斋随笔　碧君
绍次公嗜烟如命 /4
申伯亥裸奔雪中 /4
潘光旦巧遇混蛋 /4
陈寅恪酷爱玉泉 /4

南宁小镜头　西 /5
咸淡问题　茜岚 /5
海底燃犀录：缅甸人　何德明 /6
三日谈 /6
世界侧影：德国妇女谈
——好容易从家庭里挣出了　又被希特勒一手赶回去 /7
木铎　大章 /8
吉光片羽：异国知己　谢狱 /8

第四十六号

民国三十一年二月二十七日

三日小事记 /1
木铎 /1
风云人物：欧战中的英雄们 /2
三日谈：上次欧战经过时间小统计　楚容 /2
掌故：蔡松坡　公怀 /3
妙喻　元 /3

胡适之先生的老家补 /3
特别训练 /3
神秘摄影场　似君 /4
世界各国的国庆日 /4
名词新释 /4
李鸿章出使轶事 /5
袁项城少时轶事 /5
各地风光：滇缅路 /6
日常用品发明者　伯山 /6
世界侧影：蒋经国草拟家训 /7
纳粹与女人 /7
日本内情 /7
陪都点滴 /7
海底燃犀录：汪家班里的一群文妖 /8
中国古代天文学 /8
僵尸的故事　参域 /8

第四十七号

民国三十一年三月二日

三日小事记 /1
木铎 /1
各地风光：欧游慢忆　余新恩 /2
三日谈 /2
塞尔维亚奇俗　文超 /2
掌故：惨无人道的非刑　蒋□仁 /3

蔡公时诗　衷 /3
墨索里尼　曹聚仁 /4
随便　火精 /4
圆滑　若帆 /4
从吃铜到舞弊 /4
不解 /4
魔王的糊涂　薪蕙译 /4
海底燃犀录：顶子比赛 /5
道破集　李缘野 /5
下等骗术　锡太 /5
风云人物：我的儿子罗斯福 /6
吉光片羽：世界新奇的食料 /6
诸葛恪油嘴滑舌　午 /7
女子骂人的阶段性　柏 /7
结婚前后 /7
世界侧影：色厉内荏的魔鬼 /8
惧内考　何德明 /8
请看希特勒 /8

第四十八号

民国三十一年三月五日

三日小事记 /1
木铎　艾茵 /1
胡适熟读水浒传 /2
李石曾点宫录　方镜 /2

李少荃的“相度”/2
断臂将军之球技谈　林众可 /3
跛子戈培尔 /3
世界侧影：动天地泣鬼神之我空军精神 /4
里宾特罗甫 /4
风云人物：留日陆大出身之我革命三军人
——杨杰、熊式辉、曹浩森　林众可 /5
道德涂说 /5
各地风光：说关岛　陈道行 /6
暹罗诗　杨云史 /6
请陶行知先生题苏格拉底所坐石牢后感言 /6
吉光片羽：三种人 /6
漫谈菲律宾　陈孝威 /7
托洛斯基为金钱所累 /7
前方与后方孰重　林可重 /8
“近视”诗　浩投 /8
贺屋悲鸣 /8

第四十九号

民国三十一年三月八日

三日小事记 /1
木铎　冰 /1
风云人物：温士顿・丘吉尔
——世界政治舞台的主角　反侵略激流中的砥柱 /2
世界侧影：白宫的历史　梅凯 /3

偶感　易幼涟 /3
卐与七——希特勒的护符　徐镜佩 /3
掌故：杨贵妃种种　路青 /4
盐与战争 /4
谈刻扣　傅彦长 /5
法字歌　阿基 /5
“出纳”须知　谢蒲生 /5
岂不辱 /5
海底燃犀录：倭国的怪风俗 /6
贫与富　谭乾 /6
论无鬼　风子之 /6
兴登堡小史 /7
三日谈：圣人之罪　傅敬嘉 /7
冯玉祥将军轶事　林众可 /8
女人又一用 /8

第五十号

民国三十一年三月十一日

三日小事记 /1
木铎 /1
海底燃犀录：倭施“新娘攻势”，僧妓均充有力战斗员 /2
趣联 /2
阔人之魂——只能升天，不能入地 /2
秋坟鬼唱　朱 /3

一百块钱，一百件衣 /3
掌故：火牛战　萍征 /4
关于征兵 /4
新武器 /4
军火价目一览 /4
风云人物：史太林的九个弼辅 /5
丘吉尔之巧遇 /5
纽扣·锅·泥壶　贞白 /6
吉光片羽：拾零　佳音 /6
矛盾！矛盾！ /6
由“子路”写起 /6
鱼不冻死的理由 /6
谈医药 /6
内衣问题答案 /6
义（意）大利的海军 /7
沙漠中的宝贝 /7
姨太太的价值　千蹊 /7
世界侧影：吃萝葡打板子　谢蒲生 /8
敌国民谣 /8
英、法、西班牙伞兵的民族性——民主、拖延、荒唐 /8

第五十二号

民国三十一年三月十七日

三日小事记 /1
木铎 /1

风云人物：华盛顿十大巨头　肩白 /2
票友趣事 /2
世界侧影：拿翁故道　老江 /3
政治家们的新愿望 /3
多才的郑板桥 /4
日本侵华内阁历次崩溃原因 /4
海底燃犀录：胡笳劝酒 /5
掌故：辛亥革命逸史　清末的谶纬　军政府·清廷·袁世凯　史阙文 /6
美国驱逐机之□ /6
各地风光：世界第二大岛新几内亚全貌 /7
三日谈：古代名人相貌 /7
狗官司真相 /8
丈夫座谈 /8
风流总理　艾明 /8

第五十三号

民国三十一年三月二十一日

三日小事记 /1
木铎 /1
新诗的反对者和拥护者　何德明 /2
文豪怪趣　双玉 /2
柯立芝轶事 /2
世界侧影：德国鸡的伙食问题　沮浪 /3

间谍大观

孕妇 /3

鸡蛋面包 /3

危险的女人 /3

不懂何解 /3

学校风光：一个小学里的新闻 /4

新相术 /4

择偶须知　杨子□ /4

风云人物

关于泰戈尔 /5

威尔基 /5

外交书皮 /5

海底燃犀录：袁世凯为什么要做皇帝？ /6

江逆亢虎是色鬼 /6

纳粹笑话 /6

丈夫去世以后　忆亚 /7

国花种种 /7

防空秘诀 /7

抗战以来殉国的民族英雄 /7

各地风光：台湾的曙光　尹牧 /8

三日谈

吃大王孔子 /8

潘岳是小白脸 /8

第五十四号

民国三十一年三月二十四日

三日小事记 /1
木铎 /1
风云人物：丘吉尔的故事 /2
廿六个签字国家 /2
世界侧影：德国军人的风度　杨国煊 /3
希腊国王 /3
新中国人物 /3
物产最多之国 /3
各地风光：仰光轮廓 /4
周逆佛海妻投缳而死 /4
不溶的金币 /4
吴雅老不使佣仆　嘉木 /5
妻子无罪功 /5
萧伯纳的呼声 /5
掌故：飞行堡垒　镜华 /6
希特勒的行营 /6
文天祥　名初 /6
希特勒的代身　阿基 /7
法战败将领审判书全文 /7
都市花絮：妻权怒张下的组织——美国的“狗窝会”/8
戒指集藏奇观 /8

第五十五号

民国三十一年三月二十七日

三日小事记 /1
木铎 /1
风云人物：华雷斯——罗斯福的储君 /2
世界侧影：罗斯福的情报网 /3
战时英国的动物 /3
暹王死于妃 /3
各地风光：滇缅边界的掸族 /4
萨拉瓦克王国 /4

掌故

邮票史 /5
铅笔史 /5

麻子诗 /5
海底燃犀录：汪家班的陆海空军 /6
倭国迷信 /6
学校风光：一幕滑稽悲剧 /7
洞房诗 /7
白　明 /7

三日谈

陈子昂的文坛登龙术 /7
怕老婆座谈会 /8

希特勒与女人 /8
愚婿妙对　杏林 /8
夫妻称呼 /8

第五十六号

民国三十一年三月三十日

三日小事记 /1
木铎 /1
风云人物：叶恭绰轶事 /2
史太林的女友 /2
腊八粥 /2
娜拉不欢喜你 /2
怪物的悲哀 /2
佳公子罗斯福 /2
肃清积案！　爱真 /3
周作人与周化人　海童 /4
雾重庆中一小故事 /4
经济知识：价值和价格 /4
生活・题材・技巧　李慧 /5
犊情　冯力耕 /5
老鼠可怕！　闰水 /5
谈小　野平 /6
丈夫的来源——一个印度的神话　于非 /6
无法学习的“成功秘诀”/6
批文妙喻　小骆驼 /7

从字上看人　丽珍 /7
“好丈夫的条件”　祕之 /7
一□原始战 /7

第五十七号

民国三十一年四月二日

三日小事记 /1
木铎 /1
各地风光：神仙 · □□ · 诗之国土　纽西兰全貌 /2
世界侧影：没有文化的死岛 /3
掌故：红外线望远镜 /4
陈果夫先生戒烟术 /4
鸦片考 /4
从土耳其归来 /5
抽烟的艺术 /5
海底燃犀录：文字狱　卓亦溪 /6
罗素为什么“甘与魔鬼为伍”　亿阳 /6
风云人物：圣雄甘地略传 /7
我国驻外使节题名 /7
闲话“小春秋”　阿基 /7
学校风光：女大学生的悲哀　玫夷 /8
男女谈话兴趣　蒂菩 /8
考试趣屑 /8

第五十八号

民国三十一年四月五日

三日小事记 /1
木铎 /1
风云人物：尼赫鲁——继承甘地的印度领袖 /2
冯玉祥将军最近诗选：（一）可爱的伤兵 /2
世界侧影：英国情报部的办公室 /3
奇特的广告 /3
龙虾的甲壳　友琴 /3
各地风光：旧式婚礼在贵州 /4
鹰潭近貌　雍卿 /4
掌故：木兰之死　爱真 /5
革命史迹展览会——孙总理的皮鞋　黄克强的印章 /5
海底燃犀录：禁吻的日本　野 /6

敌伪燃犀录

周陈交恶 /6
行租押租 /6
清乡清箱 /6
跌掼言欢 /6

希特勒客厅的规则 /6
学校风光：学府风光　于炳 /7
谜的南极　译自《土蔑西》报 /7
李秀成之死　滕刚 /7

第五十九号

民国三十一年四月八日

三日小事记 /1
木铎 /1
□家的总帐房——摩根索 /2

冯玉祥将军最近诗选（续）
（二）督邮 /2
（三）哀法国 /2
（四）割肉 /2

世界侧影：意大利人的性格 /3
南王彼得二世　雍容 /3
成吉思汗　□九 /4
购买丈夫 /4
秋山鬼话 /4
各地风光：越南风光　黄少海 /5
缅甸的风土　子山 /5
萧翁的幽默 /5
海底燃犀录：鸡狗战术——日军怎样攻下星加坡　风 /6
“日本省”的内幕　薪蕙 /6
滑翔机的构造　雄飞 /7
美国丝袜 /7
无声空袭　越风 /7

名词解释

法西斯蒂 /7

纳粹主义 /7

民主政治 /7

破涕集：从“狗窝会”说到“男子会” 阿基 /8

最后的情话 岑 /8

坐电话 /8

第六十号

民国三十一年四月十一日

三日小事记 /1

木铎 /1

风云人物：甘地的纺车 石上流 /2

中印新公路 /2

世界侧影：二十二国人的恋爱观 子心 /3

德国吞占了多少地方 /3

各地风光：浙赣沿线揽胜 严品藻 /4

澳洲的咽喉——达尔文港 曼曼 /4

掌故：国父世系考 留爪 /5

最早之译作 李景鸿 /5

彭玉麟的作风 勉成 /5

海底燃犀录：“巴本遇刺” 王菲 /6

辛亥革命时的日本“志士” /6

作家的父亲 /7

公务人员的“当量”物 /7
□□的巨头，演说的比喻 /8
欧阳修轶事 /8
紫街石　丁点 /8
统一父亲的称呼　阿基 /8
三日谈：戴尔士终日不娶 /8

小春秋

三日文摘刊

（第四十三號）

（三十一年二月十九日）

本刊通訊處桂林東華路廿七號

自由法國女記者 塔布衣夫人

李純精

「喂！大家當心塔布衣夫人，她是有危險性的」。這是一九三六年年底，法換賴伐爾，鬼鬼祟祟跟英外相霍爾，準就一份，分劑阿比西尼亞的和平方案以後，唯恐怕消息洩漏，警告閣僚的話，只然第二天早晨，巴黎的勞工報上，就用着紅體大字標題着：「警惕！！賴伐爾和平方案」的文章，而作者正是塔布衣夫人。

「塔布衣夫人，昨天就曉得我現在正向你們所說的話了。」而在那時，連我自己都不知道將怎麼說？但是她曉得了，這個女中之傑」。

這些話，是希特勒於一九三八年五月一日，在柏林某一個政治集會上，當眾讚塔布衣夫人，是一個著名的法國女記者，她不會這次地改變了歐洲歷史的路線，她往天例有的消息，利用有的努力，去宣傳集體安全主義，對抗獨裁者，「我針對着墨索里尼的貪婪，而擁護阿比西尼亞的主權。我又針對着軸心國的傀儡佛朗哥，而擁護西班牙的立憲政府。我非難這些已成慕尼黑協定，和出賣捷克民主的政治行動，我的文章，像我的生活的其他部份一樣，已供獻給全球自由的保護，和增進上了」。塔布衣夫人會很樣地說。

這偉大的女新聞記者的乳名叫做（Me wegne），她的親屬，大半是政治家和外交家，所以自小塔布衣夫人，是在政治和外交的空氣中，薰陶長大的，第一次大戰時，偉大的兄弟外交家甘邦氏，就是她的舅父。所以小的時候，塔布衣夫人會經在好些戰前的大人物的膝蓋上拖吻過的。她是個著名吃素的人，不抽煙，不會喝酒，有兩個孩子，丈夫是個研究吃的欣賞家。夫人沒有別的嗜好，祇喜歡養一頭美麗的波斯貓，和閒談國際花花絮絮。在國際風雲人物中，她最憎惡賴伐爾：在賴伐爾沒有出賣法國以前，早已憎恨極了。她喜愛豐采瀟洒的艾登。

在歐洲，塔布衣夫人還兩個名字，現在已經是家喻戶曉了，假使要考慮她報導新聞成功的原因：我們可以說第一，她善於觀察歐洲外交風雲的變幻；第二，她有着使人羨妒的巧妙的聯絡手段。她的消息來源，散佈在歐洲各國首都，她本人終年在巴黎。但是到了換近黃昏的時候，各處長途電話，都向着巴黎她的寓所報告秘密的消息，她把這些消息，連同本人當天在巴黎獲得的消息，加以剔抉，評價，和整理的工夫之結果，就是一篇篇轟動歐洲的大文章。

塔布衣夫人是巴黎勞工報的外交編輯。還經常地替好幾家報社寫國際關係的文章，其中倫敦「星期評論」的每週時評，是最受人歡迎的。她已寫過幾本書，會寫了一本傳記，講述她的舅父於路甘邦一生的外交生涯。「恫嚇或是戰爭」，以是歐洲兩個瘋狂的獨裁人物，做綫索，評論當前的國際關係的。她，分析獨裁政權外交的不二法門是「恫嚇」；付是深刻入微，有眼光，有趣味。還有一本是「國際外交戰爭」，（已有譯本薛退齡譯）敘述凡爾賽和約以來，國際政局上的重要演變。指出民主國因循姑息，紛歧彷徨，是和平勢力，與侵略兇焰消長的最主要原因。是一本幫助你認識國際的最好的書。

現在塔布衣夫人，是一個亡命者了，正被里昂法庭，以叛逆罪審判。「我可愛的祖國，不僅是一個戰敗者，而且是一個受辱的國家了」，塔布衣夫人，悲痛懷念着祖國，但自由法國，在困苦危難中鬥爭生長着，夫人有着堅強的自信，自由法國，一定能得到光榮的勝利，「我相信暴政一定失敗。我相信民主的最後勝利」，「法國自冉，達克（法女英雄一四一二——一四三一年）以來，暴政的壓迫下，常產生了反抗的領袖，日子無論如何的黑暗，我們已經曉得去抵抗，我們現在一定照樣做的」。這是塔布衣夫人亡命到英國時，發表自己的信仰的呼聲。

最後說一句，塔布衣夫人，是墨索里尼，最切齒痛恨的人。

松子豆腐

賓川多松子，產山谷中之價廉質美，縣人於子價錢減時收買，榨之取油，以充食用，雖是山僻，每當佛台之期，皆取松子磨成漿汁，製爲豆腐，味大鮮美，兼含香素極豐，余：至山寺僧親製以進，或以擬作獎。洵爲食界中之作品，雖素筵淡泊，得此勝肉卵：矣！

古今側影

巴勃羅沙王蹈海記

毓祺譯

紅鬍鬚的巴勃羅沙王巴是六十九歲的了。他是德國的正命君主。他征服了意大利在羅馬的帝都加過冕。他的名字是全歐洲所震驚與熟知的。在他自己的國中，他是英雄之英雄。

他應該在安靜與和平中度他的餘年的了，但這却不是鐵石心腸的戰士的願望。戰爭是他意中的遊戲，戰爭是他的組織之所在，國家光榮是他的野心。

遠在海外的聖地發出了求救的撒聲，居住沙漠的回教徒佔了耶路撒冷。他們奪去了基督教徒所切心關懷的聖陵；拔倒了十字的聖旗在塵埃之中。

全歐洲都大大的起了憤恐。信徒們到處鼓吹組織十字軍拯救聖地。基督教的王子們興起了興盛的軍旗，渡海勇敢地戰鬥，想把回教徒趕沙漠。

在這樣的時候巴勃羅沙王能留在家中嬉遊嗎？他曾經五十年的戰爭的磨鍊的驅體能安靜地休息着嗎！正像瀑布終是掛在峻巖之上一樣，他發了命令，自己的一馬當前，率領他的武裝羣衆去參與聖地之戰。不論山風海日，都不能阻止他前進，回教徒聽到他來的消息心中感到非常的恐懼。

早春的一天，他的軍隊開到小亞細亞一條大河之畔。河的另一岸便是回教徒的土地了，遠遠的可以看到回教軍的旗幟。河流是深而急的，許多冰冷的急流從溶雪的山中流奔還來。沒有東西可渡，也沒有淺灘，兵士們都停下來不敢前進。

巴勃羅沙王騎着他的躍着的戰馬衝向前來。一千個披着光耀的鐵甲武士跟隨在後。他們是德國之花，萊茵流域最勇敢最好險的英雄。王的長鬚髮在風中飄蕩着像是發紅光的慧星之尾。他的光燦燦的實劍在頭上舞動着如同閃電之光。他回身向他的熱誠的跟隨者呼喊的聲音如同雷鳴。

他喊道：「河的那面，就是我們被迫來此的決勝標。我看見那插在山上的回教旗幟。我聽到他們那挑撥的喊聲。現在我甚至聞到了戰爭的氣息，看見敵人在我們面前誘戰。為什麼我們在這裏停着不前？勇敢的人跟我來！」

他迅速地轉過馬頭躍入大河。他的一千個步士騎着他們不會疲乏的馬跟着他。咆哮着的巨浪掀起高高地迎着他們。騎士和戰馬同洪流勇敢搏鬥。他們給急流冲下；他們沉重的甲胄把他們拖向深淵；沒有一個得登彼岸。

巴勃羅沙王最後沉沒了，他具着神力掙扎大河中流，一個巨浪捲住了他，把他們拋下水來，在那洶湧的怒濤中在載浮載沉。站在岸上的步兵不久就不見了這英雄。他們最後一次有見他的紅鬍鬚在水面浮起時，他的光燦燦的寶劍仍向上直指的緊握着。

林語堂理髮之前

現在美國曾一度被譽爲幽默大師之林語堂，其兩女公子在林氏之教導下，衆之受教育于美國，皆英文程度甚好，去年曾將冰瑩之「女兵自傳」譯爲英文在美出版。下文爲記林氏理髮之前猶豫，頗饒風趣，作者爲其第二女公子林安娜現年十一歲，刊于美國之刊物叫「利利布特」（譯音）上，特譯于后，以餉讀者。

母親：語堂！你應當理髮了。

父親：不！正好。講究整潔，人不如我。

母親：可是頭髮太長了一點。請照一下鏡子看。

父親：現在你看，並不太長，我是最配做作家的。

母親：語堂，你該自己明白的，頭髮是太長了。

父親：但，我剛星期前剛理過髮，所以非得我自己以爲太長我是不去理的。我已是四十三歲的人了。

母親：年紀只有四十三歲，但你的頭髮是長了。

父親：我正要把我的頭髮裝得和某先生一樣，和他一樣的長短，但無須像他那樣的修飾，每天也不必梳。

母親：請你聽我話，你不是明天晚上要去演講嗎—請看你這樣長的頭髮站在講台上，我也替你難爲情。

父親：倘給聽從看到林語堂的頭髮那樣的修潔，我也要難爲情了的。

母親：你去穿上大衣，八十四號街有理髮店，就近在這裏。

父親：我知道的，可是我不想給他們做生意。

（第二天）

母親：你到理髮店去嗎？

父親：不，我要準備我的演講。

母親：不要這樣，飯後請你去理髮吧！

父親：唉！飯後我要少睡一會兒。

母親：那麼你下午散步後再去。

父親：請便，我不是你的兒子。

母親：現在，語堂，不要辯論了，去理髮。

父親：命令來得和平一點我倒願意去。

母親：是的，你當然是這樣的，別忘了要他們洗一洗，頭髮實在太髒了，還有叫他們剪得約摸一寸長。

父親：知道了，親愛的！

母親：對不起！

希墨談話

有人寫了一篇希特勒和墨索里尼的假想的談話，其中有一段是這樣的：

希特勒說：不要發獃。你應該告訴我，你如何熱烈地愛好和平，你應該頌揚墨索里尼的精神。你說這話的時候，你要裝像你正對着一個曼特林唱歌一樣的，用一種非常溫和的聲調，跟着你就得突然發出你的下巴，握緊你的拳頭，對勁講着意大利的實力。

一言以蔽之。典雅，詐騙，法西斯傳聲者的唯一法寶。

掌故

今古鏡

蕭然

一、三光

范文正以言事三黜，初爲校理，忤章獻旨，貶河中，僚友餞於都門，曰：「此行極光」。後爲司諫，因廢郭后，率諫官伏閤爭之不勝，貶睦州，僚友又餞於亭，曰：「此行愈光」：後爲天章閣待制，知開封府，撰百官圖進呈，丞相怒奏曰：「宰相所以器百官，今仲淹越自擅擢，安用彼相，臣等乞罷」！仁宗怒，落職貶饒州，時親賓故人又餞於郊，曰：「此行尤光」，范笑曰：「仲淹先後三光矣，此後諸公更送，只乞一上牢可也」。——事見湘山野錄。

范文正一代名臣，忠言讜論，三貶三光，其風度氣概，實爲不可多得！自宋、明、清、以迄乎今，宦海中尚見范氏三光者？有之，此三光不比那三光，世風丕變，何古今之懸殊若斯耶？

今日宦海中之三光，一是頗特的「極光」，（固不必盡是頗特，其他如沃斯汀，道奇，……等均可）。當風馳電掣之一時，何等風光！二是姨太太的「珠光」，（固不必不合時宜的儘說「珠光」，盡以包括寶石光，鑽石光也）。當招搖過市之際，贊「尤光」也。三是脚底的油光，當貪污案發，通緝令下，兩脚擦油，「愈光」愈妙，以三十六着。

仲淹三光，最後尚乞上牢，今官三光，最後當牢一衛生丸矣。

二、之乎者也

宋太祖一日到朱雀門，指門額問趙普：「何不祗書朱雀門，須著之字安用」？普對曰：「語助耳」。太祖笑曰：「之乎者也，助得甚事」！遂去「之」留「朱雀門」。

今日的中國政治常常有人稱它是「公文政治」，科員起稿，科長閱稿，主任長官核稿，忙煞錄事，走煞傳達送稿累煞郵差。結果：「等因奉此，工夫」，與「之乎也者，助得甚事」相對，誠屬維工維妙，今之文人與政治家，亦必爲之莞爾也！

三，怕後生笑

歐陽修晚年，嘗自竄定所爲文，用思甚苦，其夫人止之曰：「何自苦如此，尚畏先生嗔耶」？公笑曰：「不怕先生嗔，却怕後生笑」！

抗戰以還，封疆大吏猶多以抗戰言論集問世，一時書坊間裏，汗牛充棟，假袖轉躬乎諭戒之，以爲政不在多言也。文忠公怕後生笑而慎重將事竄其文，何今日士大夫之熱於發表，樂於流傳耶？

四，巢居穴處

司馬光與王拱宸同伴洛陽，王園第甚侈，中堂起屋三層，最高曰「朝元閣」，光則於私第穿地丈餘，作「壞室」。堯夫稱王居爲「巢居」，司馬居爲「穴處」。

相傳民國十七八年間，在首都亦發生一類似事件：綠襪太太的巨廈之側，丘八詩人曾築一茅屋居之，一則「洋化」，一則「國化」，其間豪華樸儉有如天壤，此與司馬溫公之築地室有頗異曲同工之妙。

注意

本刊下期二月二十四日出版

倭國的藝妓業

日本在「東亞新秩序」中的成績之一，是藝妓業的欣欣向榮，無論是在數量上或在、入上，比侵華以前都提高多倍，這就是日本的繁榮現像呢？只有他們自己去解答。

新興的藝妓經紀人，如雨後春筍般的出現於日本北部貧困的省份，做着收買「貨色」的行當，由於戰爭的影響，「貨色」的來源，是日日增多，大概每年有一萬家以上的貨賣。最值錢者，是八歲與十二歲的女孩，每個人平均價值約一百五十日元，同時因爲供過於求，他們的選擇條例，自然以貌美者爲暢銷，醜陋者便送到工廠裏去做苦工。

在東京，京都和大阪，都成爲日本的藝妓訓練的大本營。藝妓學校的訓練課程，是日本式的舞蹈，彈奏弦樂和各種歌曲，還有是化妝術，禮儀和媚態。訓練期間爲三年，最近且有縮短時間爲速成班者。不過，在十八歲以下者，雖訓練期滿，也只算「半藝妓」，僅得担任打雜等工作。

藝妓們的收入，每小時二元到十五元（日元）、三月，是她們每年中最興旺的月份，這一月中，有的竟能賺到千元以上。不少大商場的賬簿上，都有藝妓消耗這一筆開銷。闊綽者甚至一年結賬一次，日本的街調偉人，向來都擁有藝妓爲妾的，他們所得雖頗豐富，但大部份都須爲債務所除去。

日軍在中國戰線上，經常就吸收着一批批的藝妓。當隊伍新開一個地方，就有成羣的藝妓來迎接，造成一番熱鬧的景像。而且，還有隨同隊伍行軍的帶着音樂器具，她們不但作爲慰勞皇軍的工具，而且用來作麻醉傀儡政權的活寶貝。舉出汪家班、僞滿洲國、傀儡政府，僞華北政權的人物，都被他們包圍着，戲弄着，同時監視着。這裏，都是「新秩序」推行後，日本藝妓的新門路。

1

小春秋

三日文摘刊

中華民國卅一年 3月24日

今日一張售洋兩角

通訊處：桂林東華路門牌二十七號

總經售：國防書店

廣西省圖書雜誌審查處審查證警字第二二四號

登記證 內政部警字第八〇六八號

(第五十四號)

下期預告

1·霍雷斯，羅斯福的儲君
2·佳公子、羅斯福
3·羅斯福的情報網
4·戰時英國的動物
5·鉛筆史
6·遜王死於妃
7·汪家班的海陸空軍
8·日本迷信
9·墨索里尼第一次的天性
10·恐懼妙對
11·瘋子詩
12·怕老婆座談會

三日小事記

1 羅斯福總統規定四月六日爲陸軍節。
2 桂市人力車經市府規定依照「站點價目表」取費，乘客不必問價，行人稱便！
3 「蘇倭漁約」又延長一年，蘇聯的忍辱持重，總有一日要清算的！
4 南洋各地郵件除印刷品等外，信件郵片仍可照寄。

近來的一般機關裏，下面職員對主管長官的稱呼大都別稱爲「老板」的，甚至於將其夫人別稱爲「老板娘」的也有。這種稱呼，我們雖然毫不經意的聽着，同時也毫不經意的喚着，但說到裏面所含有的意義，卻並不簡單的。我們知道所謂「老板」也者，這是商店夥計對其東家的一種稱呼，而老板與夥計之間的關係，則是一種純粹的私有僱用性質，一種封建式的主僕關係而已。把這一種主僕關係與政治上的老板主義來相比，很遺憾的在意識上竟有着很大的共通性。因此我們可以說：「老板」這一個簡單的稱呼，應該是政治上的一種不良的特徵。

封建時代的官僚，在地位上只是帝王的家奴，是統治階級的幫傭，在思想上，除了效忠於帝王個人權位外，其他一無所有。近年來政治上銳意改革，但公務員的思想上卻仍免不了還有傳統的幫傭作風，在工作的效果上還是以長官的個人利益爲前提，這現象，該是新的幫傭政治。但這一傾向是商業化的，因爲今日的機關的主官在經濟上，往往擁有極大的控制力量，公務員在經濟上是被操縱被支配的，因此他在地位上往往是老板——（官長）的私有僱用夥計，是一個唯命是從的奴僕。含歛承笑，爲着某一個人在操勞，盡忠！

這「老板政治」很顯明是一種政治上的商業制度。

總理在民權主義中曾經把政府官員與民衆的關係比喻作主僕的關係，這裏的所謂「主僕」，政府官員是爲民服務的公僕，全國人民才是眞正的主人。而政府官員中，不論其爲長官或下屬，在「公僕」的地位上是同等的，在工作的意義上也無從分出階級的高低來，在工作的效果上講，大家更都是爲民謀福的一份子。這一個解釋，顯然的給予今日「老板政治」上極嚴厲的教訓。在三民主義的實現過程中，我們不但要消滅「老板政治」作風的存在，而且應該歡迎「夥計政治」制度的出現，因爲我們希望每一個政府官員都能夠成爲全國人民的忠實夥計，都能夠爲全國人民共謀福利。

掌故

飛行堡壘

鏡華

飛行堡壘究竟是什麼？它可有些甚麼優點？且讓我一一寫來吧：

一・飛行堡壘並不是粗製濫造的東西。

飛行堡壘，一共有新舊兩種，舊的一種，設計於五年前，新的一種，方於一九三九年發現。這次美供給英國的飛行堡壘，新舊各佔其半。但無論新型抑或舊型的飛行堡壘，都是不能應用集體生產原則來粗製濫造的，雖然一微釘一螺旋之微，也須得由千百工人細心用手製造。每個機件的每一部份，都必需個別測驗完備，然後送往工廠，當裝配完成後，這偉大的機件，將使全世界最大的轟炸機也將自慚形穢微小。它的兩翼間的距離大約有一百零五至一百十尺，全機長度約八十尺，而重量則不逾五萬磅，亦即二十噸左右。

舊式飛行堡壘的巡邏速率，約為每小時二百五十哩，雖不比新式的轟炸機強，但它那巡邏航程可以遠達三千哩的特點，卻是新式的轟炸機所萬不能及的。新型的飛行堡壘，除具有舊同一遼遠航程的優點外，並具有每小時三百五十哩的最高速率，及裝載四噸重炸彈的最高容量。

說得具體點，這些飛行堡壘若是從英國出發，可以先飛希臘轟炸，再飛羅馬或那不勒斯空襲；當它們返回英國後，倘使還需要它們担任巡邏，它們仍是綽有餘裕的。這些新的飛行堡壘，因為有着高度的速率，任何德國戰鬥機對之均感束手乏策，而意大利的戰鬥機，更是望塵莫及。

任何敵機若是和這些飛行堡壘遭遇，它們便很難逃脫毀滅的噩影。飛行堡壘中的每一窗口，在遇見敵人的時候，俱將同時噴射出致命的火光。而這些毀滅的火力，較之英國「挑戰」式飛機的配備，實在超而上之。

二・飛行堡壘具有五千匹馬力。

每座飛行堡壘都配有四架一千二百四馬力的發動機。尤其在冬天，轟炸機更需要高飛，藉以逃避天空中的「凍結層」，滿載炸彈的飛行堡壘，若是碰着冰層，那可就要大感麻煩了。像飛行堡壘的機翼所附，必不能忍受冰塊的壓力，而不得不作低飛航行，這樣，便很容易處於敵機火力控制之下了。然而，這種危機是永遠不會發生的。飛行堡壘具有超越「凍結層」的高飛特殊設備。據英空軍中各專家的意見，防空措施，以後將更加嚴密，故各種轟炸機，必須較目前更能飛高。因此，飛機堡壘頗能適合環境的需要。

三・飛行堡壘具有更佳的瞄準器。

空防的進步，不特迫使轟炸機作高空飛行，且將使轟炸機因高飛而喪失它的瞄準力，然而，飛行堡壘卻已解決了這一問題。它具有報紙所喧傳一時的美國秘密瞄準器，它的高飛，並不影響於它對轟炸的瞄準力。

當着巨型、迅速，而載彈容量最廣的龐然大物在空中出現執行它的任務的時候，納粹轟炸機，定將大感頭痛了。

希特勒的行營

希特勒的行營是一部列車共有六輛。

他自己佔着一輛，他的祕書們佔着一輛，其餘四輛：一是無線電發電台，一是廚房，一是隨員室，一是防空站，裝有很大的高射砲。

希特勒的兩個主要祕書，都是女子：一個名叫史格洛德，身材短少，金髮碧眼，一個名叫達拉路斯基，高大而頭髮淺黑色。

達拉路斯基是波蘭人後裔，能講俄國話，她常坐在希特勒旁邊，聽蘇聯的廣播報告，譯給他聽。

這部列車常常由前線的這一段移到另一段，永遠在流動中，防衛非常嚴密，坦克車不斷的在附近巡邏着，同時飛機在上面盤旋着。

如果近處有適當的房屋，希特勒也有時入來暫住，但在前線他很少在同一處停留至四十八小時。

文天祥

名初

史載：文公天祥年二十，舉進士第一，對策京師集英殿，理宗甚贊賞之，其時主考官王應麟奏曰：「是卷古誼若龜鑑，忠肝如鐵石，臣敢為得人賀。」則文公非但忠烈，亦且滿腹經綸。讀其所為詩，更信此言之非謬。

僞元兵入寇，天祥應詔督軍，將行，友止之曰：「今大兵三道……薄內境，君以烏合萬餘赴之，是何異驅羣羊而搏猛虎？」天祥正色曰：「吾亦知其然也！第國家養育臣庶三百餘年，一日有急，徵天下兵，無一人一騎入關者，吾深恨如此！故不自量力而以身殉之，庶天下忠臣義士，將有聞風而起者。義勝者謀人，人衆者功濟，如此則社稷可保也。」其秉性忠烈，有如此者！

迨後，天祥兵敗被執，往見元將張弘範，立而不跪，兵卒欲强，弘範知其烈性，乃待以賓禮，冀感化之也，入崖山，使為書招張世傑，天祥笑曰：「吾不能救父母，乃教人叛父母可乎？」固強之，乃書詩一首，末二句云：「人生自古誰無死，留得丹心照汗青。」弘範無如之何，乃罷，遂入燕獄，處之泰然，惟恨賈似道輩誤國甚深，背其集杜子美詩甚夥，多憂時憤懣之作，非獨社稷一首痛深疾似道也，北人欲借權臣誤國一首：亦對似道而發，詩云：「蒼生倚大臣，北門鎖南樞，閫邊亦何多，至此維璽賁。」而懷舊一首更為悲惻：「故園花自發，無復故人來，亂離朋友盡，幽興為誰哀。」而寄弟妹一詩尤為悽切云。

文公遇害時，且行且歌，悠然自得，南向再拜，乃曰：「宋主既聖在天之靈」。

41

新　潮

（第二、三期合期）

出版时间

民国三十五年（1946）五月十日

编 辑 者

柳中新潮社

印 刷 者

柳州凤凰印刷厂

第二、三合期

民国三十五年五月十日

小论：党派退出学校！　浪浪 /1
怎样展开青年民主运动　铁 /2
特写：如此选举！　子燕 /3
佛朗哥政权和它的国际背景　戚桂宴 /4
东北人民在恐怖中　戚桂宴 /6
零讯一束 /7
专访：柳师学生饥饿前后　李述之 /8
高工近影　新 /8

学校风景线
柳中剪　石榴青 /9
南宁联中近讯 /9
龙中校闻 /9
汉中暗影 /10
附录：国立汉民中学学风之坦白声明　校长任中敏 /10

柳中“刷新”的另一面　平凡 /11
剧讯　凌 /11
补白的话——编后什感　编者 /12
自由神（短篇小说）　白浪 /13
江上　莎琳 /14
“新”民主实例　削孙 /15
吉普女郎　艾思 /16
寄语　知音 /16

剑与鞭　客明 /16

反特务歌三首

打倒特务（根据《打倒列强》原调）/16

打杀特务（根据《打杀汉奸》原调）/16

打倒特务进行曲（根据《大刀进行曲》原调）/16

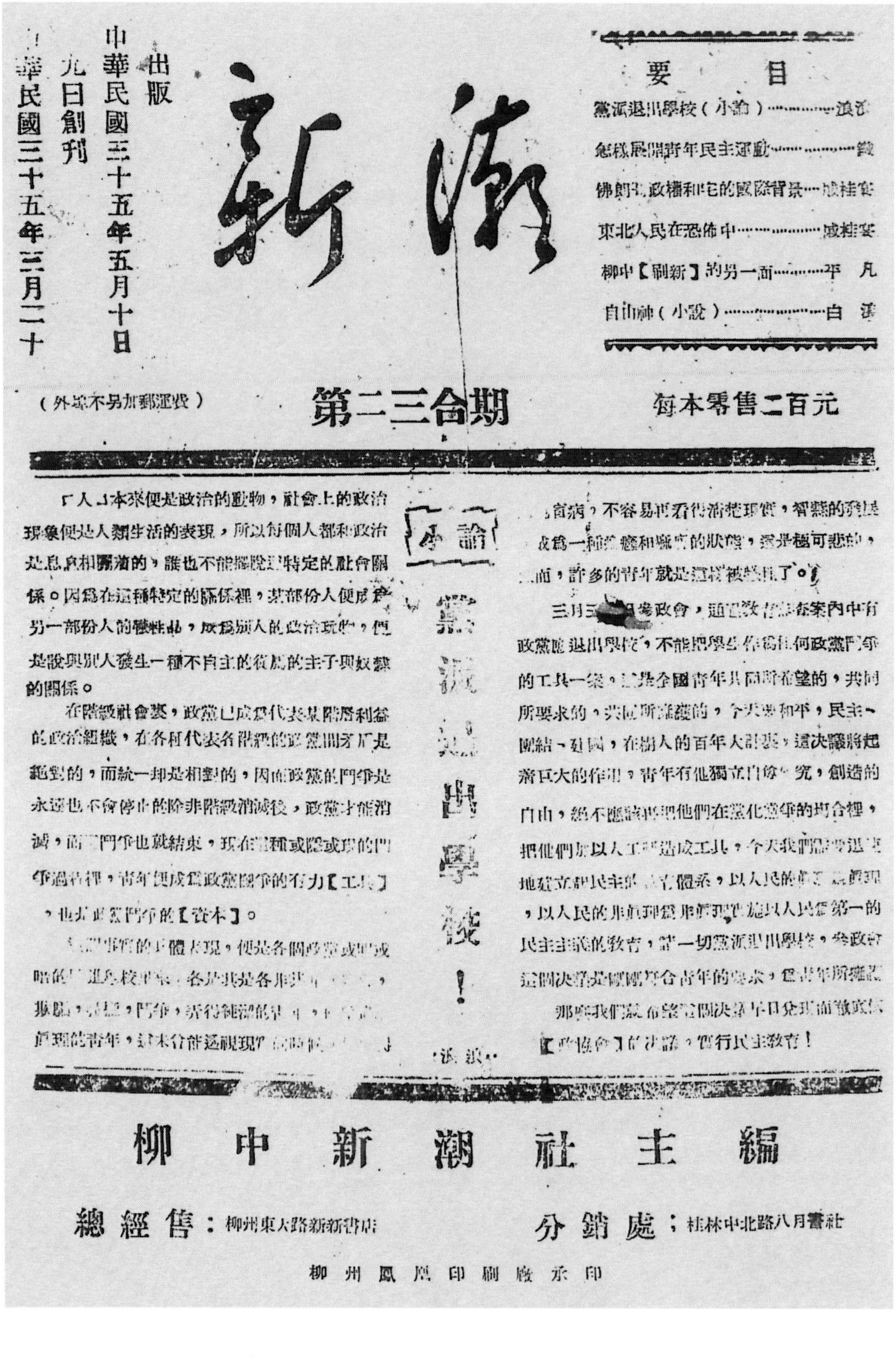

新潮

中華民國三十五年三月二十九日創刊
中華民國三十五年五月十日出版

要目

黨派退出學校（小論）…………浪波
怎樣展開青年民主運動…………錢
佛朗哥政權和它的國際背景…成桂宴
東北人民在恐怖中…………成桂宴
柳中【刷新】的另一面…………平凡
自由神（小說）…………白濤

（外埠不另加郵運費）　第二三合期　每本零售二百元

小論

黨派退出學校！

·浪波·

「人」本來便是政治的動物，社會上的政治現象便是人類生活的表現，所以每個人都和政治是息息相關着的，誰也不能擺脫這特定的社會關係。因為在這種特定的關係裡，某部份人便成為另一部份人的犧牲品，成為別人的政治玩物，便是說與別人發生一種不自主的從屬的主子與奴隸的關係。

在階級社會裏，政黨已成為代表某階層利益的政治組織，在各種代表各階級的政黨間矛盾是絕對的，而統一却是相對的，因而政黨的鬥爭是永遠也不會停止的除非階級消滅後，政黨才能消滅，而鬥爭也就結束，現在這種或隱或現的鬥爭過程裡，青年便成為政黨鬥爭的有力【工具】，也是政黨鬥爭的【資本】。

[illegible]的具體表現，便是各個政黨或明或暗的[illegible]進入校中來，各是其是各非其[illegible]，[illegible]，[illegible]，鬥爭，弄得純潔的[illegible]理的青年，結果合能透視現[illegible]

[illegible]毒病，不容易再看得清楚現實，智慧的發展成為一種[illegible]癱和凝[illegible]的狀態，這是極可悲的，[illegible]面，許多的青年就是這樣被犧牲了。

三月三[illegible]參政會，通過教育[illegible]案內中有政黨應退出學校，不能把學生作為任何政黨鬥爭的工具一條，[illegible]是全國青年共同所希望的，共同所要求的，共同所擁護的，今天要和平，民主、團結、建國，在樹人的百年大計裏，這決議將起着巨大的作用，青年有他獨立自修[illegible]究，創造的自由，絕不應該再把他們在黨化鬥爭的場合裡，把他們[illegible]以人工[illegible]造成工具，今天我們[illegible]迅速地建立起民主[illegible]育體系，以人民的[illegible]，以人民的[illegible]以人民為第一的民主主義的教育，請一切黨派退出學校，參政會這個決議是適應[illegible]合青年的要求，也是青年所擁護[illegible]

那麼我們[illegible]希望這個決議早日兌現而徹底[illegible]【政協會】的決議，實行民主教育！

柳中新潮社主編

總經售：柳州東大路新新書店　分銷處：桂林中北路八月書社

柳州鳳凰印刷廠承印

專 訪

柳師學生飢餓前後

李述之

柳慶師範學生，自廢止公糧改發代金每月每生四千元後，當時米價八千元一担，學治會負責人即呈請學校按月提款，大批購糧，未得校方允許，後米價繼續上漲至一萬二千餘元，即引起同學普遍憂慮。至三月一日以膳費不敷開支，二日上午受餓一餐，全校同學二百餘人，除十餘人本市同學外，僅以開水充飢。經同學一再請求，學校當局始允由復員費中按日借伙食。延至十三日，幸得黃廳長電廣西銀行撥借五十萬，繼續維持。

廿六日學生伙食之告斷絕，李校長即對全體同學宣佈，師範學生不一定是公費，那個學生服從指導才可享受公費待遇。同學以校長說話，與招生簡章規定待遇一項畧有出入，紛紛提出質問，然爲學業前途，仍願竭力與學校共同解決困難，乃於廿六日下午二時舉行學治會會員臨時大會決定發動義賣。廿七日八時起，分兩批至河南大碼頭及西大路口在鬧市中舉行飢餓義賣。同日下午并由學治會在學校新建大樓舉行記者招待會，報告飢餓真像。又在十三四班教室再開臨時會員大會，決議發動募捐，并候主席抵柳時請示解決辦法。廿八日向青年團借得二萬五千元，縣黨部一萬元，柳州日報五千元，煮粥充飢。下午義賣及捐款共得三十八萬餘元，即將各處捐款如數歸還。

在全體學生請假外出義賣時，校長在假單上批准後，並聲明『此爲本人對學生自治會最後一次批覆，嗣後學生任何要求本人概不批覆』，並對全體學生宣佈學生有義賣之自由，學校當然有不理學生之自由云云。

廿八日主席在渝公畢返柳，學生代表四人晉謁面陳一切，得主席允許予以合理解決，並先撥二百萬元以濟急需，問題既獲初步解決，同學均安心上課，事後校長認爲學生義賣募捐既有所得，一切可不必仰仗學校，四月一日下午又未發學生伙食，致八十餘身無分文學生深夜十二時才從老師處借得柴米，煮粥充飢。校長又認爲同學所發生一切吃飯問題之處理，疑爲少數份子操縱，故特口頭下令解散學治會後，才發四月伙食。

李校長發給各報消息。謂解散學治會理由，係根據學生誓詞『不服從學校指導』同學之爲誓詞中不服從學校指導，只能遵照誓詞「願受嚴厲處分」並無解散學治會誓言，當局遂以核發四月份膳費爲條件，飭令學治會改選。結果有八十三票主張：罷免既由學校，選舉可由學校圈定，一十五票主張遵令重新選舉。最後多數服從少數改選了事。當晚學校停發學生燈油（每四人每夜二兩）及茶水費（每日七百元）僅發全體學生每月宿費五千餘元，膳費則按日發給，不准預支購米。六日因發膳費過遲，全體學生至下午一時始得吃早飯。

學生因忙於準備考試，當時甚爲沉默，而學校當局對學生生活問題亦在愼重考慮中。柳師校友及社會人士對柳師學生生活甚爲關切，希望柳師學生不再有飢餓之慮云。

高工近影

○新○

柳州高級工業職業學校，自新校長任職以來，對於學校興革事宜頗有進展，現已購就大批木材準備建築工廠，大部份機器已陸續運到，熔鐵爐亦將接收西鐵工廠之用；惟該校同學因省府發給之伙食費四千元，（以目前米價高漲則僅能購米十斤）則不足十天之膳食，故同學們爲了食飯問題而大家都只能上半天功課，做半天的工作，替學校做桌子，板櫈，窗戶等物，將學校請工的工資來補充他們的膳費。

（柳州高農訊）本校同學之各種活動必須以不違犯學校之規則爲範圍，政府的經費很少接濟，學生生活非常困苦，過去是公費。現在連鋤頭用具都要自備了，但學生多屬農村貧家子弟，對於在校所需費用，實難負担，依政府規定農工職校學生是享完全公費的，但是，今已改爲發代金米及二分之一，若政府不改善的話，學生恐怕多要失學了！學生自治會曾呈請省府通飭各縣每月每人津貼數千元，并望公膳能發實物，或依市價發代金，在校勞作實習所需之農具什物，應由公家設備，但是今已數月尚未見示復。

反特務歌三首

這三首歌是成都市各學校各民衆團體在華西壩舉行慶祝政治協商會議成功及聲援重慶二一〇血案大會時唱的，開會和遊行都唱這些歌，歌聲四起，在場的特務皆默默無語，面有愧色，本刊特轉載自成都華西晚報

打倒特務

（根據打倒列強原調）

打倒特務，
打倒特務，
除走狗，
除走狗，
大家團結起來，
大家團結起來，
爭自由，
爭自由，

打殺特務

（根據打殺漢奸原調）

打殺特務，
打殺特務，
特務是民主的死敵，
要建設民主的中國，
必須把特務掃光！
大特務，
禍國殃民！
小特務，
狐假虎威！
中特務，
喪盡天良！
特務份子，
罪該萬死！
打殺特務，
打殺特務，
特務是民主的死敵：
要建設民主的中國，
必須把特務掃光！

打倒特務進行曲

（根據大刀進行曲原調）

大刀向特務走狗的頭上砍去，
全國自由的人士們，
民主的時代來到了，
民主的時代來到了！
前面有全國的老百姓，
後面有全世界的民主人，
我們中國人民勇敢前進！
看準了特務，
把他消滅！
把他消滅！
殺！
大刀向特務走狗的頭上砍去！
殺！

吉普女郎

艾思

嘴唇塗抹着
是貧苦人底血管
腋下緊夾着
是苦難人底生命……………
笑聲掩沒了哭泣
狂歡獰住着憂鬱
…………
一朝一夕
在消耗着人們底血汗
在驚駭着人民底靈魂
從你輪子下給滾過的
是人民底屍體舖成底濟路……

寄語

…知　音…

寫給一彥。躍華。葉志諸兄

有人把友情比做女人底心，
像斷線的飄萍，
浮而不定…………
可是，
我卻把真摯的友情，
當作黎明前的晨星，
夜行者的明燈。
………………………
朋友！我親愛的——
從此，在民主的路上，
讓我們建築起堅固的友誼的橋樑吧！
大家互相地緊拉着手；
一齊向着光明幸福的樂園，
邁步！
前進吧！

劍與鞭

客明

握着生命的劍，站立於生死之間，握着死亡之鞭，站立於生死之間，我們要叫那些該死的快死，該生的快生，我們不能讓黑白相混，亦不能讓「應死」的披上「祐活」的外衣。

今日是人民的世紀，王冠就得屬於人民大衆的，假如誰企圖將王冠攫取，我們就要舉起生命的劍，無情的斬斷野心家們狂想的魔手，假如誰再企圖恢復法西斯的細菌，我們便揮起死亡之鞭把他們抽進墳墓裏去，

我們的天堂，我們的大門，衛護着生命民主的利劍和平，讓真理居於生命，讓它永生。

我們的地獄也就是那樣的門檻，站向獨裁的罪惡，揮着死亡的神鞭，猛抽，讓它滅亡。

42

新泉旬刊

（创刊号至第十二期）

出版时间

民国二十三年（1934）十一月二十五日

至民国二十五年（1936）五月四日

编 辑 者

广西省立梧州初级中学校学生自治会编辑委员会

出 版 者

广西省立梧州初级中学校学生自治会

印 刷 者

益智印务局（创刊号至第十一期）

文化印刷局（第十二期）

创刊号

民国二十三年十一月二十五日

插图

本刊指导者肖像
本会第一届全体干事摄影
本刊全体编辑委员合影

创刊词　立初
日本要求海军平等　半奴 /1
将何以自处？　宁培璁 /2
旅日侨胞何不幸乃尔！　韦源曾 /3
笑　八个 /3
如何振兴经济破产的中国农村　覃式明 /5
关于安定川局的商榷　枪银 /11
社会进化的过程　李危樯 /14
华侨失业的原因　昌世才 /17
战场上　枪银 /20
故乡　浮萍 /22
云　范令虬 /24
随笔　中岳 /25
老八随笔　老八 /26
献给新泉　徐鉴湖 /28
假如你　衣刀 /28
东北的恨　符之 /29
新婚之夜　朱励强 /30
落伍了的骆驼　老八 /31

深秋之晨　梁孝毅 /32
月夜　前人 /32
夏情　邱芝强 /32
书怀　梁汉诗 /33
春郊　前人 /33
闻笛　邱芝强 /33
秋暮　前人 /33
清平乐·暮春　梁汉诗 /33
误佳期·离情　知我 /33
长相思·别情　梁汉诗 /34
两个同学底来信　梁孝刚　王坚荣 /34

会务

本会组织系统表 /38
第一次干事会议录 /39
编辑委员会成立会议录 /39
第二次干事会议录 /40

附本会来往文件

为改选及就职呈县党部文（附苍梧县党务执行委员会指令）/41
为改易名称呈县党部文（附苍梧县党务执行委员会指令）/42
为请拨给会址及职员住宿处呈校长文（附广西省立梧州初级中学校指令）/42
为请拨应接室及游艺室呈校长文（附广西省立梧州初级中学校指令）/43

编后漫谈　立初 /45

第二期

民国二十三年十二月五日

关于征兵　韦源曾 /1
悲观与乐观　WJ/2
钟声响了！　半奴 /3
由萨尔问题说到中国的前途　昌世才 /4
我对于学校实施军训底意见　汉诗 /6
蓄电池的构造及化学作用的简单说明　祝宗 /7
孤儿的中秋　周可铭 /8
他的命运　刘家骧 /10
前途　莫炳媛 /12
给鹤光的一封信　溪竹 /13
老八随笔（续）　老八 /14
废话一束　危樯 /15
一个在买卖婚姻下的女子　赵丽琼 /16
黑暗中　枪银 /18
月夜　唐婉君 /18
吊亡友——云詹君一首　黄兴安 /19
又是一封孝刚君的来信 /20
编辑室播音　编者 /22

第三期

民国二十三年十二月十五日

“和平统一”与“精诚团结”　老八 /1

前途暗淡之海缩会　浮萍 /3
编剧和演剧　萧锺棠演讲　梁孝毅记 /4
金钱与恋爱　六一 /6
征兵底目的　陈志明 /9
我对于学校实施军训底意见（续）　汉诗 /10
答妈妈的信　赤峰 /12
SORRY　韦源曾 /13
老八随笔（二续）　老八 /14
废话一束　危樯 /16
我愿——献给？　前人 /17
我的梦想　莫友怀 /18
前梦的记忆　沈约文 /19
消息两则 /20
应说的几句话　立初 /20

第四期

民国二十三年十二月二十五日

英美合作与中国　覃式明 /1
日苏续商中东路　枪银 /2
编剧和演剧（续）　萧锺棠演讲　梁孝毅记 /3
日德同盟的可能性　枪银 /6
日帝国主义对华侵略的一瞥　晓风 /8
农村教育的使命　昌世才 /10
给亡友　秦家翼 /11
默念三分钟　颖脱 /13

废话一束（续完）　危樯 /15
北风之夜　黄衍琴 /17
摧折　寒沫 /18
我爱——　琴 /18
夏郁　沈约文 /19
夏郁（外一章）　沈约文 /19
战场　梁汉诗 /20
秋夜　梁汉诗 /20
编余赘言　式明 /20

第五期（新年专号）

民国二十四年一月一日

篇首语　编者
题词两幅　唯一　周可法
告青年书　本会 /1
一九三五年的新展望　覃式明 /3
一个新年的礼物　琬 /4
从元旦说起　昌世才 /6
元旦感言　WJ/7
样样新——新年特写　枪银 /8
新年试笔八篇　征鸿等 /10
新年杂话　危樯 /18
傻仔日记——元旦的一页　六一 /19
叫化子过新年　履宸 /20

第六期

民国二十四年四月四日

不堪回首忆黄花　覃式明 /1
所谓亲善　国宁 /2
德国恢复征兵制　老源 /3
美日海军的竞争与太平洋的形势　甘国宁 /4
从德意志恢复军备说到中日亲善　何沛祯 /7
悲壮的黄花纪念　徐卓贤 /9
我对于中日亲善的意见　世铎 /10
提倡国货？　淡 /11
日记——长洲调查土地的一日　韦源曾 /12
忆——年底的一幕　浮萍 /13
诅咒　秋祯 /15

小品二章　芜芜
一、闲话长洲 /16
二、病 /16

老八随笔（三续）　老八 /17
别——送志君赴北流军训（诗）　式明 /18
卖花女　邱芝强 /19
夜阑（五古）　梁汉诗 /19
有怀　梁汉诗 /19
一个刚出嫁了的姊姊底来信 /20
关于“新泉”　编者 /22
本会职员一览表 /23

学生自治会第二届干事第一次会议录 /25
学生自治会第二次干事会议录 /26
第二届编辑委员会会议录 /27
校闻三则 /28
编后　编者 /29

第七期（春季特大号）

民国二十四年四月二十四日

新广西与新青年　韦源曾 /1
中日经济提携与国际对华贷款　覃式明 /2
中土外交的展望　枪银 /3
德恢复征兵与世界和平　浮萍 /4
一万万元公债发行　国宁 /5
欧亚的局势　梁炜廷 /6
清党八周年纪念有感　徐卓贤 /7
日本退盟生效以后　老源 /8
备战声中的欧洲政局　甘国宁 /11
日本对东北之黑化与移民政策　小鬼 /14
怎样做读书笔记　萧锺棠讲　老源记 /16
教书和编辑　Witte 作　国柄译 /19
盼归　Iuan Uazoff 作　芳郎译 /20
归途杂志　浮萍 /25
“青年修养问题”专号征文 /30
故乡　妄夫 /31
勉强几笔　苦途 /33

一封给父亲的信　霜寒 /37
溪　秋士 /39
老八随笔（四续）　老八 /40
落叶　萧锺梧 /42
浮萍日记五章——防空对抗团演习之速写　浮萍 /43
打把　崎岖 /47
杂写　炸弹 /48
关于一折书　平山 /48
圣水　充光 /49
她哭了　穆德 /50
给诗人　枪银 /51
猜不透你悲伤的心境　式明 /51
黄昏　老八 /52
鸳鸯歌——田家乐　履宸 /52
旅怀　履宸 /53
抱子偶成　前人 /53
乡村旧历新年即事四首　前人 /53
立春偶成　前人 /53
风雨离家　前人 /53
道上即事（由家上城）　前人 /53
痴儿夜哭　前人 /53
鸳江夜景　前人 /53
调查土地杂兴　前人 /54
写给萧先生　咖喇嘛 /54
自告　烟仗 /55
黎明之前　不菅寄自北流 /55
别的一瞬——献与我的挚友陈君 /55

爱　衍 /56
人生　吃云 /56
思家　尼乾 /56
夜阑　梁汉诗 /57
偶成（五古）　梁汉诗 /57
清明　一凡 /57
春日即景　一凡 /57
友声　立初 /57

校闻

本校第四班参观本埠报社 /59
本校第五班参观西大农场 /59
本校第四班野外爬山 /59
本校同学组织春溪文学研究会 /60

编辑室放进 /60

第八期

出版时间：民国二十四年五月十日

法苏协定与德国　焕章 /1
白银高涨与我国危机　式明 /2
排日运动的消沉　枪银 /2
备战与和平　国宁 /3
中国不亡　崎岖 /4
读书运动与扫除文盲　仲谦 /4

"五四"运动之回顾与前瞻　覃式明 /5
滇缅划界问题的探讨　老源 /9
"五四"运动之精神安在?　徐卓贤 /12
怎样做读书笔记（续）　萧锺棠 /13
薄命女诗人邵飞飞（附薄命词、燕台词）　锺棠 /16
爱的半面观　醒群 /19
别的刹那　汉诗 /20
勉强几笔（续）　苦途 /24
我的感想——对于军训的生活　不管 /30
窗外的芭蕉——忆李昂先生　莫问名 /32
老八随笔（五续）　老八 /33
也是废话　春蛙 /35
旅途——赠我的朋友们　枪银 /37
给我在故都的知友　雷彬 /37
车夫　崎岖 /38
中秋无月夜坐改卷秘书陈长过访叩以短句作此以应　锡唐 /39
又绝句一首　锡唐 /39
清明北山看桐花有感　锡唐 /39
春眠　汉诗 /39
别杂　汉诗 /39
春夜　汉诗 /39
春日有感　汉诗 /39

第九期（青年修养专号）

出版时间：民国二十四年六月十日

青年修养的先决问题（卷头语） 老源 /1
青年修养问题 李泽群 /3
青年的修养 范令虬 /4
谈青年修养问题 林为湗 /6
青年修养与国家 甘世铎 /10
谈谈青年修养的问题 朱翕科 /14
青年的责任和应有的修养 区邦定 /17
青年修养应注意的几点 邱嵩 /19
青年应怎样去修养 丘芝强 /20
谈谈青年修养的问题 苏俊昭 /24
青年的修养问题 潘兆初 /26
断片——献给青年修养专号 莫问名 /28
关于修养 国宁 /28
什么是美的文字 锡唐 /29
禁烟 封振庸 /36
零碎 特俩 /37
藤县被难记 钱渣己 /38
漂流及其他 老夫 /41
冰泉唱和诗 随云等 /43
风吹 口人 /45
写给萧先生的 老夫 /45
春 天祥 /46
二强盗 John Aikin 著 K.T. 译 /46
纪念两个朋友的死——凤麟君和民泽君 梁孝刚 /48

青年修养征文奖品一览 /51
最后的话　老源 /55

第十期（中学生专号）

民国二十四年十二月二十九日

编前——当做大家的早点　编者 /1
我也冒牌来谈谈摩登——崔履宸先生在纪念周演讲　汉诗记 /2
中学生的难题　阿差皇帝 /7
我的人生观　冲天 /8
一服兴奋剂　秋祯 /10
创造自己　衣刃 /12
军训生活　青莲 /13
把握现在　秋祯 /14
关于中学生　电彬 /15
所谓中学生　白刃 /18
头发　冲天 /19
中学生的健康问题　29 号 /20
中学生的出路　曼鹤 /21
强权与公理　文宗 /22
关于中学生　克 /22
由童军训练到青年军训　梁淑娥 /23
中学生拉杂谈　唐俊卿 /24
中学生的现象和前途　颖脱 /25
中学生的健康　不姓驱 /29
中学生思想的问题　杨以光 /30

中学生的病象　文欧 /32
杂谈中学生　廖升荣 /34
中国的一线曙光　蔓生 /35
中学生的文凭　混然 /37
中学生的出路　锡鸿 /38
结婚不是我们中学生的急务　夜郎 /39
求学与健康　白云 /41
中学生的出路甚多　中岳 /42
军训生活　白云 /43
读古印度学者之态度文书后　智民 /44
中学生思想问题的商榷　世铎 /44
我对我国通货管理的态度　凤华 /46
忆——邻室的一位朋友　阿四 /47
军训日记一页——玉林旅次行军之一　巧伪 /51

文艺

献词　六一 /53
从征曲　征人 /54
晨歌　衣刃 /55
秋深了　泼勃 /55

行政院长汪精卫被刺感赋　履宸 /56
近视眼所见到的中学生问题　秋祯 /57
征途　隙 /58
归鸿　老八 /61
校闻　莫 /63
本会组织系统表 /64

同学录
写于同学录前（代序） 汉诗
本校现任教职员一览表 /65
青年军事训练大队部职员一览表 /67
曾任本校教职员一览表 /68
第一班至第十六班同学录 /70
编后 编者 /117
离校同学消息 编者 /118

第十一期

民国二十五年四月十五日

卷头语 唐俊卿
五四纪念宣传大纲 广西全省学生救国会苍梧分会印发

短评

日俄邦交的恶化 心力 /2
东京政变 唔 /2
寿机 柳营 /3
三国海军协定的签订 大头 /4
最近的日俄关系 也斯 /4

论著

自杀——为忧国而自杀的人们而作 杨孔昭 /5
德出兵莱茵河的主因 强干 /5
反比例 藤人 /7

失败　郭永汉 /8
傻仔　国永 /8

文艺

新的泉水流到那里？　喷人 /9
青年　莫智年 /10
前途　阿宋 /11
春天的美丽　姚其炽 /11
暴风雨　甘宝琳 /12
初晓之夜　曼茱 /12
春寒　怀天雄 /14
告状　旁观者 /15
行不得也哥哥　温运新 /16
韶光（诗）　莫智年 /17

校闻　唐晶 /18

附记 /18
广西省立梧州初级中学学生自治会第四届职员一览表 /19

编者的话　孔昭 /21

新泉半月刊
第十二期

民国二十五年五月四日

短评

德国撕毁洛迦诺公约　苏熙涛 /2
德日同盟　苏熙涛 /3
闽南伪自治组织　也斯 /3
最近的学生救国运动　唔 /4
日本侵华的积极　心力 /4

论著

压迫剥削下的海外侨民　斯克光 /5
从中日利害关系说到中国出路的我见　B D/6
汉奸亡国论　谢官初 /8
逃亡　心力 /10

文艺

锥子冲　三日 /10
国永随笔　国永 /11
晓野　曼苏 /12
鸡比（谐音）椎　佐 /14
理想中的世界第二次大战　覃济泉 /15
失望　隐名 /16
夜雨　阿宋 /18

校闻

公望杯篮球赛本校夺得初中组锦标　B C/18

各班游艺表演 /19

举行教室清洁运动周 /19

编后　编者 /19

新泉
創刊號
目
創刊詞
如何挽興破產的中國農村
華僑失業的原因
戰場上
老八隨筆
獻給新泉
冰社的恨
新娘之夜
兩個同學的來信
編後漫談
廣西省立梧州初級中學校學生自治會出版

創刊詞

立初

在寂寞的荒郊裏，忽地傳出了陣陣悅耳的清聲，它像磁石般把我們的靈魂吸引着。這不是啾囀的鶯聲，不是啁啾的鳥語，也不是唧唧的蟲鳴，更不是竹肉風弄底輕音；——疑是天使的降臨。然而，也不是。……它是涓涓的泉聲，和着空谷淒起了有節拍的回應。——

它是多麼幽美而富有詩意！新泉哪！新泉哪！我們所發現的新泉哪！

在這兒，沒有汚濁的傍流，更沒有延入一些什麼不潔的穢物；有的是澄清底泉水。它足可以解決我們的苦渴，足以啓發我們的性靈，足以洗滌我們的胸襟，更足以振發我們的聾潰；它是給予我們多麼恩惠的啊！朋友們，苦渴着的朋友們，來吧！讓我們隆重地舉行一個慶祝發現新泉的典禮吧。——

然而，我們在歡欣跳舞的當兒，該得來三分鐘的默念。要知道：泉源是要靠着我們去開發的；如果就這樣的任它自然，它會有枯涸之虞的，決不能長期解決我們底苦渴啊！而且，試看看：比我們一群兒更苦渴的人們，還多着呢？！他們苦渴得多麼可憐哪！我們不應該解救他們嗎？不應該引源決流使他們得到沾潤嗎？

所以，我誠懇地希望着你們，應該大家合力的來把它開發，應該大家合力的來把它決導；因爲它底目的，不但要解決我們一羣兒的苦渴，而且要解決我們一羣兒以外正在苦渴着的人們啊！來吧，我們一羣兒以內的大衆！讓我們一羣子掏起了袖兒，束起了腰兒，扯起了褲兒，（我們這裏，將於最短的時間，把所有的裙兒都換轉了褲兒。）合力的工作。開闢我們美滿的前途！疏導這新泉如滾滾的長江！——

旬刊投稿簡約

1 本刊每旬出版一次凡屬本校同學均得投稿

2 本刊以研究科學文藝以及青年問題之討論黨義之闡揚而以不攻訐他人不違背三民主義為限

3 本刊內容分小言論、論著、文藝、校聞、讀者園地等欄

4 來稿不拘文言白話譯文惟譯文須付原文至其言論則由作者負責

5 來稿須繕寫清楚並加新式標點稿末須註明字數

6 來稿本股有增刪去取之權不願增刪者得預先聲明

7 來稿須註真姓名及班次至發表時如何署名則由作者自便

8 來稿揭載與否概不發還預先聲明者不在此例

9 來稿一經揭載以本刊為酬

10 來稿請投入稿箱內或直接交到李立初處亦可

11 本簡章有未盡善處可隨時修改之

中華民國二十三年十一月二十五日出版

出版者　廣西省立梧州初級中學校學生自治會

編輯者　廣西省立梧州初級中學校學生自治會編輯委員會

印刷者　梧州九坊路益智印務局

新年專號

第五期

（目錄）

篇首語……編者
告青年書……本會
一九三五年的新展望……單式明
一個新年的禮物……琉
從元旦說起……[illegible]世人
元旦感言……[illegible]丁
戀權新[illegible]……檜銀
新年試[illegible]……征鴻等
新年雜話……危檣
傻仔日記……六一
叫化子過新年……[illegible]
一個剛是二十四歲的先生……林[illegible]
編者的話……編者

新泉
6
第六期
（要目）
不織同首偽黃花……覃式明
所謂親善……國事
德國恢復徵兵……老源
美日海軍的競爭與太平的形勢……甘國事
從德國恢復軍備說到中日親善……何沛禎
日記……韋源曾
憶—年底的一幕……浮非
別—送志君赴北流軍訓……式明

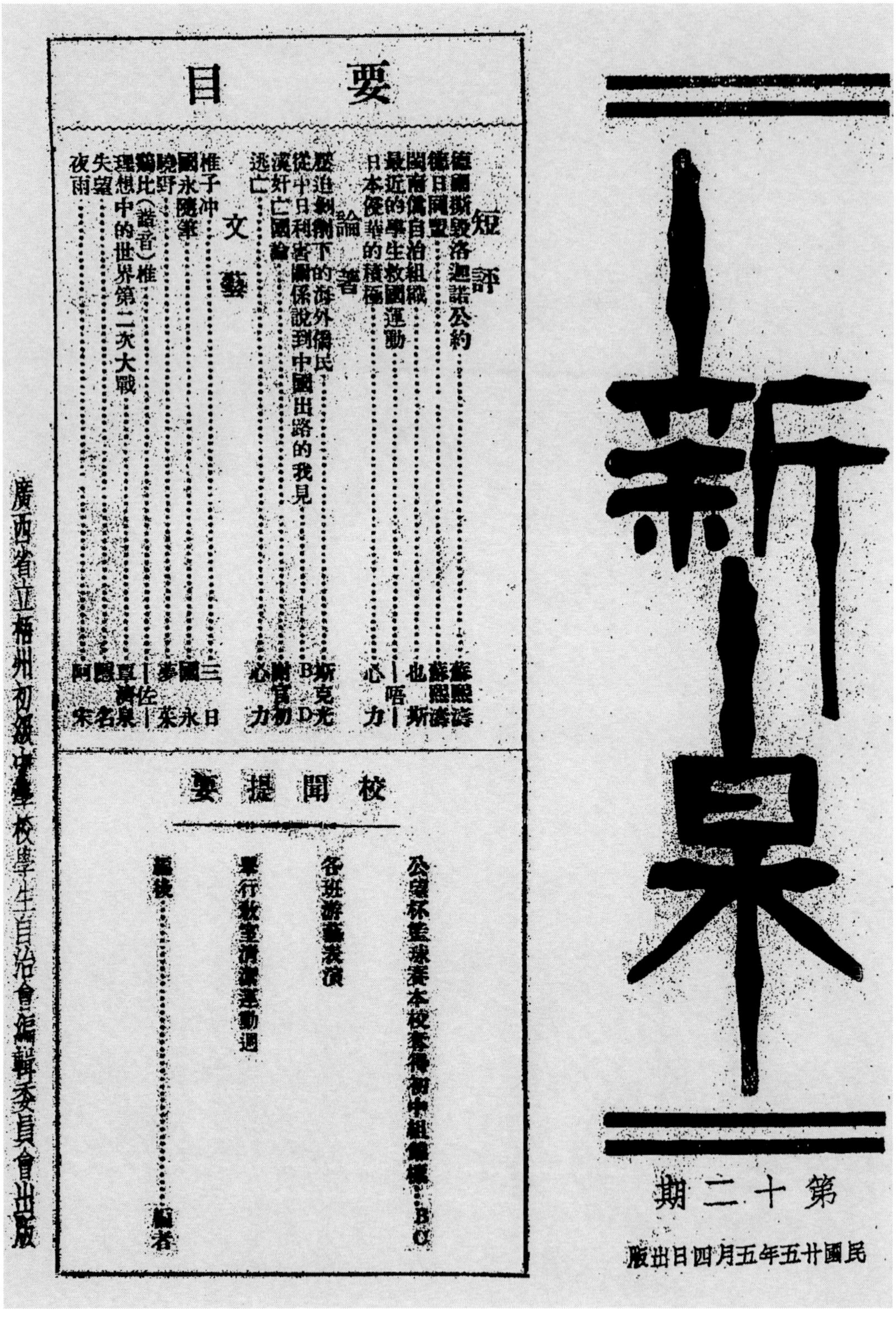

新泉

第十二期

民國廿五年五月四日出版

廣西省立梧州初級中學校學生自治會編輯委員會出版

要目

短評

德國撕毀洛迦諾公約……蘇熙濤
德日同盟……蘇熙濤
閩南僑自治組織……也斯
最近的學生救國運動……—唔—
日本侵華的積極……心力

論著

壓迫剝削下的海外僑民……斯克光
從中日利害關係說到中國出路的我見……BD
漢奸亡國論……謝官初
逃亡……心力

文藝

椎子冲……三日
國永隨筆……國永
曉野……夢栞
鷄比(諧音)椎……—佐—
理想中的世界第二次大戰……草濤泉
失望……隱名
夜雨……阿宋

校聞提要

公園杯籃球賽本校奪得初中組錦標……BC
各班游藝表演
舉行教室清潔運動週
編後……編者

43

新　生

（新一期）

出版时间

民国三十六年（1947）一月十八日

出 版 者

新生学社

发 行 者

莫一庸

新一期

民国三十六年一月十八日

刊前的话　编者
制宪成功的意义与今后应有的努力　黄旭初 /1
广西教育往那里去
　——十一月二十八日在国立广西大学讲词　黄朴心 /3
本党革命史实　尹治 /9
复兴本党的文艺运动　梁上燕 /10
小统计：卫生 /11
三民主义的五权宪法　赵征麟 /12
党政革新运动　易之 /15
本省三年来省级岁入预决算之比较 /18
世界政治动向与中国前途　谢落生 /21
平均地权在广西的实施　胡学林 /26
民主政治的真谛　韦若松 /32
象郡行　郑松允 /35
白种人非天之骄子　〔美〕E.J. 亚平凡著　郭应阳译 /36
美国为什么要裁军？　华尔特·李普曼著　张明德译 /37
总理实业计划中的广西铁道交通建设问题　慧元 /39
一个英勇党员的故事——记岩洞英雄覃焕文　何仁干 /41
我们的工作——广西省党部直属第二区党部工作报告　莫一庸 /48
编后　编者 /52

六年
新一期

新生

發行人莫一庸
主編人謝落生

本期目錄

寫在刊前……編者
制憲成功的意義與今後應有之努力……黃旭初（一）
廣西教育往那處去……黃樸心（三）
世界政治動向與中國前途……謝落生（二一）
平均地權在廣西的實施……胡學林（二六）
三民主義的五權憲法……趙徽麟（一二）
民主政治的真諦……韋若松（三二）
總理實業計劃中的廣西鐵道交通建設問題……慧元（三九）
本黨革命史實……尹治（九）
黨政革新運動……易之（一五）
復興本黨的文藝運動……梁上燕（一〇）
白種人非天之驕子……郭應陽譯（三六）
美國為什麼要裁軍……張德明譯（三七）
一個英勇黨員的故事……何人幹（四一）
象郡行……鄭松允（三五）
我們的工作……莫一庸（四八）
編後……編者（[illegible]二）

新生學社出版

白種人非天之驕子

——世界本無謂優異的民族，祇有優異的個人——

美國E·J·亞平凡著
郭應陽譯

作者亞氏係美國國際文化教育局人種學者。讀此文可增加吾人之民族自信心。願同胞咸本民總理「把世界文化迎頭趕上，把中國民族從危救起」的訓言，努力邁進！——譯者

納粹主義德國之崩潰，已結束了欺騙世人的所謂民族的優異之大謊，而雅利安人之不復爲人世所尊敬的時代已到了。

倘不是爲了此種偏見和無知，則，魁偉而白皙之雅人，或不至淪至今日之境地。此種偏見，吾人常用以討論民族間之關係的。我們所認爲察見——并且誇大——的民族間的差異，大部份是關乎訓練和機會的事情而已。世界本無所謂優異的民族，只有優異的個人，而這些個人是全球的民族之份子。正如美國人類學鼻祖保斯氏（Franz Boas）所說的，「假如我們要選出人類中最聰慧，最有想像力，和氣力且具有不屈不撓的情感的第一者，那麼，此人應代表了一切民族的」。

達爾文學說初使人們相信進化最像一條直線的，上面是白種人而底層是人猿。因此遂發生了一神話，以爲有一種人像稍像於人猿，而爲另一種人者則僅稍次於天使而已。

假如你考察某種高級人猿，便知道它們具有粉紅色的皮膚，它不是棕色和黃色而係類似白人的皮膚的。人猿是生長毛的，而白人是世上毛髮最多的民族；人猿的唇最薄，其鼻的構造亦最薄，而白人是世界各民族中具有最薄唇和鼻的民族；人猿耳朵甚小，而白人在人類中亦具有最小的耳朵。

所以假如我們要相信我們的神話，我們定要相信具有如此多特點的白人實較爲類似人猿。

然而今日之科學却不以爲人類出自人猿，而人與人猿都是同出與一共同的祖先的。科學家已不復言人猿特性而說原人的特性。我們可以說每個人都是一座動的人性的博物館。生物學家算出有二百一十二種共通的人性。你能夠搖動你的耳朵和蠕動頭皮嗎？而在遠古時代，我們却需要這種肌肉來豎起耳朵，并搖去蒼蠅。盲腸和扁桃腺是另一種遺產，此種遺產已失去其原本作用，而仍存其原始形狀。人類之胚胎亦指出此種史實，即在懷孕三星期後我仍不能辨其它是人而非蜥蜴、鳥雀，或其他哺乳類的胚胎。

人類現仍在進化的演變中的。我們現正漸失去其尾趾。他日四趾的人類回顧一九四六年五趾的人，定感無限的有趣。即此淺淺者已足使我們人類自覺有優越之感了。

民族之間當然有其差異之處，膚色，眼之斜度和鼻的形狀及其他特徵把人類分爲三大類，是即蒙古人或黃種，尼格魯人或黑種，高加索人或白種。這確然是差異，但我們却看差了，它們只是外表上的欺騙，加於一全世界各地都相同的骨骼上的。

就其最重要的體質上的特徵而言，則各地的人類是十足相同的。所謂重要的是指其腦部，心，肺，和神經系統。今日之科學和宗教已同意認定一切人類同出於一大家庭，出於同一的血統。科學證同了天下一家的偉大的宗教教義（譯者按世界諸原始家柴門霍夫於第一次世界語者代表大會發揮此旨甚詳）。

這一切都是事實，然而相信人類有差異的信念仍是深固而普遍例。例如人類的腦有大小之別。然而愛斯基摩人，就其身與頭部之比的言，具有最大的腦。這是值得重視嗎？又日本人大致比白種人有較大的腦。科學所記錄的有最細腦的人是一位太天才，意大利人且丁，而有大的腦的人常爲笨伯。

膚色的差異是民族間最不可靠的差異。高加索人之得名係源於一

44

新田东半月刊

（创刊号至第六期）

出版时间

民国三十六年（1947）元月一日

至民国三十六年三月十五日

编 辑 者

田东县政府秘书室

刊名题字

胡树槼

创刊号

民国三十六年元月一日

发刊词 /1

向前迈进——为《新田东》半月刊创刊而作　□昶 /1

半月政令

关于选举票字划错误之解释 /2

省县参议员对外发表意见应负责任 /2

发行新闻杂志之规定 /2

县政报道

广西第五区农场凿井取水 /2

县税捐征收处奉令改组 /2

本县县库奉令裁撤 /3

本县恢复成立优委会 /3

本府举行十二月份下半月县政会议 /3

庆祝元旦 /3

基层人员动态 /4

编后话　编者 /4

元旦特刊

民国三十六年元月一日

新年赠礼　胡树槊 /1

庆祝元旦与今后应有的努力　汉南 /2
本县一年来施政概况
甲、民政部分 /2
乙、财政部分 /3

第二期

民国三十六年元月十六日

关于催征粮赋的话 /1
从公共造产谈到挖塘养鱼的好处　黄焕文 /1

半月政令

以硬币折合法币之规定 /2
卅五年度田赋征借每元改征稻谷八斛十二两 /2
省定圩亭摊位租及公秤使用费均略有增加 /2

县政报道

赖专员出巡莅县 /2
本县组织田赋催征团 /2
本县举办清乡工作 /2
胡县长举行本年度第一次巡视 /2
各级国民学校本年春季始业学生课本由县统筹价发 /3
县府充实中山室 /3
查禁烟赌实行五户联保 /3
本县冬令救济事业各界热烈捐助 /3
本府举行元月份上半月县政会议 /3

庆祝卅六年元旦暨宪法成立本县举行各项竞赛大会 /4
田东龙赛杂咏（以表演先后为序） 覃肇宗 /4
步前韵 树棨 /4
人事动态 /4
本县一年来施政概况（续一）
丙、教育部分 /4
丁、建设部分 /8

第三期

民国三十六年一月三十一日

整理税收 /1
省县公职候选人检核 /1

半月政令

奉令规定非军事机关学校人员一律不得着用军人同样制式服装 /2
县府人事机构业务范围 /2
省令规定办理县公务统计方案应注意事项 /2

县政报导

本县筹备于二月五日举行农民节纪念 /2
本府举行元月份下半月县政会议 /2
本县举行本年第一期户政会议 /3

人事动态 /3
本县一年来施政概况（续二）

丁、建设部分（续上期）/3
戊、军事部分 /4
己、会计部分 /4
庚、人事行政部分 /5

特载：平马镇卅六年春季村街民大会竞赛办法 /6
改组政府与和谈　转载一月廿日《中央日报》社论 /7

第四期

民国三十六年二月十五日

共体时艰 /1
乡镇村街财政问题　覃尚功 /1

半月政令

不纳田赋者由司法机关强制提取其收益或资金或拍卖欠赋土地及其定着物抵偿 /2
粮食库券奉令规定分期兑换实物及使用办法 /2
公务员限期送审办法 /3
本府职雇员发动拥护宪法宣传 /3
检定教师一批 /3
二月份上半月县政会议通过重要案件 /4
二月份乡长会议通过决议案件 /4
人事动态 /5

转载

广西省乡镇长副乡镇长罢免规程 /5

广西省乡镇长副乡镇长罢免规程施行细则 /6

第五期

民国三十六年三月一日

读《救救失学儿童》之后 /1

怎样解决国民学校经费　黄平珍 /1

半月政令

公务员现支级俸与铨叙机关核叙级俸差异调整办法 /1

奉颁订定汽车肇事损失赔偿费 /2

县政报道

田东青年团奉令办理团员总甄核 /3

本县办理卅四年度冬令救济成绩奖金业经分配各乡领转施赈贫民 /3

县社会救济事业协会召开委员会议决议分配救济奖助金等案 /3

破获烟赌案件 /3

本府二月份下半月县政会议重要决议案 /3

人事动态 /4

第六期

民国三十六年三月十五日

扩大造林运动 /1

关于修筑县乡村道路之刍议　杨祖褅 /1

半月政令

省府规定推行二五减租应注意事项 /3

奉转运费三项 /3

县政报道

本府三月份上半月县政会议重要决议案 /3

检定合格小学教师 /4

广西省乡镇长副乡镇长罢免规程施行细则（续第四期）/4

中華民國三十六年元月一日 新田東半月刊 星期二 第一版

新田東

胡樹[illegible]

創刊號

本報在呈請內政部登記中

田東縣政府秘書室編

發刊詞

這小小的册子，為傳達政令，報導本縣政務，溝通各方消息，指導各級基層工作的一個刊物；其目的當然是要貫澈政府命令，完成地方自治，建立三民主義的新中國。明德新民，日新又新，是我們所希望的，故本刊以「新田東」為名。

本刊是我們工作人員的公開園地，必須大家來做忠實的園丁，勤懇的栽植灌溉，使那嫩苗鮮花，漸漸地繁榮滋長起來，而結成美果；換句話說，應請社會賢達，多多愛護，隨時指導各級工作同仁，對於工作的良好意見，以及工作經驗，盡量貢獻，隨時通訊，以供參考，而收他山之助的實效。

本刊於今日產生，謹以慶祝元旦，恭賀新禧！

向前邁進

——為新田東半月刊創刊而作——

歐祖

時代是飛也似地急劇前進，現在，更是步上了大時代的階段了。因為時代的前進，促成了政治經濟、文化、軍事等迅速的進步。這造成了新時代的巨潮，這巨潮誰也不能防止？因為它有無邊的偉大的力量。在這大時代中，我們怎樣應付環境？改造環境？這無疑地是需要研究、力行、解決、實現等四大步驟。從此觀之，僅靠一個我字是沒有辦法的，必須要我們才有辦法。為了集中我們的智識、經驗、技能、力量，普遍傳達政令，報導本縣政務，及溝通各方消息，指導各級基層工作，務期把握現實，解決現實問題，新田東半月刊於是由孕育而產生。

時代的巨潮，奔騰澎湃，田東在驚濤駭浪中，需要同舟共濟，需要有偉大的掌舵者，然後才可以闢拓田東的前途，從事縣政的建設，我們要有天變不足畏的勇氣，要有篤行實踐的精神，始能迎接這一個大時代的來臨，我們不尚空談而重實踐，不作無意識的批評，而注重積極的貢獻。這是我們的感覺，也是新田東問世一貫的態度吧！

我們知道：抗戰勝利了，一切以建設為重，就以國家立場而說：必須建設三民主義的新中國，建成民有、民治、民享的理想，以適應世界潮流。同

新田東半月刊

通力合作完成地方建設事業

賴剛題

縣，目前要建設新田東，凡我同仁，尤應各盡所能，各盡其力，增加縣稅收入，充實學校設備，加強警衛，發展交通，這是目前急要之圖，而我們堅定了

部份捐款六一九八七、八五六元等由當局請公決案（会計室拟送）決議：俟咨請参議會審議後再行核定。（六）查本縣現存雜步手槍經已查壞不堪應用，拟提出標賣，所獲價款再與綏署購取新槍彈，當否，請公決案。（軍事科提議）決議：咨参議會審議呈請綏署核示。

慶祝卅六年元旦暨憲法成立 本縣舉行各項競賽大會

本縣為促進民衆健康，發展地方文化學術，并提高地方生產事業起見，於卅六年元旦日起舉行全縣体育學術及農產品競賽大会，消息經誌本報，查体育競賽項目，除球類暨田徑賽外，更有龍獅舞與射擊賽等項，計龍有七條，全係女將軍演舞，比賽結果，龍獅舞第一二名皆為保城A甲隊，射擊賽優勝者為駐縣百色團管區第二新兵大隊各勇士，女子組籃球冠軍為縣初中，亞軍為江南隊，男子甲組籃球冠軍亦為縣初中，亞軍為林逢隊，殿軍為民樂隊，男子乙組籃球冠軍為民樂隊，亞軍為縣初中，殿軍為那伏隊云。

人事動態

本府土木工程技佐覃宗琼，第一科員胡鉛滂，雇員盧業精、盧昆江、盧通潮、黃蕙萍等辭職，遺缺分別派何西長代理第一科員，黃際雲、胡津、曾越群等為雇員，並派羅克代理第五科辦事員，又電話管理處話務員黃憲庚免職，遺缺派周傑旦代理，衛生院護士長黃金南辭職照准，遺缺派馬駿代理，警察局代保安隊長盧慶典調軍科任科員，遺缺派湯通甫代理。

田東龍賽雜詠（以表演先後為序）

覃肇宗

保城A隊首揚眉，技術陣容兩合宜；
最是令人嘉許處，双龍洞裏探驪時。

祇為狂風太不情，作登舞術失分明；
者番繼許占初九，猶是當年第一名。

式樣翻新技不窮，保城甲隊最稱雄；
昂頭欲上蒼天去，衆口爭誇宝塔龍。

體態輕盈曠世無，新衫曲領更時趨；
箇中技最精嫻者，樂善驪龍領下珠。

素綃羅襦白練裳，紅腰雙舞最當行；
慶平舞到如生處，蜿蜒低昂畫擅場。

步前韻

樹集

英姿威武塊鬚眉，掌握金龍左右宜；
洞裏尋珠稱絕技，飛黃騰達待何時。

狂風作惡應同情，矯健看來分外明；
表演固難如我意，提倡第一南留名。

隨機變化本無窮，奔逐翻飛氣象雄；
團結精誠稱寶塔，豈真渴去有神龍。

巧奪天工有若無，淡盈裝束最時趨；
英雄畢竟多中國，絕妙驪龍那實珠。

天然短袖薄羅裳，銳氣英揚火女行；
技術嫻精稱老手，掌聲不絕舞龍場。

本縣一年來施政概況——續一

丙、教育部份

中華民國三十六年三月一日　新田東　星期六　第一版

新田東

胡樹棠

第五期

本報在呈請登記中

田東縣政府秘書室編

讀「救救失學兒童」之後

筆者拜讀本年二月廿六日田東民衆簡報社論「救救失學兒童」之後，深感作者關心教育，此種為求學兒童設想的打算與譴責，實屬正當，但容有未盡明瞭之處，事實和論未能符合我們的理想，這是最苦的事情！本年度國民教育經費，仍未能依照規定統籌支給，實在是不得已的：因為經費概算龐大，不敷甚鉅，尚再加列各校經費則數字更大，不知如何彌補，且目前縣府每月開支已虧空二千萬元左右，那裏還有餘力來負担國民學校經費：

縣府經費是統收統支來計算的，所謂營業税、所謂糧賦，所謂富力捐，都一概列入總概算了，並無任何獨立項目，可以挹注，至整個收入數目，自較往年為多，而支出數目，亦較往年為大，奈何！

老師的生活，必須維持。所以[illegible]國民學校募捐學米，如果確屬貧苦的學生，自應予以豁免，以免其失學，征與募的意義當然是不同的。

現本縣參議會第六次常會行將開幕了，本年度縣總概算已咨請審議，甚望議員諸公詳加研討，秉竭力協助的精神，提供良好的方法，將國民學校教育經費確定能夠統籌支給，有了具体的方案，縣府才能切實去執行，我也很誠懇的同聲呼籲「救救失學兒童」！

怎樣解決國民學校經費

黃平珍

依照國民學校曆本學期早就應該開學了。可是目前尚有少數未遵開學。其中原因雖多；但經費不着落，確是主要原因之一。

怎樣解決經費困難呢●：縣府過去曾訂有中心及國民學校籌集與貸放學倉谷征集學米開闢校園及日益儲會等辦法，須佈施行。學倉谷息及教師公粮之來源，學米變賣或燒窰所獲，校園生産，日益儲會提成等是學校經常費的來由，縣府斯期後許各級教育協進委員會向學生家長發起捐米運動并酌收學雜費等！只要基層工作者照此種規定法澈底執行，教育經費問題當能迎刃而解。學校經費能夠解決、教育前途才有充實和發展的希望，這是應該共同努力的。

半月政令

公務員現支級俸與銓敘機關核敘級俸差異調整辦法

省府訂定公務員現支級俸與銓敘机關核敘級俸差異

45

训练通讯

（第一期至第二期）

出版时间

民国三十四年（1945）十一月一日

民国三十四年十二月□日

编 辑 者

永淳县地方行政干部训练所

第一期

民国三十四年十一月一日

刊头语　颜竞风 /1
警觉和努力　莫毓珧 /1
确立干部政策　龙振英 /2
送别户政组第三届毕业同学　凌超 /2
寄卅一期户政组第三届同学　莫等闲 /3
小统计　莫等闲 /3
工作报道：本所训练工作概况　颜竞风 /3
工作通讯　陆振文 /8
附录：第三一期户政组第三届专业讨论结论摘录　教务股 /9
近事述评 /10

第二期

民国三十四年十二月□日

干部建国与建国干部　颜竞风 /1
近事述评　训导股 /3
第三十二期财务组第一届专业讨论结论摘要　教务股编 /5
第三十二期财务组第一届座谈问题总结论　训导股编 /6
日本投降后的远东形势座谈总结论 /7
怎样树立新的工作作风座谈总结论 /9
生活淡写　学庸 /10
本所零讯 /11

訓練通訊

永淳縣地方行政幹部訓練所編印

第一期

中華民國卅四年十一月一日出版

刊頭語

顏競風

誰也不能否認，訓練工作在抗戰建國工作中，是一個重要的環節，中國在訓練中更生，也在訓練中長成，我們回頭審視訓練進程中篳路藍縷的足跡，目覩現在正忍受一切痛苦，埋頭苦幹的同志們，真感到無限的慰藉與希望！

是的，在抗戰血的洪流裡，從事訓練工作同志們的血汗，經佔了很大限度的成分；將來建國的過程中．自然還得依賴訓練的力量來完成這艱鉅的工作，因為我們自己明白，我們有大多數的羣眾，政治知識趕不上時代；基層行政幹部的工作素養，也不能配合行政上的需要，我們要應付建國的急切需要，惟有運用這突擊的力量，以期收急功，見近效，我們一致認定，抗戰需要訓練；建國更須要訓練！

本所是訓練主流中的一個支流，自然要負起一部分建國的重任，本所工作同人與受訓人員們，也正為此而惕勵奮勉，努力工作！為的是要擴大我們的視界，使訓練工作與社會聯繫更密切，從而能得到社會人士予以我們更多的指導與協助；為的是要集結訓練力量，累積工作經驗與研討工作技術，使訓練力量更強大，更深入，我們在精神和物質雙重困難之下，編印這訓練通訊，這小小的篇幅，內容的貧乏與形式的簡陋是不能免的，希望關心訓練，關心建國的賢達們，予以指正！

本期目錄

刊頭語……顏競風
警覺和努力……莫毓珖
確立幹部政策……龍振英
本所訓練工作概況……顏競風
工作通訊……陸振文
專業討論結論摘要……教務股
律詩四首……陵超
小統計……莫等閑
近事述評……訓導股

警覺和努力

莫毓珖

如果我們肯作客觀的虛心檢討，就會覺察到目前幹部工作作風，大有今非昔比之感。從前基層幹部是多麼積極進取，勇於創造，和那麼樸素，所以能為新政排除萬難，樹立建設規模，而近年以來，基層幹部却是那麼鬆懈頹廢，萎靡無能，故雖有良規善法可循，反無建設成效。

然而，時代巨輪決不姑息落伍份子，建國大業決不容許阻滯，個人若不能努力去求發展，不免被社會淘汰，一個團體若甘心墮落，勢必變成時代的渣滓。基層幹部當然也不能例外。因此，我希望基層幹部人員，一致提高警覺，刷新精神，革新生活行動，樹立新的幹部作風，切實努力自求，不但要恢復過去的良好現象，還要加以擴大和發揮，以日新又新的精神邁步向前，走上時代的前面。

民主是時代的政治主潮，基層幹部為人民表率，有訓練民衆行使四權的責任。在執行政務當中，應如何採納公正輿論，尊重多數意見，就是說：如何運用民主方式去推行政務，發揮工作效率和價值，以實現主權在民的政治理想。這是最重要的一點。

其次，教育是國家的百年大計，今後如何來充實并發展國民教育，增進知識，及如何使三民主義深植於民衆，以充實建設的推動力量，此外，如推行公共造產充實鄉村自治財政，改進生產技術，興辦地方福

本刊啓事

查本所編印『訓練通訊』，每月出版一期，原爲輔導畢業同學之用，惟因經費支絀，每期除每鄉鎮村街各寄贈一份，俾各進修小組閱讀外，個人訂閱，每期酌收國幣五十元，以資彌補，嗣後各同學如欲訂閱者　希於每月中旬以前預付價款，逕寄本所總務股梁股長，以便統籌辦理此啟。

本刊約稿

一、本刊歡迎各畢業同學投稿，各界賢達惠賜鴻文，尤爲歡迎。

二、文稿內容以有關行政及幹部問題之論著，實際工作之報道，工作問題之研究等爲限。

三、來稿以不超過二千五百字爲度。

四、來稿本刊有删改權。

五、同學投稿，應註明畢業期組并署姓名。

六、來稿發表後，贈送該期通訊，但發表與否概不發還。

七、來稿希逕寄本所訓導股。

46

银社专刊

（创刊号）

出版时间

民国三十七年（1948）二月

编 辑 者

桂林银社宣传部

印 刷 者

广西省立桂林职业学校附属印刷工厂

发 行 者

桂林银社

创刊号

民国三十七年二月

发刊词　陈寿筠 /1
研究平剧发扬辅助社教工作　杨明炤 /2
本社社长陈寿筠先生小史 /4
说艺　苏新民 /5
漫谈旧剧　余拗吉 /5
银社的组成与演出　朱家栋 /6
平剧的“念白”与“做工”　波 /8
魏顾问育清小史 /8
怎样学习平剧　朱俊夫 /10
本社简章 /12
本社职员一览 /13
我与金松　郑耀芸 /14
社员小史 /16
编后话　编者 /20

銀社專刊

1

發刊詞

陳霽筠

桂林銀社是桂林市各銀行從業人員所組織的業餘劇團。自成立迄今，爲時僅及半年，公演凡兩次：第一次是救災義演，在上年七月；這一次原定元旦舉行，因新製服裝道具遲未竣事，延至元月二十日起，一連五天，才假藝術館正式上演。

銀社是業餘組織，對一般業餘劇團共同感受的困難自然無從避免。例如排戲，只能就各演員公餘的時間儘量利用，僅僅限於每日夜間短短的兩三小時，以故演技方面自難圓滿無缺。我們只有盡最大的努力，克服許多的困難，來完成這次公演。若說能有一點成績，則應歸功於各演員的刻苦排練，以及前後台多少無名英雄的合作。同時，我們還在此感謝爲我們幫忙的外界朋友。

由於本社歷史太短，由於人們對平劇的愛憎不一，遂決定出版一專刊，藉以加深社會對我們的認識，從而今後更能給予我們以寶貴的助力。

推源平劇，實濫觴於「亂彈」，始於秦腔，繼以徽調，而大成於皮黃。自前清乾道以還以迄如今，凡百年有奇。初經帝王貴族士大夫的積極提倡，再次逐步流播於各地民間。以其唱詞雅俗共賞，表演具有獨特的風格，故有今日風靡全國的地位。雖然一般詬病平劇者每認演技抽象，脫離現實；於劇情的封建毒素，尤多責難，可是，終不能絲毫影響廣大觀衆對它的愛好。足徵平劇自有其藝術價值，未可輕易磨滅。因爲東方藝術自有其特徵，大都崇尚「寫意」而摒棄「寫實」，不着重實質的襯托渲染，而側重於意象的慘淡經營。其感應之深，視之西洋藝術略無遜色。平劇在空洞無物的舞台之前，可作任何背景的表演，正如中國繪畫一樣，在一張白紙上描述幾枝蘭花相[illegible]，則鑒賞的人不必定要追究道爛漫的深邃，[illegible]精神上去欣賞牠們所含意象的美。平劇亦應作如是觀，舞台上演員一舉一動，「唱」「念」，都有藝術的表現。所謂「做工」即是舞蹈的節奏，「唱工」即是音樂的旋律。音樂與舞蹈交互綜合，平劇的藝術價值便存在其中，而使觀衆耳移目化，欣賞無已！

我們上邊對平劇的優點有所臚列，以上不過略一談及，藉使人們瞭知本社的創組並非在藝術上故意開倒車，致貽人以抱殘守缺之譏。而且，本社的成立，還具有另一目的：我們深深感到一般公務人員和銀行從業員公餘的生活平凡，有時甚至感覺無聊。爲了大家業餘的精神生活有所寄托，殊有積極提倡正當娛樂的必要。爲此，本社的成員除以各銀行員爲主，我們還歡迎其他機關的公教人員參加。（事實上已有許多參加）。這一來，或許在寂寞的山城，大家能夠因之獲得一些精神的安慰。

當茲公演匆忙，發刊倉促，尚希各界人士不吝匡教，本社同人實深感盼！

目錄

發刊詞
研究平劇發揚輔助社教工作
社長小史
說藝
漫談舊劇
銀社的組成與演出
平劇唸白與做工
怎樣學習平劇
本社簡章
職員一覽
我與金崧
社員小史
編後話

研究平劇發揚輔助社教工作

陽明炤

在音樂、彫刻、繪畫等各種藝術中，戲劇爲藝術中間最幼的分枝，卻要同時收受其他各種藝術的輔助，才能完成它自己的美處，這是戲劇與其他藝術相異之特點。

我國的戲劇，以地方性之不同，有粵劇、漢劇、越劇、湘劇、桂劇、徽劇及平劇之分，其中以平劇較爲普遍，而有研究之價值，考其原始，實導源於徽劇與漢劇。當遜清中葉，舊劇崐曲欣賞，漸告衰落，遂由漢調與徽調演化而成爲平劇，直至清末，慈禧太后，及一般王公大臣的酷嗜。上下風靡，遍及全國。

呂小秋先生之追韓信飾蕭何

平劇取材，多屬我國歷史、筆記、傳記、演義小說及社會習俗的好惡與奇異的事故，擷要取精，穿插點綴內容雖偏重於故事的演現，然對勸善懲惡，寓意頗深，於社會教育之輔導，不無效績，詞句多經文人撰潤，通俗簡明。易於了解，却不似各地方劇的粗率鄙俚，故爲一般上中級人士所愛好，流傳廣遠。

桂林在淪陷前，各省人士避難而來者麕集，精通平劇者頗不乏人，業餘之暇組織研究平劇團體者甚多。職業劇團來桂之演者，亦達三四起，其盛況開桂市未有之先河。敵陷桂林，一個華麗都市變成一片焦土，深爲痛惜，迨復元歸來，外籍人士及劇團均已各自返鄉，平劇上演，已如廣陵之散！

茲者，本市銀行界同仁發起組織銀社，將以研究平劇。提倡公餘正當娛樂，現以籌募基金，再度公演，并出版演出專刊，盼能從此悉心研究，隨時加以合理改良，多多公演，「在研究中求進步，在演習中求改良」，發揚光大，輔助社教，聊誌數言，以爲專刊紀念。

說藝

蘇新民

藝術可以陶冶性情，移風易俗，功效甚大。古代文明國家，均有其獨特之藝術，若希臘、羅馬、中國之先秦時代，藝術盛行，孔子弟子，亦咸乎風，而舞乎沂，蓋崇尚藝術之民族，其志趣高尚，民風淳樸也。近者，因資本主義之興起，人心澆薄，市儈之氣，充溢人世，藝術無中心思想，精神無所依托，國民道德，每況愈下。故有人提倡以「美育代宗教」之說，即所以振頹風，而挽末俗也。銀社同人，素擅藝術，且保存國粹，將發揚而光大之。爰書數言，以表所見。

三十六年十二月二十六日

穆稜銀社

藝術之光

蘇新民

漫談舊劇

余攜吉

中國舊劇，在魏晉六朝時，即已萌芽，不過那時只是「歌舞式」的戲劇；迨唐玄宗倡興「梨園子弟」，才有正式的戲班組織，但是此時的戲劇，是專供皇宮貴族的一種娛樂，劇人們在當時士大夫的眼中是瞧不起的，視之為「俳優」，其後在民間雖在自然發展，而社會制度上，仍有嚴格的限制，如伶人們及其子弟不能入學應舉，就是一個例子，並冠以「戲子」之名相稱謂，像這種鄙視伶人的觀念，一直遺留以迄於今，因此我國史家們在史策上絕少戲劇的記載，他們認為戲劇只不過是一種消閒的玩意而已。

然而一些話劇和電影一些新興藝術極度發達的時候，中國舊劇依然未被淘汰，反日趨蓬勃，而得到一般人仕愛護的原因，自亦有其本身的因素在：不過戲劇無論舞台藝術，它不比小說，它除了姿態和動作以外，是將台詞與連續聯繫的，為了地域的關係，語言的不同，遂有所謂地方劇的產生，如川劇、越劇、湘劇、漢劇、粵劇等等，而平劇又分南北，亦即京滬派：在各派中，雖然有些地方劇，確實談不上藝術，可是平劇，無疑地是佔着重要的地位，它無論在地域上或藝術本身上，都為其他舊劇所不及，即以之比諸話劇和歌劇，亦有優勝之處，因為它所表演的喜怒哀樂，聲色形態，直接貼服於觀眾者之心腦，借古鑑今，足收潛移默化之功，舉一個例子來說，假如我們要想形容一個人的奸滑陰險或善於臨機應變之狀，僅管你用生動的筆調去描寫，或以嫻熟的歌詞去流露，然而總不如平劇所演「捉放曹」「空城計」來得深刻透徹，動人心魄。

當然，平劇也有它的缺點，我們承認它是封建時代的產物，有很多的劇本，保留了濃厚的迷信封建的色彩，在這文化發達到最高潮的偉大時代裏，我們應該迎接西洋文明，把那舊有的封建產物，無論是文學與藝術方面的，都得滌滌淨盡，在戲劇方面，更應急起直追去推行新興的歌劇與話劇，然而我們却不能忍心把中國古代藝術，不加分辨地連其中某些可貴的價值，都完全廢棄。

比方平劇中之「打鼓罵曹」及「文昭關」，很能顯示當時有志之士對於統治者的仇恨與反抗，「林冲夜奔」與「打嚴嵩」，也是一般人民不滿當時政治設施的呼聲，「三娘教子」與「馬前潑水」更非常富有教育和啓迪的意義，「打漁殺家」則是描寫當日貧富階級的激烈鬥爭，還有「李陵碑」和「蘇武牧羊」，更是一個富於民族思想的優良劇本，劇中那種誓死不屈的精神，實在令人深深感動，此外像「四郎探母」「翠屏山」等，都是很有社會教育價值的。

子曾爲師，並入上海絲曲研究會研習著月琴爲銀社文場人物。

姚卿云　老角也，幼年工青衣，曾從教登台，租門改習場面，真能手也。

編後話

編者

編印這本刊的動機，正如前面社長所說，一方以加深社會對我們的認識，從而今後能給予我們以寶貴的助力。所以內容方面注重的將本社組織的各方面，活用的情形，社內的組織，社員的份子，和發揚出來以加深社會對我們的認識，另一方面是希望社會多多給予我們以寶貴的助力。這是我們懇切所企禱的。

我們決定編印這本專刊的時候，是決定要在第一次公演時候（一月日）出版的。後來因爲編版的時候，雖然，我們不惜川資，派專人到柳州去印刷的時候，但是仍然不能如我們的理想如期趕到，所以把出版延遲到今天，以致文字事而，有許多與時效上不合的地方，這是應該鄭重聲明的。

蒙陽、曾、黃三位廳長和蔡市長，賜與珠璣，給我們不少的鼓勵，謹表謝忱。

復蒙諸位社友，踴躍賜稿，使本刊物能夠充實的產生，這是群策群力的一個好例子但是因爲篇幅有限制，有好幾篇佳作不能在本期刊登，編者十分抱歉！好在以後還有第二期以至無窮期，所以大膽地留待下期再刊。請原諒，並希望各社友不斷的寫作源源的賜稿。還有「社員小史」，這次祇刊登了三十三位，原因亦復如是，同樣的抱歉！

中華民國三十七年一月　日印行

發行者：桂林銀社

編輯者：桂林銀社宣傳部

印刷者：廣西省立桂林職業學校附屬印刷工廠

47

邕龙矿讯月刊

（第五期）

出版时间

民国三十年（1941）四月一日

印 刷 者

广西邕龙区矿务处

发 行 者

广西邕龙区矿务处

第五期

民国三十年四月一日

战时领办煤矿办法（民国二十七年一月一日部令公布）
怎样寻觅金矿　嘉沛 /1a
再谈增加矿的产量问题　祖材 /1b
宾阳县陈平乡七星村南强金矿公司矿区矿床概略　嘉沛 /2b

矿务近讯　云鹏
依照非常时期采金暂行办法呈准备案之金矿区如有放弃必要应由原呈请人向省主管厅申报废业 /3a
矿务处纷纷派员勘测新领矿区 /3b
金矿采矿队来桂主持开发本省金矿 /3b
资委会锡钨锑管理处田东事务所迁邕 /3b
上林金矿经理处省府已派宁暟为经理 /4a
三自三友两公司欠缴矿区税　矿业权已被撤销 /4a
裕宝矿庄请发图照 /4a
资委会钨锑分处请查明大明矿业公司现状 /4a
大明矿业公司开股东会议　决议要案多项 /4b

小信箱
四、战时请领煤矿手续 /5a
五、函索本刊 /5b
六、介绍矿学书刊 /5b

转载：锡业管理处田东事务所矿商售卖矿品须知 /6a
各种矿品每公吨布价表 /6b
田东事务所收购各矿产品标准成份 /7a

邕龍鑛訊

月刊

第五期

目錄

怎樣尋覓金鑛……嘉沛
我對增加鑛的產量問題……祖材
賓陽縣陳平鄉×果村南發公司鑛廠鑛床概略……嘉沛
鑛務近訊……雲鵬
小信箱……編者
講義：錫業管理處粵東分事務所撰寄供稿
鑛苗須知

民國三十年四月一日出版

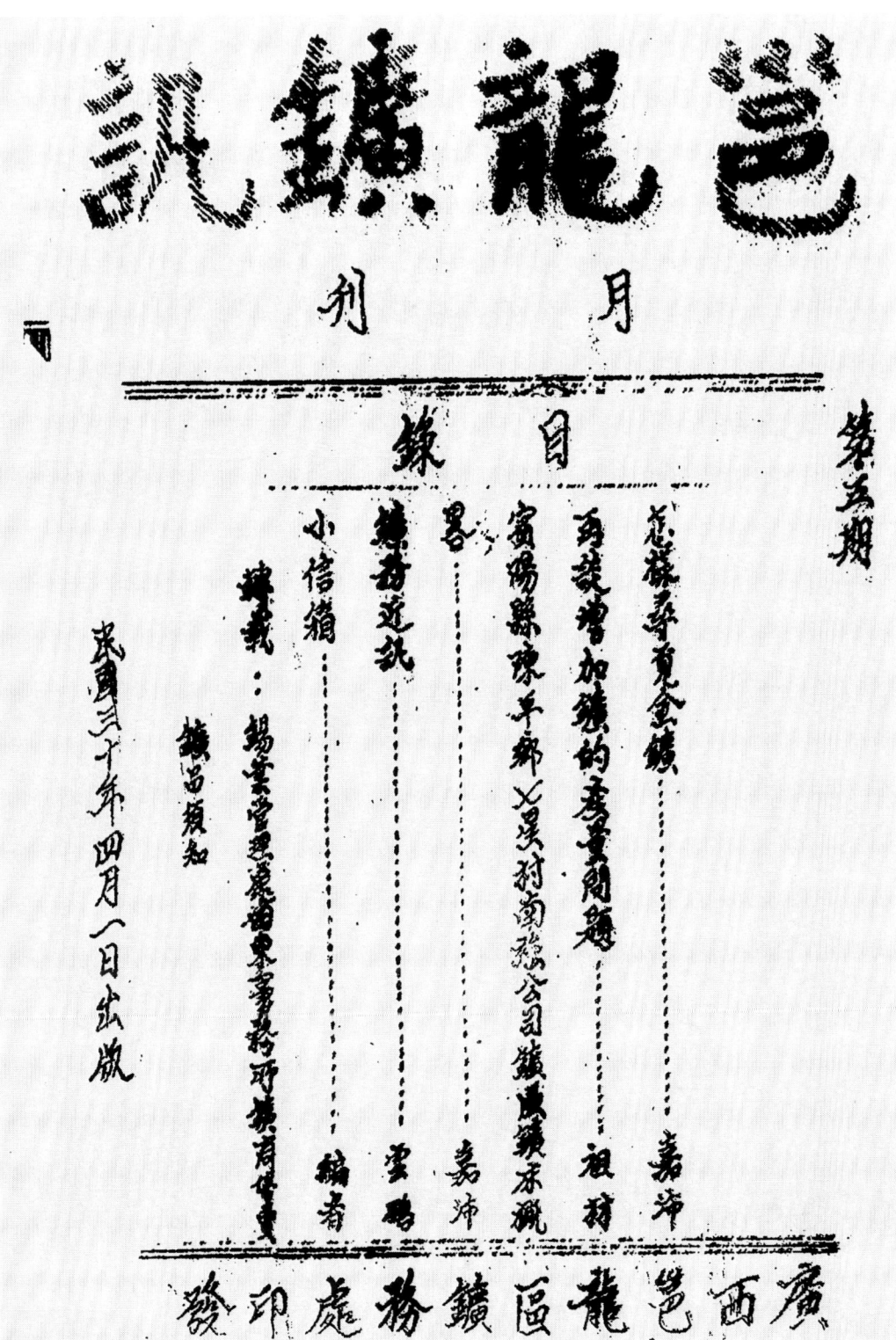

廣西邕龍區鑛務處印發

戰時領辦煤礦辦法

民國二十七年一月八日部令公布

第一條 凡在抗戰時期呈領煤礦區及經營煤礦業者依本辦法之規定

第二條 凡呈請設定煤礦礦業權者應依照礦業法規附具礦區圖附繳登記費並添繳查勘費弍拾元（一俟查竣後由主管官署查核如係呈請採礦並應依法附具礦床說明書

前項礦區圖如呈請人不能自行測繪時得呈請主管官署派員代為測繪但須呈明其東西南北四至及附近地內外詳細地名地形界限及約計面積等並附繳測繪費三十元

前二項所規定之查勘費測量費如不敷用者主管官署於派員查勘或測繪後得照實際不敷數目通知呈請人如數補繳

第三條 主管官署對於前條第一項之呈請應於十日內派員前往查勘並核定其道里之遠近事實之難易指定限期令知查勘員依限呈復非因事實上必要或不可抗力之故障查勘員對於前項之限期不得請求延展或藉故逾限呈復

第四條 礦業呈請地經查明無重複或抵觸礦業法第二十六條所列各情事時主管官署應於五日內即行通知原呈請人照礦業法規繳納執照費及第一期礦區稅並指定一個月以內之限期

主管官署收到前項費稅時應即通知原呈請人准予先行探礦或採礦同時轉報經濟部備查並依法附解各項費稅

第五條 礦業呈請人於初次呈請時即繳附執照費及第一期礦區稅並附具合法礦區圖者如其呈請地之附近區域內主管官署確知尚無他人呈領礦區者主管官署得於派員查勘前即依照前條第二項之規定辦理

（下接次頁）

48

邕宁地方自治人员训练所汇刊

出版时间

民国二十二年（1933）一月

刊名题字

陈寿民

邕宁地方自治人员训练所汇刊

民国二十三年一月

摄影

题字

省政府黄主席题字

民政厅雷厅长题字

邕宁地方自治人员训练所汇刊序　陈寿民 / 序 1

演讲词

省政府黄主席训词　乐必卿　苏伯虎笔记 /1

民政厅雷厅长训词 /3

省整委会韦委员永成演讲词 /5

省整委会黄委员钧达演讲词　吴嵩　雷建雄笔记 /7

汤茂如先生演说词 /10

南宁区梁民团指挥官翰嵩演讲词　李丽春　乐必卿笔记 /14

开学典礼陈所长训词 /16

开学典礼谢教育长训词　雷建雄　滕芳笔记 /17

毕业典礼陈所长训词 /18

毕业典礼谢教育长报告 /20

毕业学员宣誓监誓员于瑞云先生训词　吴嵩记录 /22

毕业学员宣誓谢教育长训词　吴嵩笔记 /23

各种章则

邕宁地方自治人员训练所简章 /24

邕宁地方自治人员训练所组织大纲 /25
邕宁地方自治人员训练所所务会议规程 /26
邕宁地方自治人员训练所办公细则 /27
学员惩罚规则 /27
课堂规则 /29
自修室规则 /30
职教员学员请假规则 /30
小组会议规则 /31
小组会议记录方式 /31
邕宁地方自治人员训练所入学规则 /32
邕宁县地方自治人员训练所学员保证书 /32
邕宁县地方自治人员训练所学员志愿书 /32
标语 /33

各项会议

所务会议记录 /33
小组会议论题及讨论摘要 /41
部别谈话会纪要 /47

各种社会运动

编组甲街镇宣传大纲 /68
“九一八”纪念告民众书 /69
捕蝇运动传单 /70
捕蝇运动总成绩表 /71

各项表册

本所毕业学员表 /72

本所职员一览表（民国二十一年五月填报）/73
本所教员一览表（民国二十一年五月填报）/75
全所平面图说明书（民国二十一年五月填报）/79
本所课程表（民国二十一年五月填报）/81
本所课堂日记表 /87
本所学员注册表 /88
本所第三队学员操行成绩考查表
本所学员每日缺席调查表
本所学员宿舍检查表
本所军事训练队六个月教育时间预定表
本所全期支出计算书
本所全期收支对照表
本所全期支出经常费比较表
本所第一、二、三区队学员年龄统计比较图
本所第一、二、三区队学员学籍统计比较图
全所学员区域统计比较图
本所学员缺课及成绩登记表
本所教员缺课登记表 /89
领取讲义登记册 /91

试题

入学试验各科试题 /93
毕业试验各科试题 /94

录

本所学员会章程 /104
本所同学会章程草案 /105
本所职教员年籍通讯一览表 /108
同学录 /119

邕寧地方自治人員訓練所彙刊

陳壽民題

邕寧縣地方自治人員訓練所彙刊序

建國大綱規定革命的程序，分爲三個時期：第一是軍政時期，第二是訓政時期，第三是憲政時期；按步實施，以完成三民主義的國家。現在軍政時期已結束，便是訓政時期的開始，訓政時期的工作，就是舉辦地方自治；但是舉辦地方自治，依照建國大綱的規定，要先由政府選派訓練合格人員，到各處協助人民籌備自治，那末，在未選派之前，不得不先加于訓練，爲着適應這種環境的需要，故有本所的誕生。

本所成立的使命，既如上述，可知本所學員的責任，是很重大的，不過訓練的時間爲期很促，以很短促的時間，研究所得，實屬微薄；惟各學員在所研究，尚能勤謹努力，所得雖屬微薄，而對於革命理論的探討，工作的進行，算是得到了一點路線和門徑，將來出爲社會服務，只要大家本着革命的精神鼓起青年的勇氣，照着所得的路線和門徑幹去，一面努力工作，一面抽暇讀其所未讀之書，以補助智識之不足，亦可減少許多困難，相信工作前途，一定順利無阻，而得着相當的効果；既有相當的効果貢獻于社會，那末，才不負政府的栽培，民衆的殷望啊！現値彙刋出版的時候，謹綴數言，弁諸簡端，願各勉旃！

所長陳壽民識
廿二年一月一日

邕寧地方自治人員訓練所第三區隊學員學籍統計比較圖

次序	學籍		人數	百分比
一	高小	肄業	1	1.428
二	高小	畢業	23	32.857
三	中學	肄業	17	24.286
四	中學	畢業	14	20
五	特種學校		8	11.428
六	無學籍者		7	10
	合計		70	100

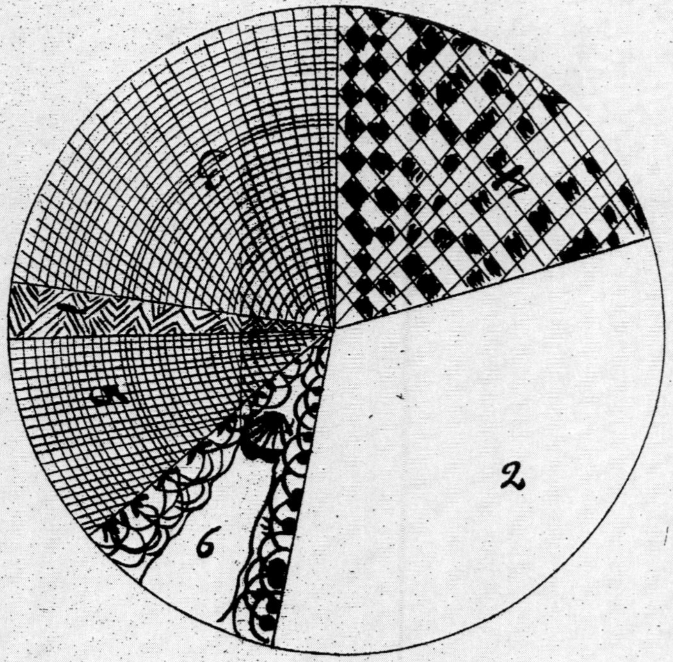
2
6

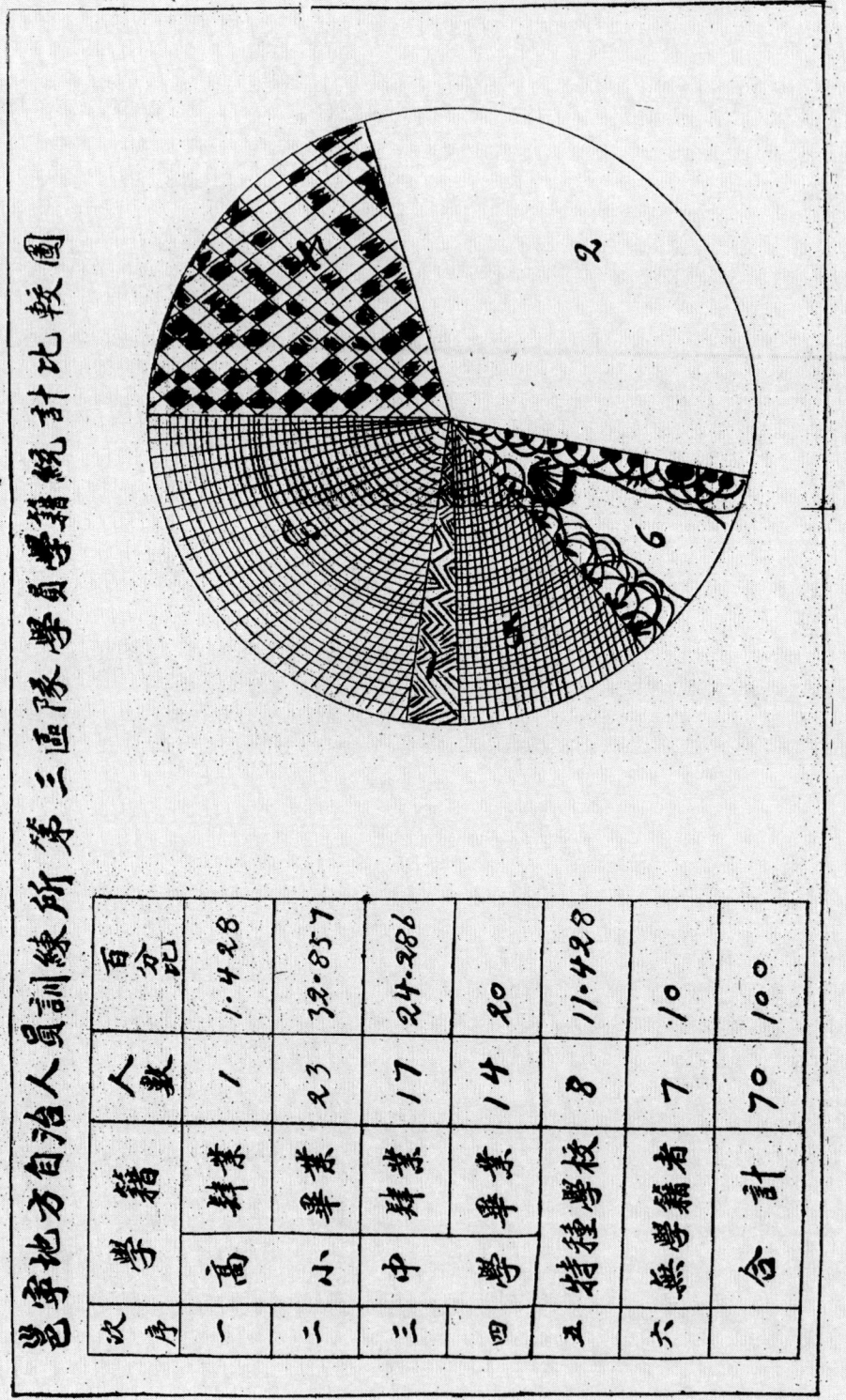

49

邕宁私立斑峰中学期刊

（创刊号）

出版时间

民国三十二年（1943）七月三十日

编 辑 者

邕宁私立斑峰初级中学学生自治会学术股

创刊号

民国三十二年七月三十日

发刊词　张浩鸿

校务概况：半年来教导工作报导　教导处 /1

特载：社会教育谈　冼烨荣 /5

论著

论第二次世界大战的因果　孙伯才 /6

在炮火中建立三民主义的新中国　李扬英 /7

科学研究：风雨预测　黄泽滔　黄辉 /8

工作报导

学生自治会工作简报　玉天锺等 /8

我在做上学　李祖有 /9

我们向出征军人家属致敬

——“七七”抗战六周年纪念劳军记　著操 /11

生活素描

生活断片　梁品标　黄干 /16

爬山比赛速写　著操

诗歌

黄昏　黄干 /15

战地回声　李祖有 /15

歌颂斑中　苏伦生 /16

附录

职教员通讯录 /16

学自治会第五届代表一览表 /17

学自治会第五届干事一览表 /17

学自治会风纪巡察团职员一览表 /17

学自治会消费合作社职员一览表 /17

同学录 /18

乐捐本刊印刷费同学题名 /21

编后话　编者 /22

邕寍私立班峰中學
期刊
中華民國三十二年七月三十日出版
寍私立班峰初級中學學生自治會學術股編

邕寧私立斑峯初級中學期刊目錄

發刊詞……張浩鴻

校務概況

半年來教導工作報導……教導處

特載

社會教育談……冼爗棨

論著

論第二次世界大戰的因果……孫伯才

在炮火中建立三民主義的新中國……李揚英

科學研究

風雨預測……黃輝 黃澤滔

工作報導

學生自治會工作簡報……玉天鐘等

我在做上學……李祖有

我們向出征軍人家屬致敬……著操

生活素描

生活斷片……梁品標 黃幹

爬山比賽速寫……著操

發刊詞

張浩鴻

美國教育家杜威(DEWEY)說：「學校即社會。」「學校是社會的縮影。」從這兩句銘言中，可見學校與社會關係的密切，學校生活不能超脫現實的社會生活。

本校創辦於暴敵烽火漫桂南的民國二十八年，六年來，賴董事長韋冠(卓霖)先生，校長李洪春(榮甫)先生，各董事，各同志的努力經營，在多難中成長起來，現在，已經是一間正式立案的私立中學校了。

本校深感所負的使命，與公立學校是同樣的，所以，自開辦後，一向都以「培植健全青年準備國家需」為抱負，教育設施，務重實際而避形式，招收學生，力求質的優良而不徒量的濫多，至於學風的振導，德育的强調，管教的嚴密，尤為本校不變的初衷。

然而，必須學校與社會打成一片，然後教育的功能才能發揮到社會去，同時，社會的現實始易反影入學校來，彼此緊握聯繫，共謀集體生活的增進。

可是，本校的地址深在偏僻的農村，生活情形，外間多未明瞭，為此，雖在物力惟艱的目前，亦草草編印本刊，以作報導，冀望賢明長官，教育界同仁，各界人士給予嚴正的批評與匡扶，這是我們嚶嚶之鳴。

一九四三，七，二十五，於本校辦公廳

詩歌

黃昏

黃幹

太陽，
陷入地平綫了；
天邊，
襯成一角的紅霞。
遠處，
已漸次迷濛，
近旁，
愈顯得愴悽。
村莊上，
縷縷炊烟，
在天空繚繞；
樹林裡，
周秋唤晚的鳥聲，
和應着，
由籠沿下的牧歌。
×　×　×　×
小孩，
放學回家了，
大人，
工作完結了；
整個村莊，
充溢了歸意。
在這時，
隔村不遠的鐵路傍，
那一個人，
正在淚流，呆思。
她，
是旱災的犧牲者，
飢餓線上的俘虜。
她，
是一個沒有了家庭，
也沒有了親族的可憐蟲，
到底何處是她的歸宿呢!?
×　×　×　×
陽光，
下山去了，
紅雲，變了漆黑；
遠近凝成陰森可怕的景象；
大地上，
一切都縮在夜之神懷抱裏，
寂寞無聲。
她，
仍舊在淚流，呆思。
人們在夢中快樂，
她却有什麼!?
黑暗終于把她包圍起來了。

戰地回聲

李祖有

中華遍野上，
正燃起了瀰漫的烽烟，
滔滔的流水，奏着戰鬥勝利的歌調。
為國盡忠的我們，
日夜於沙場搏鬥，
飽嘗着火烟彈藥的臭味，
踏着霜雪挺進。
×　×　×　×
當晚鴉惡惡悲歌歸巢的時候，
黑霧一片片的掠過我的眼前，
這時，正使人們感到私情的濃蜜，
但是，
我怎能插翼高飛，
飛到妳那醉人的襟懷，
並安慰我那雙親的熾念呢?
×　×　×　×
而今，
我想妳的心，
當如箭離弦的急，
火一樣的熱吧！
可是，
天涯海角，
只恨我這時沒有一個播音機，
馬上把我的衷情向妳申訴，
免得妳傷心。
×　×　×　×
我叫聲愛人呀！
我此次別妳，
是想完成國民應盡的責任，
克盡個人的天職，
從敵砲火的嘶裂聲中，
拯救國家民族的危機。
因此，
不能不下暫割愛而別了。

李鴻業	梁光皎	李偉初	黃珠琨
黃善詩	黃凝宣	周愛榮	黃澤沛
梁美蔡	梁世高	李自翹	張國威
賴文振	周有榮	李自昂	李秀蕃
蘇少岩	鍾澤華	梁品傑	蘇引光
玉文知	劉嗣迺	玉建度	玉振標
劉希朝	黃景崇	李文宗	蘇英豪
譚見明	李為凱	劉紹祖	李傑才
黃培彩	劉嗣斌	李振品	梁善慶
杜福沾	李春萃	梁文秀	周玉瑚
譚廣榮	李春侃	李春畯	周大舉
楊錦鳳	玉其昶	潘現清	玉餘松
黃緯焯	梁英凡	黃美傑	李祖權
玉兆宏	楊品留	黃耀民	黃達忠
黃立平	楊品瑞	區榮鎬	文明達
吳文韡	楊耀球	李大榮	黃正鐄
劉嗣容	黃汝標	黃汝琴	劉榮任
李雲鶴	顏天能	玉顯鑒	梁德蕃
譚履林	廖光昌	黃壽固	梁文茂
梁名茂	黃永達	孫　克	黃福旺
樊進德	李文匡	何永合	何向榮
黃定邦	蘇仁紛	李瑞珠	孫善文
梁貴尊	廖光暄	雷運啓	孫煥長
孫君忠	李碩才	梁成宏	楊玉琨
莫啓聯	黃慰文	莫萬佳	

以上一百四十七人捐國幣拾元

編後話

編者

我們編完這本刊物的時候，雖然還處處感到有不滿意的地方，可是，總算完成了一件事——在我們看是一件大事，現在，我們帶着愉快的心情來向親愛的讀者說幾句話：

一、我們這次出刊，籌備時間迫促，李校長因為忙於校務，各位老師也以工作緊張，多讓出一些篇幅來供我們學習，現僅蒙張主任及冼老師於忽忙中撥冗惠賜大作，敬謹鳴謝。

二、本刊所載同學的文章，都是作者的真面目，這里既沒有寫作的騙子，亦缺乏美麗的思想外衣，為求實在，我們寧願獻醜供人家的笑料，而不打算硬把作者的文字刪改——變形或變質，作虛偽的報導。

三、附錄教職員及同學的通訊處。以便日後通訊，永遠聯繫。

四、本刊印刷費用，除呈請校方津貼外，餘由各同學自由樂捐，當學治會發出捐冊的時候，同學們都懷着滿腔的熱情踴躍地認捐，這種出人意料外的現象，（一時共捐得國幣千餘元）不會表現出本校同學愛護團體的精神，且好像為編者注射興奮針一樣，謹將他們的芳名登載本刊，藉留紀念，並示謝意。

五、我們是處女編輯，在進行工作中，有如小鼠初入迷津找[illegible]物一樣，橫衝直撞，錯[illegible]地方，自知難免，謹以赤誠，虛心[illegible]讀者指正。

50

邕宁县立国民中学成立十一周年纪念特刊

出版时间

民国三十三年（1944）四月二十日

邕宁县立国民中学成立十一周年纪念特刊

民国三十三年四月二十日

致敬读者　覃立基 /2

三十二年度桂林区训导会议陈部长训词　陈立夫 /2

邕宁国中十一周年纪念献词及题字　各机关长官 /3

本校沿革及现状　覃立基 /3

教务处概况　周仁 /6

训导概况　商霖 /8

一年来事务处工作概况　周济可 /11

体育概况　雷文桓 /12

农业生产工作概况　黄世安 /14

童子军教育的基本观念　徐日名 /15

本校环境素描　韦善林 /17

告别　雷时旸等执笔 /18

青春的乐园——生活剪影　林德兴等执笔 /19

记我们一日的生活　张洪 /22

我们的农场　黄纲等执笔 /22

员生通讯处 /24

编后话 /34

邕寧縣立國民中學成立十一週年紀念特刊

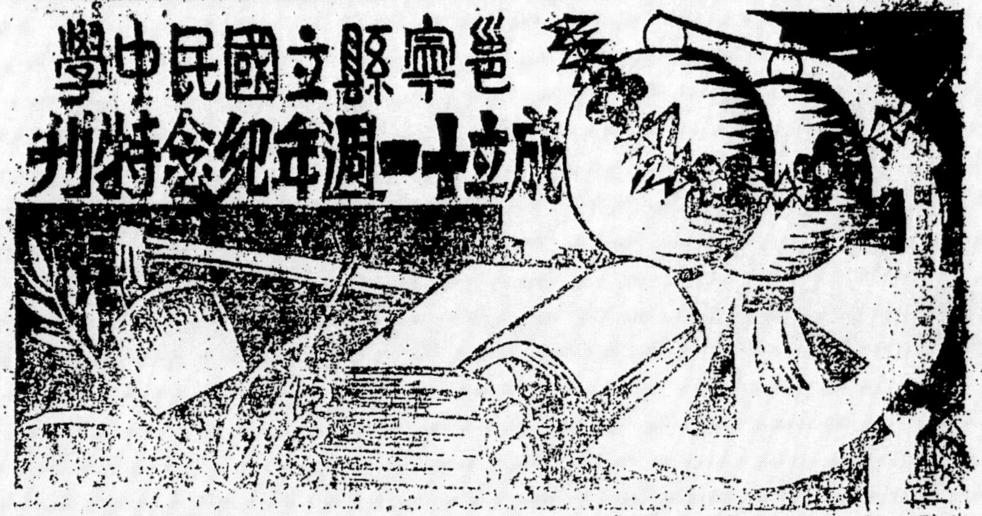

中華民國三十三年四月二十日

目錄

一、敬致讀者……[illegible]
二、陳部長訓詞……陳立夫
三、獻詞及題字……各機關長官
四、本校沿革及現狀……覃立基
五、教務處概況……周　仁
六、訓導概況……[illegible]
七、一年來事務處工作概況……劉濟可
八、體育概況……雷文植
九、農業生產工作概況……黃伯安
十、童子軍教育的基本觀念……徐日名
十一、本校環境素描……師二班學生袁善林
十二、告別……執筆者初中第一班第六學期 雷時暘 滕挺培 梁恆哲 韋貴總 覃子機 黃子生 呂壁森 吳仁燦
十三、春天的樂園……執筆者前期第廿九班 林鎮興 黃緒 李瑞 劉士鑑
十四、記我們一日的生活……前期第九班 張洪
十五、我們的農場……執筆者前期廿七班 黃劍 岑漢高 陸平 歐通琪
十六、最生通訊處
十七、編後話

，「荷香冰面」的時節，我們受着畢業所驅使，如「羣雁紛散」「孤鴻遠征」，天涯各方，不知是否還能過此集體生活?!所以我們近來所感到的，惟有離別淒楚與悵惘的心緒。

然而，我們要深知道，離別是人生的常事，要明瞭男兒志在四方，豈能像鹿豕樣子，常常鬪在一塊兒呢？要是人生的旅途是求平平安安的過去，未免覺得太過於平淡，乏味，單調，枯燥和覺得無價值。我們以爲人生的旅途需曲綫，才是最合理的人生啊！這就是說：『一若踏上了人生旅途的人們，卻應該去飽嘗艱苦和努力創造出新的生命來！』尤其是我們國家現在正是大敵當前與太平洋風雲最緊急的時候，我們青年更要有奮發的意志，都不怕困難與犧牲，站在民族革命鬥爭的最前綫，發動和領導廣大的民衆，給與敵人嚴重的大打擊，這樣，中國將來始有大放光明的一天！

暫別了！親愛的老師們！同學們！

別後，升學或就業，也難決定，我以爲在我們離校後，雖然大家在形跡上是分離了，但我們還要組織校友會，時常通訊，使同學中在學上仍得到聯繫，於師生間在感情上仍保持濃厚，這樣才使我們於別後的生活上，學習上，能得到上進，好比仍在校中一樣的學習，和工作。

敬愛的老師們，親愛的同學們！暫別了，暫別了！我們還一樣的去學習，一樣的去工作，祗要我們時常通訊，那末我們使得如在校裏一樣的去過生活！

暫別了，暫別了！我們虔敬地希望老師們，同學們今後給我們以多多的指導和幫助，這是我們十二萬分的渴望着啊！而願我們的精神與感情是永遠的熔在一爐上啊！

青春的樂園

——生活剪影——

執筆者前期廿九班　林德興　李華　黃銘　劉士鐘

（一）

黎明的號音，吹亮了黑暗的大地，吹醒了夢鄉的人們。

平坦的操場上，匯集了五百多個同學們，列着嚴整的隊伍，候着，升旗及朝會。

朝會開始了。雄壯莊嚴的國歌，是廣大羣衆的歌唱，歌聲突破大地的寂寞，震盪黎明的田野和山岡……。隨着，一陣陣雄亮的號音，把國旗徐徐的送上天空，在曉風拂拂中，飄揚、飄揚……

升旗過後，接着是校長，各主任，各老師報告校務或作精神講話。

報告過後，隨着早操開始了；廣大的操場上，五百多個同學，擴大了每個人的距離，在體育老師領導下，做着各式各樣的强身體操。……

火紅的朝陽，在東方的天邊上，慢慢的昇着；露出了半個微笑的紅臉，在屋脊上，樹梢間，報導着時間的進度，給大地上的人們。

如是，我們在下早操的號音中，解散了。

（二）

上課的時間到了。

我們在號音的催促中，步入課堂。

課堂，佈置得是有條有理的，擺列着整整齊齊的課椅，課桌，前面懸掛　國父遺像，四壁張貼着整整齊齊的訓導標語，上課時間表，工作分配表及地圖，後壁，陳列着一行我們常用的鋤頭、掛着兩列青草色的雨帽。……

老師，在講壇上講解着。每個人的目光視線，都注視到課本上。在嚴肅的時刻裏，除窗外林間吱吱喳喳的鳥兒歌唱外沒有聽見到作聲。

實驗，一張長方形的課桌上，擺着實驗的儀器，和實驗的化學藥品。幾十

51

逸中生活（元旦特刊）

出版时间

民国三十二年（1943）元旦

编　辑　者

逸仙中学校刊编委会

印　刷　者

逸仙中学校刊编委会

逸中生活（元旦特刊）

民国三十二年元旦

迎民国三十二年元旦并勉本校同仁（代发刊词） 李民欣 /1
校史纪要 刘嘉伟 /3
题词 梁式恒 /4

一年来本校行政状况
一年来本校教务实况 阮如海 /5
一年来的训导工作 邓克遥 /9
事务实施概况 陈礼全 /12
附表一：广东旅桂私立中学历年收入比较表
附表二：本校历年度上下学期征收各级学生费用一览表
附表三：本校历年度岁出经常费统计表
本校现任校董题名
体育与卫生 卢志年 /14
童军训练一瞥 林康礼 /15

论著
训导工作实施上的三种反应 阮如海 /17
怎样学习数学 叶守泽 /19
中国童子军教育理论与实践 陈伟聪 /19
关于英语学习的几个问题 麦树楠 /21
中学生怎样读历史 林瑞霭 /23
中学地理教育之我见 张莺铃 /26

诗词
澄江留别和竺同教授韵　锡公 /27
东川征途　锡公 /27
感怀三首　锡公 /27
西江月·澄江感旧　治公 /27
菩萨蛮·武江寄怀　治公 /27

怎样去认识图画　陈仲刚 /27
健康教育谈　潘劲夫 /28

逸中生活

生活·学习·工作报导
我们的学治会　梁赓强 /1
团务在逸中　尹达夫 /1
女生园地　刘家泰 /3
我们要再努力　李鸿娴 /3
高二班的动态　黎汉文 /4
我们的高三　薛玉持 /5
一切在学习中　张锡福 /5
工作一学期　赵家经 /6
半年来的检讨　李钧益 /6
我们的工作　初九班 /7
生活打在一片　赵光材 /8
我们的自白　芳明 /9

新的展望　黄俊军 /10
向哥哥们学习　刘群华 /10

文艺习作

守夜　陈乃奇 /11
农场一课　廖曾荣 /12

要目

迎民國三十二年元旦并勉本校同仁　民欣
校史紀要　劉嘉偉
一年來本校教務實況　阮如海
一年來的訓導工作　鄧克遙

民國三十二年元旦日出版
逸仙中學校刊編委會編印

乃發宏願爲學校籌款改建，一年之間承各方捐助將及四十萬元乃聘桂林市政府工務科長鄭紹榮先生設計將校舍修建，合理圖則，業已繪就，所有禮堂教室宿舍及圖書，科學，訓導，療養各館均一一設計，分期建築，現正準備建設第一期之教室，估價卅餘萬元，預計明年即可落成，至其餘建築物則約計尚需七十萬。想學校日益進展，師生日益努力，熱心人士當有樂助吾人之成功者。卅二年一月初中六，七班畢業，現正辦理招考初中十六，十七班暨高中第四班學生，並於三十二年元旦舉行本校學生成績展覽會。內容雖未見充實，然均爲各學生平素之成績，最忠實的陳列於社會人士之前，毫不假裝。本校成立四年，展覽成績，此爲第一次。亦足紀也。

逸中生活新年特刊

學而後知不足
教而後知困

梁式恒題

梁式恒印

詩 詞

溆江留別和竺同教授韻

錫公

萬里投逸豈足羞？荒山亂石欠溫柔。
已傷故國經千劫，易見寒林度幾秋。
塵世逢機識知己，醉中飛句僻離憂。
又將遠別千峰外，惆悵登臨共一樓。

東川征途

昨夜宿醒醉未醒，又騎驢馬逐殘星。
雞鳴野店無人跡，犬吠荒村有路經。
路轉千峰滄聲澗，心如飛絮更飄零。
從今再到東川去，山樹悲風不忍聽！

感懷

一從毒燄陷神州，遂作雲南萬里遊。
塵海波瀾無限恨，天涯風雨幾番秋。
故鄉杳[illegible]，[illegible]似水流。
獨自孤居音信絕，松風竹雨困人愁。

又

頭白逃兮萬里濱，悽然長歎問蒼天。
懷才落落悲屈置，獨客飄飄愧隨仙。
西風又拂南山葉，冷月[illegible]侵北地鵑。
惆悵孤窮空寂寂，有誰伴我讀殘篇？

又

何事飄零故國辭，三年關嶺未逃歸！
傷情日夜悲風至，對景難排舊願違。
流水：「不能離我去！」落花「請勿背余飛！」
不堪回首東來望，滿眼凄零淚染衣！

治公

一 西江月 溆江感舊

風冷遙傳曉角，城頭月落烏啼，寒紋燈影兩淒迷，知我幾回無[illegible]，南苑竹聲蕉影，綠窗詩影琴絲，生涯此日似蹤非，別有一般滋味！

二 菩薩蠻 武江寄懷

疏篁屏列蒼蒼岩，微雲一抹[illegible]鷄翎。下瞰武江江清，江山無限情！水程乘歸路，遲送人無數。幾見淡山容？歸思時[illegible]濃。

怎樣去認識圖畫

陳仲剛

在藝術各部門中，最簡單而容易直接傳達人的感情的就是圖畫了。它沒有像文學那樣抽象地把內容貫輸入讀者的腦里，也沒有像一幕戲劇那樣需要各方面藝術的綜合起來才能傳達它的意思，它是直接把形象再現出來給讀者。所以，有人說圖畫是視覺的藝術。

但是，圖畫並不是把形象再現就算終止了它的意義的，在現代的繪畫中，除了要求它的造型與結構，光，綫和色的正確與調協外，更重要的是表現了作者的感情，思想，和認識這社會的組織狀態，換一句話說，就是紀錄人類的活動，以至將繪畫作為引導人類的精神生活向着真，善，美的大道上進行的工具之一。

所以，我們去欣賞一張圖畫，應該否認過去有閑者們那樣短小的目光和見解，而是從社會的基礎出發來理解作者及其作品內容，也只有這樣，我們才能從欣賞的過程中增益我們的認識，分別愛，憎的現實。

「繪畫本藝於文章」，倘若我們將拿繪畫作為我們對于人類的精神建設的事業，那麼，我們的學問不止限於能夠欣賞了。

逸中生活

目　次

生活·學習·工作報導

1、我們的學治會……梁慶强（1）
2、團務在逸中……尹建夫（2）
3、女生園地……劉家泰（3）
4、我們要再努力……李鴻嫻（4）
5、高二班的動態……鄧漢文（4）
6、我們的高三……薛玉持（5）
7、一切在學習中……張錫福（5）
8、工作一學期……趙家經（6）
9、半年來的檢討……李鈞鑫（6）
10 我們的工作……初九班（7）
11 生活打在一片……趙光材（8）
12 我們的自白……芳　明（9）
13 新的展望……黃俊軍（10）
14 向哥哥們學習……劉羣華（10）

文藝習作

1、守夜……陳乃琦（11）
2、農場一課……廖曾榮（12）

工作一學期

趙家經

我們的班會在這一學期中有的進步了，同時有的也退步了，如果眞正的把自己來檢討一下，那我們自己也該要感到慚愧的，因爲我們的工作實在做得太少了呀！

本班班會的工作可分兩方面來說：第一、是班際的——學校方面我們參加了學治會主辦的班際的壁報比賽，得到導師不斷的鼓勵和幫助，並且揚言非得到冠軍獎不可，於是激起了同學們的熱情，在這個目標之下努力工作，終于給我們的熱情和努力獲了勝，我們如願以償的得到了壁報比賽的冠軍獎，達到了目標，在這次工作中，尤其努力的便是我們那兩位做學術股幹事的女同學，她們整夜不睡地拼命地趕排壁報，用「開夜車」的方式來替班會服務，這是多麼值得我們敬佩呵！

球類的比賽我們又不行了：一方面是因爲我們不能抽出充份的時間去練習，另一方面是由于我們班裏所有的籃球戰士差不多都走光了，雖然還剩下一兩個，那是敵不過別人完整的隊伍的。排球我們根本就沒有和別班比賽過，因爲本班會「搓」的同學並不多呀！

勞作的競爭我們雖然沒有勝利，但我們的成績並不見得差，我們已經在學校加過幾次菜了。

講到第二方面，就是關于我們班內自己的事情，我們也可以隨便的講幾點——我們在這個學期就要畢業了，大家以後將要分散，所以我們的導師提議我們同學們拍了些生活照片，把我們今天聚首一堂的一切生活攝取下來以留紀念，以供日後的回憶。

我們還籌備着一個同學錄，上面有本班每個同學姓名、性別、年齡、籍貫、住址，以及各同學個人所喜的幾句作紀念的話，這樣做不會是沒有意思的。同時我們還要去做一個紀念章，看到了它和同學錄及照片時會使我們追憶起那些已離開了的同學和我們大家曾同過的快活時光，那時，或者會得到一點暫時的快慰。（其實也許會引起了我們更多的憂愁——）

此外，班會各股的負責人都很努力，而且都還得到一班同學熱心的幫助，因此各項工作都能很順利推行。因爲沒有什麼特別的地方可記，故在此無須多寫。

半年來的檢討

第八班 李鈞益

本學期班會是由全校統一成立，如此，省去了不少瑣碎的事情，學術股與壁報股從容地將第一期——班會成立專刊，展現了出來，這正適合我們這學期的目的——學習。

第一次的幹事會展開後：由學術股訂了一份大公報，一份力報，和幾份雜誌，英語半月刊，以補助同學的學術上的營養不足。生活股：組織起歌詠隊，開始練習。

我們學習程度的低落，由於幾學期的堆積。學校爲補救這缺憾起見，經各教師的苦心考慮，決定加重我們的學習，使到每個同學都能加强了自己的學科水準，例如數學一科，以前落第的就佔全數的三份之二，然而這學期卻轉變了一下，甲等的祇佔三份之一，丙等的卻寥寥可數，這證實的學習的迅速，也反証出同學勤習好學了。

在着重於學習方針下，活動當然減少了，但在緊張的學習下，於十月廿四日那天（也就是規定的旅行期），我們全體旅行飛鵝山，在風和氣爽的初秋，四十多個青年，担着他們的炊具，愉快的向着飛鵝山進發，痛快的遊了一回山，欣賞了一場秋天的美景，這對我們生活上得到了不少的調劑，班會每次都自動的開着，每次都熱烈的進行着，對工作方面漸漸的增強，對同學個別上熱烈的檢討一切的過失。

學期已過了大半，在工作成績上，壁報出版了三期，第三期——元旦特刊，已正在進行，團體上音樂比賽，奪獲了第一名，個人的演講比賽也是獲了冠軍，這都是由於個人學習的成績的表現，使同學能各將所能儘量發揮之。

第二次幹事會開後，又決定了，在班裏舉行清潔競賽，並在全校清潔比賽裏，獲得一個優月錦標，工作比賽各同學都能盡力維護本班，工作的結果，使得獲得錦標的諾言，我們不敢因此自滿，一切一切工作，還在學校規定的原則下，和導師指導下，[illegible]地力求進步，我們還要誠接受各位師長及同學批評及指示！

文藝習作

守夜　陳乃奇

夜，無邊無底的黑夜。

夜霧低低地壓着，不動聲色的佔了整個空間，沒有星光，也沒有月亮，十二月的寒風，挾着凜冽的勢力，淒厲的呼嘯着，草木冷索地打着顫抖，大地凝凍了。

在掛着昏黃油燈的亭子裏，我們面對面的站着明斜着頭，臉上染上一層陰影，痛苦地睜起笨重的眼皮來，黑的眼珠微露着，失去了明朗的光芒，大粗黑的眉毛底上嵌着兩隻發光的大眼睛，極力地注射着四，但暗暗地笑了，純潔的心靈充滿着生命的活力。

夜漸漸的深了。

一片靜，一片黑，我感到一陣寂寞升起來，這靜默在我底的周圍，做成一個靜穆的孤獨，祇有從遠處廠裏的機器轉動的聲音，夜霧似的飄來，一首偉人大夢的曲調啊！

沒有聽出院子外有人的腳步在行走。但在眼前一片灰暗裏，模糊的看到一個黑影走近教師宿舍大門！恐怖，處處隱藏着黑夜的可怕鬼影。

我咬咬着口唇，踏着緊步，勇敢地去巡邏，柚子、枷莉、芙蓉一團團黑，一陣一陣尖屑的寒風在搖動殘衰了的敗葉。我的面頰上觸着風的爪牙，但卻忘卻了寒冷的顫抖，好像有着美麗的希望在引誘我。

花園裏，微微的玫瑰氣息，清淡的茉莉，芬芳的夜，在白天裏，牠做出千百亂嬌娜的姿態，夜裏，牠發出銀色的光輝………

籬笆外，響着一串蟋蟀；我用耳朵靜靜地向籬笆外傾聽着，突然寂靜了，使我害怕得牙齒緊切着發着哆嗦。

遙遠郊外稀疏的燈光透過暗淡的夜空，放着寒光，有的好像含着淚水的大眼，有的好像在深合的霧海中待要沉滅的漁火，有的好像………

接班的同學來了，我便蹣跚地往宿舍走，……輕輕地推開門，什麼聲息也沒有，同時已入甜蜜的夢鄉了。

也不斷的站在一邊，只顧嘮嘮叨叨的說着這一大堆不入耳的話，當她不能再說下去的時候，彼一種突如其來的聲响間斷了，原來這時剛剛從辦公室裏出來巡視着我們工作的校長，正在她底後面聽到了她的這一句話，便很客氣地對着我們說：『做事不論大小難易，祇要不論易大難長，總要有毅力，有苦心，能忍耐，便什麼問題都會解決的了，白菜和白菜也不是一樣嗎？快點努力！努力地做下去，將來總會有收穫的一天，——！』這時：大家早已經是在熱烈的工作着，鬆土啦！排水啦！除雜草搬石塊！……………。

那位剛才說幾話的同學，也因為了校長這一番的說話，把她說服了，反而提起了勁，更加努力的去拔，去種了。

這時：大家只有興奮，只有熱情，而沒有覺得半點的疲乏和困苦，更不會因為了幾點的汗珠而把工作停頓了下來。我們的校長，從來也因為在看見了這人令一幅興奮的情緒，而微微一地笑轉開了我們。

然而：使我們最掃興的，就是號兵隨着校長底矮個子的影兒的消逝，很快的便吹起下課號來了！這是一剎那間呢：大家都不約而同的發出了！

『唉！真快咯，這畢的又白白地溜了一堂——。』

一九四二、十二、十七脫完稿於邕中　高一課室

52

游击半月刊

（第一期、第三期、第四期）

出版时间

民国二十九年（1940）二月十六日

至民国二十九年四月一日

编 辑 者

学生军第一团二大队部

出 版 者

游击出版社

发 行 者

学生军一团二大队文化供应站

第一期

民国二十九年二月十六日

见面的话　功甫 /1
反侵略的二义　李宗仁 /2
论今后的华南战局　夏衍 /2
组织国际反侵略势力　白崇禧 /3
日人目前的军事攻势　王拓 /5
欧战为什么这样沉寂　劲风译 /7
领导青年的作风　程思远题 /8
危机四伏的巴尔干　于俊译 /9
日米内新阁　王迅中 /10
日本的兵力及其企图　恽逸群 /12
日本外交的基本认识论　宋斐如 /13
二十八年一年间日军战略发展和战局全貌　羊枣 /13
胜利年的第一次胜利——记粤北的扫荡战　刘宁 /20
战地通讯：广西学生军在最前线　陆茵 /22
怎样才是反侵略　张铁生 /24
怎样领导民众游击　第六中队第三分队 /25

第三期（宪政问题特辑）

民国二十九年三月十六日

以力行宪政来纪念总理　苏此林 /1
实施宪政运动底先决条件是什么？　群众 /2

中山先生与宪政　石西民 /5
青年与宪政　绳 /11
关于宪政的几件事　沈钧儒 /13
宪政问题讨论总结　记者学会 /18
宪政与民权　彭林生 /20
歧途上的危机　长江 /21
苏联胜利以后　大公报 /24
迎胜利的年代　林侠子 /25
两年半来之抗战的检讨（续上期）　丹枫 /26
致落伍者　华嘉 /28

第四期

民国二十九年四月一日

侵华日军的新动向　恽逸群 /1
欧战东移与中国（一）　夏衍 /3
苏芬和平与苏日关系　《珠江报》社论 /5
苏日谈判不侵协定之说如何？　《大公报》社评 /6
苏联是不是德国的同盟　胡南译 /11
论中苏的邦交　宾业绳 /16
欧战又一阶段　《星岛报》社论 /19
访问蒋经国先生　曹聚仁 /21
生长在这大时代中的我们　镜心 /24
愿你——献给抗敌救亡的战士　叶仁词　老三曲

見面的話

功甫

"游擊手"是以前大聲齊"游擊報"的繼續，過去曾受本署前廳各工作同志的愛護而出版了好幾月，惟以後因我們工作同志的調動與客觀環境條件的限制，使"游擊報"在不斷地奮斗中暫停了刊，這是最大的不幸。

現在為了工作同志的分散，游市中文化糧食的缺乏，使我相當的困難，在這情形之下，"游擊"的任務是比前更重大了一点，"他"為了緊握着自己的崗位，負起自己的任務，冒然艱難的條件還多，而今天"游擊"終于掙扎出來與各位見面了。

"他"的使命是在抗戰建國洪流中站在特定的崗位上負擔着全大隊的教育及需要求，而正確我們抗戰建國的思想，提高我們抗戰建國的精神，使由此思想與精神所指導的革命行動，在三民主義之下，在中國國民黨及總裁領導之下完成抗戰必勝建國必成的使命。

雖然，"他"的內容：一部分是摘錄各方的文章，以補同志們對于報紙雜誌甚為隔膜這一缺点，而該関于工作的經驗與教訓，文藝通訊，專題研究及詩事述評的文章也同樣注重，望各同志們多多投稿，和我們的游擊手緊携着手，本刊是各同志們共同共有的武器，是大家共耕的"用園"，在大家共同鍛鍊與耕耘之下，這"武器"才會堅銳而強韌，這"用園"才會秀麗而壯茂，這不特是"他"熱誠的盼望，而且每一個工作同志都應該負起這責任

漢奸論調

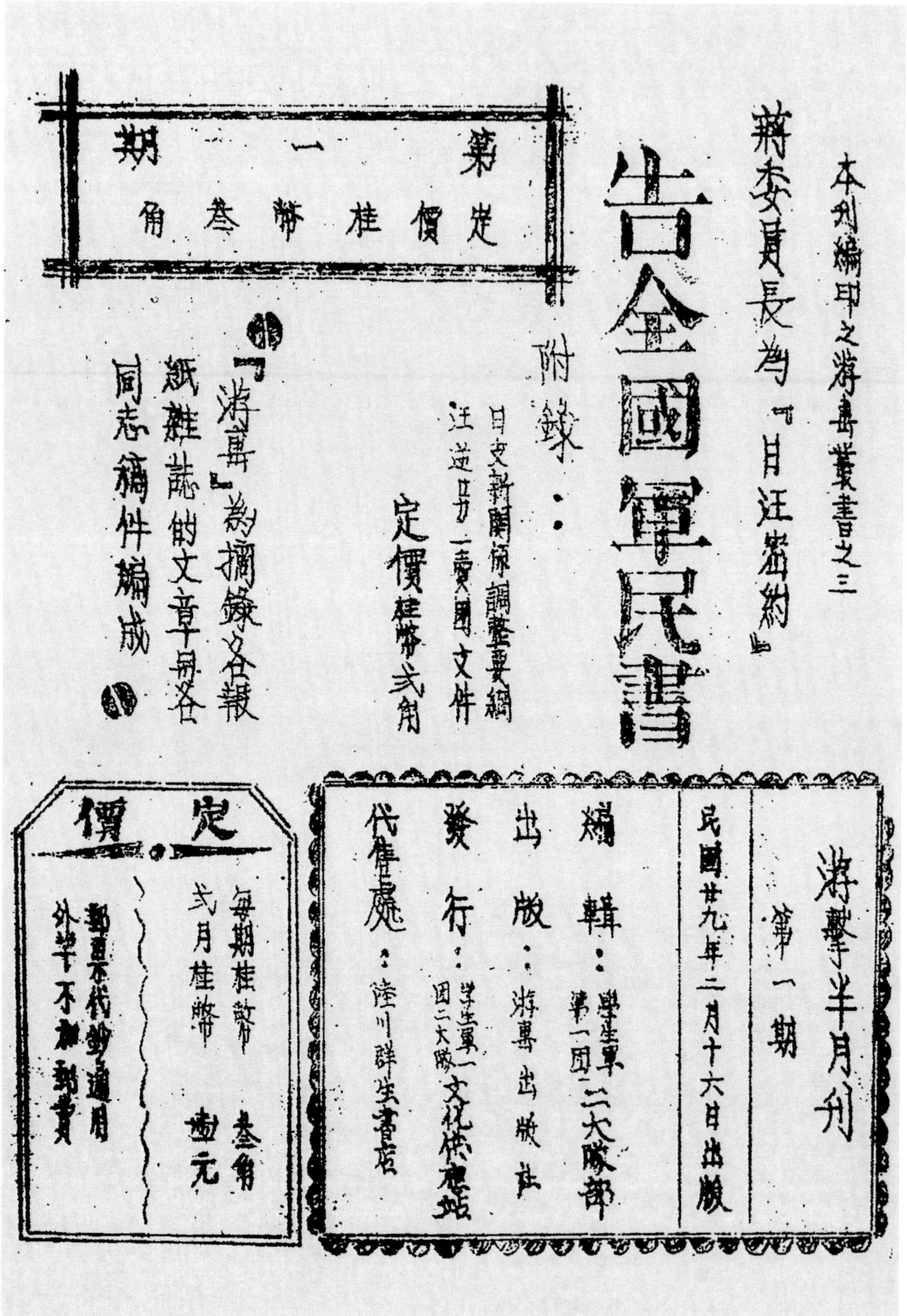

本刊編印之游擊叢書之三

蔣委員長為「日汪密約」

告全國軍民書

附錄：

日支新關係調整要綱

汪逆另一賣國文件

定價桂幣弍角

第一期

定價桂幣叁角

「游擊」為摘錄各報紙雜誌的文章和各同志稿件編成

游擊半月刊

第一期

民國廿九年二月十六日出版

編輯：學生軍第一團二大隊部

出版：游擊出版社

發行：學生軍一團二大隊文化供應站

代售處：陸川群生書店

定價

每期桂幣叁角

弍月桂幣壹元

郵票不代鈔通用

外埠不加郵費

游擊

半月刊

3

中華民國廿九年三月十六日出版

0007

編輯‥廣西學生軍弌團弍大隊部

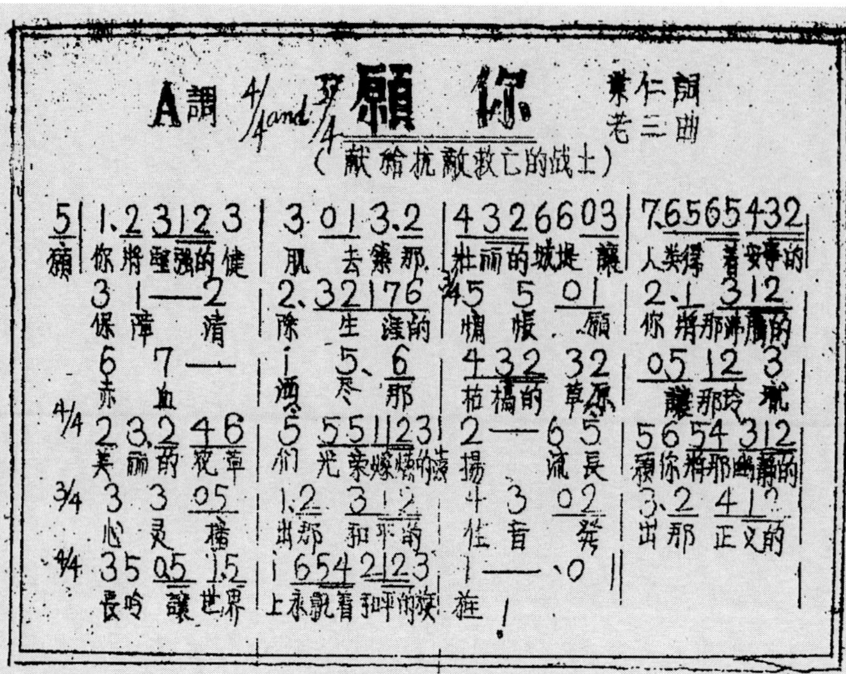
A調 4/4 and 3/4
願你
葉仁朗詞
老三曲
（献給抗敵救亡的战士）

本刊徵稿啟事

1.内容分将来连载，专题研究，工作经验，古典翻文艺通讯，诗歌尤其是集体創作更為欢迎，希望各同志踊躍投稿。

2.来稿以白話文為主，並須繕寫清楚加以新式標点。

3.来稿以三千字以下者為限，特别稿件例外，本刊有增删权，不願修改須附带声明。

4.来稿登載与否概不退还，但声明並附足郵票者例外。

5.来稿一經登載者以本刊為致酬。

6.来稿在每月十日廿日截止，

7.来稿請寄濱川学生軍一团二大隊講習出版社。

實價國幣壹角伍分

53

郁林民国日报副刊
指南针

（第二卷第一期至第八十期、
第八十二期至第九十九期）

出版时间

民国二十二年（1933）九月二十一日

至民国二十三年（1934）四月十七日

第二卷第一期

民国二十二年九月二十一日

写在卷头　绣琦 /1
准备应战之日本军备（一）　蒌斐 /2

第二卷第二期

民国二十二年九月二十二日

准备应战之日本军备（二）　蒌斐 /1
发展教育不要忘了军备（一）　白崇禧 /5

第二卷第三期

民国二十二年九月二十三日

发展教育不要忘了军备（二）　白崇禧 /7
国难两年来的回顾与前瞻　刘纪文 /7
“九一八”以来之两个协定（一）　林直勉 /10

第二卷第四期

民国二十二年九月二十四日

“九一八”以来之两个协定（二）　林直勉 /11
对于梧州水电问题之商榷　苏鉴轩 /11
习惯的讨论（一）　王天一 /13

第二卷第五期

民国二十二年九月二十六日

习惯的讨论（二）　王天一 /15
怎样纪念“九一八”（一）　冯玉祥 /16

第二卷第六期

民国二十二年九月二十七日

怎样纪念“九一八”（二）　冯玉祥 /17
抗日救国的根本办法　黄旭初 /17
中国目前所患的四个病状　夏威 /18
教育本质及教育变质之史的检讨（一）　莫若一 /20

第二卷第七期

民国二十二年十月五日

教育本质及教育变质之史的检讨（二）　莫若一 /21
广西民团救国责任　夏威 /23

第二卷第八期

民国二十二年十月六日

教育本质及教育变质之史的检讨（三）　莫若一 /25
整理边务充实边防　李品仙 /27

第二卷第九期

民国二十二年十月七日

教育本质及教育变质之史的检讨（四） 莫若一 /29
知难行易学说心理学上的说明 继仲 /32

第二卷第十期

民国二十二年十月八日

教育本质及教育变质之史的检讨（五） 莫若一 /33

第二卷第十一期

民国二十二年十月十二日

教育本质及教育变质之史的检讨（六） 莫若一 /35
编练民团乃救国唯一方法 夏威 /35

第二卷第十二期

民国二十二年十月十三日

编练民团乃救国唯一方法（续） 夏威 /37
我的宇宙观与人生观（一） 刘士毅 /37

第二卷第十三期

民国二十二年十月十四日

我的宇宙观与人生观（二） 刘士毅 /39
信仰三民主义 拥护革命领袖 夏威 /41

第二卷第十四期

民国二十二年十月十五日

我的宇宙观与人生观（三） 刘士毅 /43
社会的文化基础要略（一）/44

第二卷第十五期

民国二十二年十月二十六日

社会的文化基础要略（二） 黎镳 /45
国家社会党之于德国（一） 韦永成 /47

第二卷第十六期

民国二十二年十月廿七日

社会的文化基础要略（三） 黎镳 /49
国家社会党之于德国（二） 韦永成 /50
小学教师的呼声 材 /51

第二卷第十七期

民国二十二年十月二十八日

社会的文化基础要略（四）　黎镳 /53
失业问题的研究（一）　冯大树 /54

第二卷第十八期

民国二十二年十月廿九日

失业问题的研究（二）　冯大树 /55
决心为一切事业之泉源（一）　林翼中 /58

第二卷第十九期

民国二十二年十月三十一日

决心为一切事业之泉源（二）　林翼中 /59
奋斗的方向与中心（一）　刘士毅 /60

第二卷第二十期

民国二十二年十一月一日

奋斗的方向与中心（二）　刘士毅 /63
国难中我们青年应负的使命　黎镳 /63
世界经济会议底回顾（一）　谭世义 /65

第二卷第二十一期

民国二十二年十一月二日

世界经济会议底回顾（二） 谭世义 /67

第二卷第二十二期

民国二十二年十一月三日

世界经济会议底回顾（三） 谭世义 /69
“智”“仁”“勇”的研究（一） 冯大树 /70

第二卷第二十三期

民国二十二年十一月十六日

“智”“仁”“勇”的研究（二） 冯大树 /71
中国五十年来之失地（一） 黎镳 /72

第二卷第二十四期

民国二十二年十一月十七日

中国五十年来之失地（二） 黎镳 /73
地方制度中一个主要的观念（一） 孔力行 /74

第二卷第二十五期

民国二十二年十一月十八日

地方制度中一个主要的观念（二） 孔力行 /75
如何纪念总理诞辰 邓泽如 /77
纪念总理诞辰 萧佛成 /77
说几句关于自修的话（一） 曼青 /78

第二卷第二十六期

民国二十二年十一月十九日

说几句关于自修的话（二） 曼青 /79
怎样唤醒迷梦沉沉的中国民族？（一） 谭世义 /81
中山大学之使命 胡汉民 /82

第二卷第二十七期

民国二十二年十一月二十一日

说几句关于自修的话（三） 曼青 /83
怎样唤醒迷梦沉沉的中国民族？（二） 谭世义 /84
我的产业与我的政府（一） 王恒 /85

第二卷第二十八期

民国二十二年十一月二十二日

我的产业与我的政府（二） 王恒 /87
日本侵占我国东北的基因及其对俄的野心（一） 萋斐 /88

第二卷第二十九期

民国二十二年十一月二十三日

日本侵占我国东北的基因及其对俄的野心（二）　萋斐 /89
增加富力和组织武力　李宗仁 /90

第二卷第三十期

民国二十二年十一月二十四日

日本侵占我国东北的基因及其对俄的野心（三）　萋斐 /91
政治建设应从乡村做起　黄旭初 /92

第二卷第三十一期

民国二十二年十一月二十五日

日本侵占我国东北的基因及其对俄的野心（四）　萋斐 /93
辩证法的唯物论（一）　黎镳 /94

第二卷第三十二期

民国二十二年十一月二十六日

辩证法的唯物论（二）　黎镳 /95
救乱救穷救弱救愚　雷殷 /96
意大利之青年训练（一）　郭有守 /98

第二卷第三十三期

民国二十二年十二月七日

意大利之青年训练（二） 郭有守 /99
无秩序无纪律是中国的毛病 雷殷 /100

第二卷第三十四期

民国二十二年十二月八日

无秩序无纪律是中国的毛病（二） 雷殷 /101
提倡国货与俄货销华的关系（一） 萋斐 /102

第二卷第三十五期

民国二十二年十二月九日

提倡国货与俄货销华的关系（二） 萋斐 /103
广西民团最近改革概述（一） 白崇禧 /104

第二卷第三十六期

民国二十二年十二月十日

广西民团最近改革概述（二） 白崇禧 /105
学生自治问题的研究（一） 冯异 /106

第二卷第三十七期

民国二十二年十二月十二日

广西民团最近改革概述（三） 白崇禧 /107
学生自治问题的研究（二） 冯异 /108

第二卷第三十八期

民国二十二年十二月十三日

学生自治问题的研究（三） 冯异 /109
关于妇女的职业与家政问题（一） 倩媛 /110

第二卷第三十九期

民国二十二年十二月十四日

关于妇女的职业与家政问题（二） 倩媛 /111
日本国际危机的总检讨（一） 谭世义 /111

第二卷第四十期

民国二十二年十二月十五日

日本国际危机的总检讨（二） 谭世义 /113
从教育改革声中对于过去教育之检查和生产教育之讨论（一）
宠新 /114

第二卷第四十一期

民国二十二年十二月十六日

日本国际危机的总检讨（三）　谭世义 /115
从教育改革声中对于过去教育之检查和生产教育之讨论（二）
　宠新 /116

第二卷第四十二期

民国二十二年十二月二十二日

从教育改革声中对于过去教育之检查和生产教育之讨论（三）
　宠新 /117
福建问题和广西的态度（一）　白崇禧 /118

第二卷第四十三期

民国二十二年十二月二十三日

从教育改革声中对于过去教育之检查和生产教育之讨论（四）
　宠新 /119
福建问题和广西的态度（二）　白崇禧 /120
闽变后之对时局宣言（一）　胡汉民 /121

第二卷第四十四期

民国二十二年十二月二十四日

闽变后之对时局宣言（二）　胡汉民 /123

中国前途惟广西有希望　张继 /124
怎样去养成懂军事的政治人才（一）　林翼中 /125

第二卷第四十五期

民国二十二年十二月三十日

怎样去养成懂军事的政治人才（二）　林翼中 /127
一九三四年中国经济的预测（一）　何荫夫 /128
守南宁破滇军的概况（一）　白崇禧 /130

第二卷第四十六期

民国二十三年一月五日

一九三四年中国经济的预测（二）　何荫夫 /131
守南宁破滇军的概况（二）　白崇禧 /132
两广人民要通力合作　马超俊 /133
二高中归并问题之面面观　谭世义 /134

第二卷第四十七期

民国二十三年一月六日

二高中归并问题之面面观（续）　谭世义 /135
中国的国防问题与外交人才　白崇禧 /137
发挥我们民族独立的精神（一）　李宗仁 /138

第二卷第四十八期

民国二十三年一月七日

发挥我们民族独立的精神（二） 李宗仁 /139
充实自卫力量与自给（一） 白崇禧 /140

第二卷第四十九期

民国二十三年一月十六日

发挥我们民族独立的精神（三） 李宗仁 /141
充实自卫力量与自给（二） 白崇禧 /142
一年来之本省军事（一） 李宗仁 /143

第二卷第五十期

民国二十三年一月十七日

一年来之本省军事（二） 李宗仁 /145

第二卷第五十一期

民国二十三年一月二十日

一年来之本省军事（三） 李宗仁 /147
一年来之广西财政 黄钟岳 /148

第二卷第五十二期

民国二十三年一月二十一日

一年来之本省军事（四）　李宗仁 /149
一年来之广西教育（一）　雷沛鸿 /151
一年来之广西大学（一）　马君武 /152

第二卷第五十三期

民国二十三年一月二十三日

一年来之本省军事（五）　李宗仁 /153
一年来之广西大学（二）　马君武 /155
一年来之广西教育（二）　雷沛鸿 /156

第二卷第五十四期

民国二十三年一月二十七日

一年来之本省军事（六）　李宗仁 /157
一年来之广西教育（三）　雷沛鸿 /158

第二卷第五十五期

民国二十三年一月二十八日

一年来之本省军事（七）　李宗仁 /159
一年来之广西教育（四）　雷沛鸿 /160

第二卷第五十六期

民国二十三年一月三十日

一年来之本省军事（八）　李宗仁 /161
一年来之广西教育（五）　雷沛鸿 /162

第二卷第五十七期

民国二十三年一月三十一日

一年来之广西教育（六）　雷沛鸿 /163
广西边防一年来之设施（一）　李品仙 /164

第二卷第五十八期

民国二十三年二月四日

一年来之广西教育（七）　雷沛鸿 /165
广西边防一年来之设施（二）　李品仙 /166

第二卷第五十九期

民国二十三年二月六日

一年来之广西教育（八）　雷沛鸿 /167
广西边防一年来之设施（三）　李品仙 /168

第二卷第六十期

民国二十三年二月七日

一年来之广西教育（九） 雷沛鸿 /169
一年来的广西民政（一） 雷殷 /170

第二卷第六十一期

民国二十三年二月八日

一年来的广西民政（二） 雷殷 /171
一年来之司法设施经过（一） 朱朝森 /172

第二卷第六十二期

民国二十三年二月九日

一年来的广西民政（三） 雷殷 /173
一年来之司法设施经过（二） 朱朝森 /175

第二卷第六十三期

民国二十三年二月十日

一年来的广西民政（四） 雷殷 /177
军训与民团（一） 白崇禧 /178

第二卷第六十四期

民国二十三年二月二十三日

军训与民团（二）　白崇禧 /181
一年来广西建设之概要（一）　黄荣华 /183
第二次世界大战的迫切与本省政治的设施（一）　黄旭初 /184

第二卷第六十五期

民国二十三年二月二十五日

军训与民团（三）　白崇禧 /185
一年来广西建设之概要（二）　黄荣华 /185
第二次世界大战的迫切与本省政治的设施（二）　黄旭初 /186

第二卷第六十六期

民国二十三年二月二十八日

军训与民团（四）　白崇禧 /187
一年来广西建设之概要（三）　黄荣华 /188
第二次世界大战的迫切与本省政治的设施（三）　黄旭初 /188

第二卷第六十七期

民国二十三年三月一日

军训与民团（五）　白崇禧 /189
一年来广西建设之概要（四）　黄荣华 /190

第二卷第六十八期

民国二十三年三月二日

军训与民团（六） 白崇禧 /191
西南对于中华民族复活之责任（一） 傅有任 /191

第二卷第六十九期

民国二十三年三月三日

西南对于中华民族复活之责任（二） 傅有任 /193

第二卷第七十期

民国二十三年三月四日

西南对于中华民族复活之责任（三） 傅有任 /195

第二卷第七十一期

民国二十三年三月六日

西南对于中华民族复活之责任（四） 傅有任 /197

第二卷第七十二期

民国二十三年三月七日

西南对于中华民族复活之责任（五） 傅有任 /199

第二卷第七十三期

民国二十三年三月八日

西南对于中华民族复活之责任（六）　傅有任 /201

第二卷第七十四期

民国二十三年三月九日

西南对于中华民族复活之责任（七）　傅有任 /203
自卫自给和武器保存（一）　白崇禧 /204

第二卷第七十五期

民国二十三年三月十日

谈谈中国现代教育失败的基本原因（一）　莫若一 /205
自卫自给和武器保存（二）　白崇禧 /206

第二卷第七十六期

民国二十三年三月十一日

谈谈中国现代教育失败的基本原因（二）　莫若一 /207
自卫自给和武器保存（三）　白崇禧 /208

第二卷第七十七期

民国二十三年三月十四日

谈谈中国现代教育失败的基本原因（三）　莫若一 /209
自卫自给和武器保存（四）　白崇禧 /210

第二卷第七十八期

民国二十三年三月十五日

谈谈中国现代教育失败的基本原因（四）　莫若一 /211
自卫自给和武器保存（五）　白崇禧 /212

第二卷第七十九期

民国二十三年三月十六日

自卫自给和武器保存（六）　白崇禧 /213
世界大战酝酿中　军警与民众准备到战线去（一）　白崇禧 /214

第二卷第八十期

民国二十三年三月十七日

世界大战酝酿中　军警与民众准备到战线去（二）　白崇禧 /215
生产教育与统制（一）　钱浩祥 /216

第二卷第八十二期

民国二十三年三月二十日

生产教育与统制（三） 钱浩祥 /219
广西民团应负起复兴中华民族的责任（一） 白崇禧 /219

第二卷第八十三期

民国二十三年三月二十一日

广西民团应负起复兴中华民族的责任（二） 白崇禧 /221
从四中全会说到广西的现在与将来（一） 黄旭初 /222

第二卷第八十四期

民国二十三年三月二十二日

广西民团应负起复兴中华民族的责任（三） 白崇禧 /223
从四中全会说到广西的现在与将来（二） 黄旭初 /223
教育学术界所亟应着手之几件工作（一） 常导之 /224

第二卷第八十五期

民国二十三年三月二十三日

从四中全会说到广西的现在与将来（三） 黄旭初 /225
教育学术界所亟应着手之几件工作（二） 常导之 /225
预算统制之要点（一） 张伟弢 /226

第二卷第八十六期

民国二十三年三月二十四日

预算统制之要点（二） 张伟弢 /227

第二卷第八十七期

民国二十三年三月二十五日

预算统制之要点（三） 张伟弢 /229
论中央加税与借债之政策（一） 李锐 /229
国难时期的经济政策（一） 刘振东 /230

第二卷第八十八期

民国二十三年三月二十七日

论中央加税与借债之政策（二） 李锐 /231
国难时期的经济政策（二） 刘振东 /232

第二卷第八十九期

民国二十三年三月二十八日

国难时期的经济政策（三） 刘振东 /233
广西民团的任务与前途（一） 刘为章 /234
西藏问题之检讨（一） 黄国桢讲演 /234

第二卷第九十期

民国二十三年三月三十日

西藏问题之检讨（二） 黄国桢讲演 235
对我国各方面推测提高银价之影响（一） 潘文安 /235
广西民团的任务与前途（二） 刘为章 /236

第二卷第九十一期

民国二十三年三月三十一日

西藏问题之检讨（三） 黄国桢讲演 /237
对我国各方面推测提高银价之影响（二） 潘文安 /237
广西民团的任务与前途（三） 刘为章 /238
银价问题与中国（一） 何廉 /238

第二卷第九十二期

民国二十三年四月一日

银价问题与中国（二） 何廉 /239

第二卷第九十三期

民国二十三年四月三日

银价问题与中国（三） 何廉 /241

第二卷第九十四期

民国二十三年四月四日

怎样作都市防空？　吴光杰 /243
关于初等教育自然科教学的商榷（一）　莫若一 /244

第二卷第九十五期

民国二十三年四月五日

关于初等教育自然科教学的商榷（二）　莫若一 /245

第二卷第九十六期

民国二十三年四月十二日

关于初等教育自然科教学的商榷（三）　莫若一 /247
对新闻界期望十事（一）　陈济棠 /248

第二卷第九十七期

民国二十三年四月十四日

关于初等教育自然科教学的商榷（四）　莫若一 /249
对新闻界期望十事（二）　陈济棠 /250

第二卷第九十八期

民国二十三年四月十五日

关于初等教育自然科教学的商榷（五）　莫若一 /251

对新闻界期望十事（三）　陈济棠 /252

第二卷第九十九期

民国二十三年四月十七日

关于初等教育自然科教学的商榷（六）　莫若一 /253

少年运动　江亢虎讲 /253

指南針目次

寫在卷頭　萋　斐（二——五）
準備應戰之日本軍備　白崇禧（五——七）
發展教育不要忘了軍備　劉紀文（七——十）
國難兩年來的迴顧與前瞻　林直勉（十——十一）
九一八以來之兩個協定　蘇鑑斯（一壹——一叁）
對于梧州水電問題之商榷　王天一（一叁——一六）
習慣的討論　馮玉祥（一六——一七）
怎樣紀念九一八　黄旭初（一七——一八）
抗日救國的根本辦法　夏　威（一八——二〇）
中國目前所患的四個病狀　莫若一（二〇——三五）
教育本質及教育變遷之史的探討　夏　威（二三——二四）
廣西民團救國責任　李品仙（二七——二八）
整理邊務充實邊防　繼　仲（三二）
知難行易學說心理學上的說明　夏　威（三五——三七）
團結民眾乃救國唯一方法　劉士毅（三七——四四）
我的宇宙觀與人生觀　夏　威（四一——四二）
信仰三民主義擁護革命領袖　黎　鐮（四四——五三）
社會的文化基礎要略　韋永成（四七——五一）
國家社會黨之於德國　材　（五一——五二）
小學教師之呼聲　馮大樹（五四——五八）
失業問題之研究　林翼中（五八——六〇）
良心為一切事業之泉源　劉士毅（六〇——六三）
奮門的方向與中心
國難中我們青年應負的使命　黎　鐮（六三——六五）
世界經濟會議底迴顧　譚世義（六五——七〇）
智仁勇的研究　馮大樹（七〇——七二）
中國五十年來之失地　黎　鐮（七二——七四）
地方制度中一個主要的觀念　孔力行（七四——七六）
如何紀念總理誕辰　鄧澤如（七七）
紀念總理誕辰　蕭佛成（七七——七八）
説幾句關于自修的話　曼　青（七八——八四）
怎樣喚起迷夢沉沉的中國民族　譚世義（八一——八五）
中山大學之使命　胡漢民（八二）
我的產業與我的政府　王　恒（八五——八八）
日本侵佔我國東北的基因及其對俄的野心　萋　斐（八八——九四）
增加富力和組織武力　李宗仁（九〇）
政治建設應從鄉村做起　黄旭初（九二）
辯證法的唯物論　黎　鐮（九四——九六）
救亂救窮救弱救愚　雷　殷（九六——九七）
意大利之青年訓練　郭有守（九八——一〇〇）
提倡國貨與俄貨銷華的關係　萋　斐（一〇二——一〇四）
廣西民團最近改革概述　白崇禧（一〇四——一〇八）
學生自治問題的研究　馮　異（一〇六——一一〇）
關于婦女的職業與家政問題　倩　綏（一一〇——一壹壹）
日本國際危機的總檢討　譚世義（一壹一——一壹五）
從教育改革聲中對于過去教育之檢查和生產教育之討論　[illegible]　新（一四——壹九）
福建問題和廣西的態度　白崇禧（一八——[illegible]）

指南針

第二卷第一期

桂林民國日報副刊

中華民國二十二年九月廿一日

本期目錄

寫在卷頭……………………繡琦
準備應戰之日本軍備……………………斐斐

寫在卷頭

◉繡琦◉

現在，本針又要變一變式樣，來與各位讀者相見。這次改變式樣，本來不算甚麼，不過排版上較有差異而已。

本針是新時代的產物，曾隨着本報出世而亦出世了的，命名的釋義，當時也解說過，無待贅述，惟本針自出世以來，差不多快要滿兩週年的時間，雖未天天出版，至今已是出至第三百一十四期，不能謂之少，我們在此也值得來算一算數。本針所曾經容納過了不少的稿子，已有勞各位投稿者花了很多的精神，同時也是費了各位讀者多少的眼力，這眞使編者萬分的對不起。然而，到底各讀者看了有沒有得到利益呢？關於這點，我們可不知道，只記得本針已經換了三次面，都是形式上的，至于實質上仍沒有覺得滿意。因爲初時所採集的材料，與以後所採集的材料，雖更了不少，大抵還是因爲隨時改進的意思。這次再來變一變花樣，不也是形式上的嗎？這自然難免，但我們在此應要聲明，除於形式上改變了些之外，對于實質方面，當極力的求其充實。至於有利益與否，編者固然要負相當的責任，而投稿者之沒有好的稿子來時，也不能算是無責任啊！

這次改變了這個樣子，誰也知道是爲着方便讀者剪來裝訂的意思。以前的算是過去，環境多少？姑免苛於指責，但未來的我們不能不要自重責備，就是剪存裝訂，也需有其「存」的價值，始爲不事負，這個意義，也是大部分的靠有人擁護，然後有優良的實質，方不在於「存」。故現在我們不要續以前的期數，而必從第一期起，便是讀者希望的，希望未來之篇幅，要從改觀而爲偉大觀。

所有取材上，自然是要本着可存與不可存爲選擇的骨子，而可存的自是與社會有益的東西，而文筆之流暢，議論之恢宏，爲行文的需要，茲不具論。但我們依然是感覺到篇幅狹小不能容納得長篇大論，每引爲遺憾！大約今後所需要而歡迎的文字，如：革命的理論，學術的研討，時事的書評等，至若名人的演講，值得介紹的，也許要採入，而每篇的字數，最好是在一千字左右。太多，則不免會令讀者減少興趣，如該文題目的內容，非多寫些不可的，當然有時要例外。

再，我還得要在這裏多說幾句，就是我們的報紙，是從白紙印成黑字的，本針就是本報之一部分，有許多是叫做報屁股。我想，報屁股並不算得便是什麼壞的名詞，若還白紙印成的黑字不壞，那末，這報屁股總終是有價值的，若還白紙印成的黑字，一味是豆豉炙肥豬肉，而不計是否新鮮可口，這才是的確壞了。要怎樣的才不致於壞？要怎樣才能提高效率，成爲有價值的出品？說來說去，還是要編者和作者共同用些刻苦的工夫幹去才對。各位！你們看過很有趣味而科學化的「五年計劃的故事」嗎？如果有未曾看過的話，我可在這裏做個介紹罷，這書是M伊林所著，兒朗西譯，上海新生命書局出版，定價九角。看過了五年計劃的故事，才知道蘇聯人民大家動員來進行五年計劃之刻苦，牠說：

54

郁中校刊

（创刊号至第三期、第五
期至第六期、第二卷第二期）

出版时间

民国三十四年（1945）一月一日

至民国三十四年六月十五日

编 辑 者

谭丕绩

出 版 者

广西省立郁林中学校郁中校刊社

刊名题字

王贞鹭

创刊号

民国三十四年一月一日

发刊辞　王贞鹭 /1
更新与努力　谭丕绩 /2
纪念牛顿　龙盛龄 /2
本校设施方针　王贞鹭 /3
我们对本校的认识　宁裕详 /4
级长会报速写　诺克 /5
两个会报　泽宁 /6
校中鳞爪　竹君 /7
我们的广播台　桂芳 /7
简讯 /8
事务五则　周生 /8

第一卷第二期

民国三十四年一月十五日

在筑路竞赛狂潮中　蒋□□ /9
论目前的国际形势　陈眉 /10
你到学校做什么　龙盛濂 /11
我们最近学习生活的检讨　旭晖 /12
短短一天的科学　龙盛龄译 /12
谈自我批评　明 /13
简讯　本社 /13
筑路特辑：筑路见闻　谭柱光 /14

刚强的战斗　戈木 /14
路是我们开　诺克　金流 /14
狂歌之夜　周霖 /15
离桂前夕　詹德英 /15
竞赛过后的我见　丘光敏 /16

第一卷第三期

民国三十四年二月一日

青年生活的重心　王贞鹭 /17
太平洋战争的分析　李治铭 /18
青年学习的态度　龙盛濂 /20
今日的郁中　鲁萍 /21
一个盛大的聚会　张熙寿 /22
校内拾零　金马 /22

生活剪影

起床的刹那　清元 /23
从天黑到天明　丹枫 /23

面子问题　光 /23
简讯　本社 /23
案中书·窗外事　明 /24

第一卷第五期

民国三十四年五月一日

“五月”和中国的新机运　达坦 /33
对于本校新设施的意见　黎□智 /34
我怎样学习英文　泽普 /35
小组学习的话　鲁萍 /36
理想和幻想　M·克科 /37
学习和兴趣——学习杂话之一　兴祚 /37
我国近两年来之新发明（上）　龙盛龄 /38
朝会·早操——我们每天的第一节课程　林牧 /38
本校两周间　覃俊礼 /39
“你们真幸福！”　蕻薪 /40
简讯　本社 /40

第一卷第六期

民国三十四年五月十五日

谈谈学生的健康问题（上）　龙盛濂 /41
我怎样学习数学　非斯 /43
怎样保护我们的头脑？　凌旭祺 /44
纪念哥白尼　玲 /44
我国近两年来之新发明（下）　龙盛龄 /45
读书的习惯　兴祚 /45
画虎不成反类犬——试论白话与文言　林拔 /46
阅览室素描　罗武成 /46

我们经常在战斗中　庞镇文 /46
狂欢的一宵——音乐比赛晚会速写　覃俊礼 /47
我们的检讨会　关浩 /48
简讯　本社 /48

第二卷第二期

民国三十四年六月十五日

论人情世故　谭丕绩 /57
新的国际矛盾和新的国际危机　M. 克科 /58
肥皂杂谈　贞 /58
告高六班毕业同学　龙盛濂 /60
我怎样学习化学　陈世容 /61
校景布置在紧张中　文康 /62
两次晚会的观后感——同学对话剧的意识问题　鲁萍 /63
草地晚会速写　罗武成 /64
简讯　本社 /64

社長：莊貞賢
總編輯：譚丕績

鬱中校刊

廣西省立玉林中學校刊社出版

第一卷　中華民國三十四年壹月十五日出版　第二期

在築路競賽狂潮中

燕夢李

從廿一週星期一起，本校開始了佈置校景的第一步工作，用競賽方式進行了一個大規模的築路運動。以班爲競賽單位，各老師都被分配到班中去充當指導員。預定的比賽日期六天，每天的工作時間爲第六七兩時，所用的勞作工具都由各班同學負責，祇泥箕一項由學校供給罷了。

這次築路競賽的計劃，係由校景佈置委員會定下來的。事前經過多天的精確測量，把所有的幹道支綫的大小高低，各單位的工作區域設計與分配後，再用抽籤法來決定各單位應負的工作。起初一般同學都感到比賽日期太短，工作時間不多，且因勞作工具缺乏，頗難有如期完成的希望；學校方面對這點也相當顧慮。然而競賽一經開始，在這成千的優秀青年男女高度狂熱的工作過程中，這顧慮就變成是多餘的了。

第一天，工作時間還未到，同學們就潮水一般地湧向工作的場所去。一車車的鍬，鋤也由校外運了回來。他們顧不了凜冽的寒風和那紛飛的微雨，有袒胸的，有露臂的，赤着足，捲起了高高的褲子，在叢草間，在菜畦裏，在池塘下面，挖的挖，挑的挑，鏟的鏟，大家一齊地勞動着。他們忘記了疲乏，忘記了辛勞，忘記了一切嬌生慣養的習氣。他們祇有着一顆赤誠的心，迫切地要求着將一個荒涼的學校一變而爲優美的園地。他們已充分體會到這次是他們整個力量的總檢閱；他們也了解着未來的抗建幹部就須在這樣艱苦的實踐中鍛鍊出來。

在這樣狂熱的浪潮裏，各競賽單位的工作竟意外地提前結束了。事後統計，兩天完成的有高九一班、三天完成的有高五，高八，初廿一和初廿五等四班，四天完成的有高六，高七，高十，初二十，初廿二，初廿六和初廿七等七班，五天完成的有初廿三和初廿四兩班，受了客觀條件的限制，結束的時間雖有遲早不同，但他們都有着同一的緊張和努力，也一樣在刺骨的寒風微雨中渡過艱苦辛勞。

競賽的結果，各幹道支綫一條條的已呈現在我們的眼前，雖然校景佈置還有待於我們今後的努力，而這路的整齊鮮美，就好像給予整個學校披上了一件蔥蘢的新衣，這不特象徵着學校的活躍新生，且反映了同學們的服務精神和工作魄力。若就其經濟的代價而論，尤足驚人！依各單位的日程每日以兩小時計，一共費百零四小時，就十四個單位除之，每個單位的工作總時間約爲七時半，即是說，每個同學在這築路競賽中，已替學校做了一個普通工人一天的工作。假如雇工須給工資的話，在這物價暴漲生活艱難的時候，每人工資作一百元計，那末，學校就需要用十萬元國幣去開支，這筆鉅款是同學們數日來勞動的結晶啊！

像這樣大規模的築路運動，可說是本校有史以來的創舉，由於同學們工作的熱烈與認真，得到巨大的收獲自不必說，惟在工作中所體驗得到的問題，卻有提出來給與大家參考的必要。

第一，集體力量的偉大。大家都看得到，蜘蛛網般的數十條幹道與支綫，同學們花這一天的工夫——實際上是七小時半，便可完成。在同學方面，不過是費去數次球戰的氣力，並不會感到怎樣艱難。可見做一件有建設性的事，不必問其工程如何浩大，只要有計劃，有組織，把各個力量集中起來共同努力，斷沒有不迅速成功的。

第二，只有集體力量才容易糾正個人的過失。「誰想進步，誰就參加到集體中來」，這一個正確的口號，在競賽中已充分的證實了。當工作之始，未嘗沒有少數人苟且敷衍，特別是那些少爺小姐們。可是後來畢竟在那工作的狂潮中站不住腳而不好意思地也須跟着賣力。這個個人的進步，誰說不是受團體的影響呢？

第三，領導的重要。「幹部決定一切」，在任何團體中都不會消失牠的真理性質的，這就說明了領導的重要作用。這次競賽，我們認爲有幾班都起了先鋒隊的作用。青年們是最不甘居人後而且是毫無成見的。看見他人的着着佔先，誰願意自暴自棄？誰願意作一個落無長進的落伍者呢？因此，在三數班全部緊張的工作中，頓時便擴大到各班去了。

第四，對工作有深刻的認識。在這敵騎四面環攻本省的當前，衆所周知；校中一切經費，完全是靠同學們去負擔的，佈置校景，當然非自己去努力不可。他們不但了解到這一點，而且還領會到勞動服務是他們鍛鍊身體與精神的好機會，他們都想在這勞動服務中鍛鍊得更堅強，更結實。祇有這樣深刻的了解，才能燃得起他們對工作的熱情，才能以競爭的精神整齊的步伐去爭取他們工作的提早完成。

「嘿！天亮了。」像受驚地叫了一聲，又寂靜下去了。

生活剪影

起床的刹那

清元

沉重的寒風咸咸地瞧着宿舍的四周，沒蚊帳而被又薄的同學彎彎曲曲的蜷在床上恰似一個勾蝦的姿勢。

「他媽的，眞冷啊！老天偏要和我們搗鬼。」一個短而胖的同學從被窩裏發采出了頭，跟着又悉縮的鑽了回去。

各教室宿舍值日生，爲了的自己本身職務都特別提前起了床，我因爲第二時要默英文，也不得不起來再作一番準備，并順便去拉我領當地那些平拉也拉不完的早晨小便。

訓主任每晨到各宿舍去巡視差不多是天注定了似的。在床上再苟安沒分鐘，似乎已不大可能，一般同學都有這麼的一個感覺。

「眞要命，睡在被窩裏都不見暖，一個眞孤獨淒涼的人眞夠可憐呀……」而于在起床前演戲的那位寢室長，正在滔滔不絕地發議論。

「嘀的噠噠……」不夠氣的號兵正在吹着沒精打彩而惹人好笑的起床號音。水井旁彷彿如聽到(二字口旁)的。

「咬據！」「咬據！」(這也是訓主任們到來徵視) 隔鄰又像受驚地發(口旁)噏。一向貪睡的細黃居然把蚊帳掛了起來，口裏還在幾幾(口旁)咕咕地……

「老……老子最不出家，值日官……朝朝都是呼奴喝婢般來……來向我們耀武揚威！」

全宿舍哄然笑了起來，跟着大家都爭先恐後的到井邊去了。這時候，訓主任才以[illegible]

從天黑到天明

◆丹楓◆

下午六時半。

銀白的汽燈照亮了每間課室，光從窗隙射到各處，這，告訴了同學們是自修課的時間了。果然，一陣號音响過後，像發熱了的白鴿仔回籠(竹頭)一樣，從課室，操場，馬路那一邊……很快地就集攏了回來。習慣地，各人都把背燈的座位便朝向中間光明的地方，拿出了書本，跟着，嘈雜的聲音便給輕輕的背誦聲和那微小的討論的聲音代替了；你做習題，我默寫英語，他研讀國文，自修課確都靜寂的。

一位老師悄悄地走入了課室，如果不是燈光把他的影子照在黑板上遮住了我們的課本，是不會被人發覺他的到來的，那怕是一點極小的疑問也要得到徹底了解才罷。

兩個鐘頭的自修課是過得很快的，沒有人敢嘗在這時間喧鬧過，有時燈發生了毛病，漸漸昏了，便會有這樣的聲音喊出：「梁牙！廿有！」(這是管理燈光的工友)我們也可以在這時間暢一口氣，談幾句有趣味的話。

「噠噠……」的號音嚇了我們一跳，也驚醒了「我們一天的疲勞，唔！稍長的休息時間到來了，此時，床對於我們起了強烈的引誘力。回到宿舍，鋪好了被褥，把倦極的身體擺下，讓睡魔帶去這一天的疲勞。

經過了這段悄長的休息時間，當睡魔把我們從夢鄉送回的時候，號音也在呼喚着我們起來了。

「起來！不願做奴隸的人們……」G同學挺歡喜唱這首歌來警惕他周圍的同學，同時，也警惕他自己。跟着，不願做奴隸的人們眞的都起來了，從此時起又開始了我們另一段的學習生活。

面子問題

—光—

面子，是不可不要的，因爲不要面子，便往往會做出那卑鄙的下流的事情，甚至做那出賣國家民族的勾當。然而若把面子看得太重了，那也是相當危險的事。我們知道：一個人或者一個團體，無論如何，都不能十全十美，完全沒有缺點和錯誤的，缺點和錯誤的存在，是會阻礙個人或整個團體的進步的，也可以說它會葬送了光明的前途。所以，虛心地檢討自己，誠懇地接受別人的正確批評，勇敢地去改正錯誤，克服缺點，便能加速進步創造光明，也就沒有什麼丟臉的地方。

很多人還不明白這個道理，他們抱着「家醜不可外揚」的俗語，被別人批評了，便是世界上最丟面子的事，爲了顧全面子，便設法辯護，死不肯承認，更不願意去糾正克服，讓它長此發展下去。我們的缺點和錯誤，在這裏，假使讓它潛伏和發展，有的怎樣的結果呢？無疑的發展到了極點，也就是已經不可收拾的時候了，倒是尖銳到了要丟面子的時候。舉例來說吧！一個態度驕傲，行動過於浪漫的人，會不會顧到受批評，不肯克服缺點，其結果會不會做到人皆「敬而遠之」？一個自私，貪和，好虛榮的人，不肯承認與改正的時候，到環境不容許而敵人文森嚴，有到驕的時候，誰能道他不會爲了保存自己的利益，貪圖富貴，而出賣國家民族，投降敵人的懷抱去嗎？「做人出賣到社會上，沒有人願和他做朋友，還有什麼面子國家民族，爲大家所不齒，還有什麼面子呢？

「最要面子的人就常常不要面子」「越怕丟面子的人越會丟面子的事」我常常在玩味着這兩句話。

△簡訊▽

▲駐貴師管區羅參司令活對本校深極關懷，於本學期第廿二週向來校對員生訓話，以靑年應有之認識與努力爲題，推闡甚詳。訓話畢，復巡視全校一周，目擊本校體育設備尚欠充實，不足以供應全校同學運動之需，爲促進靑年身心之健全發展計，特慨助國幣若干圓，以製造各項運動器材。聞體育處已擬具圖則，招工承造云。

▲各班下學期聯團幹事，經已選出，並于上月卅晚開會，互選結果：歐湯立爲正常務幹事，張振墨，何登霖爲副常務幹事。

▲本校自大禮堂被炸後，團體集隊全在露天廣場，施行團體訓練極感困難。現經將大宿舍改爲禮堂，且於上月十八日已開始應用云。

▲本校爲救濟淪陷區失學靑年計，會呈准第一行署增招高中第二（三）、四、五期轉學生各一班。報名者共一百三十餘人，經於本月廿一日舉行甄別試。取錄第二學期學生五十八人，三學期二十六人，四學期兩人，五學期十四人，除第二三兩學期開班外，其餘則因人數過少，分別編入原有各班級肄業云。

▲本校合唱團自成立以來，在張明先生積極領導下，各同學對音樂興趣濃厚，進步甚速。聞該團爲提高音樂水準改良音樂風氣起見，特定於一月二十日晚舉行音樂演奏會，並聘請當地男女音樂名家參加演奏，提高精彩節目頗多，屆時當有一番熱鬧云。

▲女生團進修會舉辦之女生歌詠競賽，會於上月十五晚舉行，情形熱鬧緊張，頗能吸引觀衆。比賽結果，團體第一名爲第二室，第二名第五室，第三名第五室。個人冠軍爲[illegible]，亞軍吳慕光，殿軍張慧成。聞個人獎品甚爲豐富，獲獎者無不笑逐顏開。

55

中华民国陆军第一方面军广西财政委员会公报

（第一卷第一号）

出版时间

民国二十年（1931）五月

出 版 者

广西财政委员会秘书处

刊名题字

杨腾辉

第一卷第一号

民国二十年五月

总理遗像附遗嘱
李总司令宗仁肖像
杨主席腾辉肖像

命令

中华民国陆军第一方面军总司令部任命本会各委员并指定杨委员腾辉为主席饬克日会同遵照条例组织成立宣誓就职由（附任命状　条例编入法规）/1
中华民国陆军第一方面军总司令部令知遴选白志鹍一员为本会委员由（附任命状）/1
中华民国陆军第一方面军总司令部令知黄委员蓟辞去本会委员一职由 /2
总司令部发本会秘书处处长邓州梓秘书区文雄唐士雄审计处处长廖竞天等任命状由（附任命状四件）/2
总司令部令发本会秘书处秘书张瑞任命状由 /2
总司令部令发本会监察员张国政任命状由 /3
总司令部令发本会监察员陆佩衮任命状由 /3
总司令部令发本会监察员张培光任命状由 /3
总司令部令发本会审计处第一科长罗维藩任命状由 /4
总司令部令发本会审计处第二科长白继驹任命状由 /4
总司令部令发本会审计处第三科长梁民武任命状由 /4

会议录

中华民国陆军第一方面军广西财政委员会谈话会议决案纪录（第一次会议至第五次会议）/5

中华民国陆军第一方面军广西财政委员会议决案纪录（第一次会议至第七次会议）/7

会令

◎委令

中华民国陆军第一方面军广西财政委员会委任状（四十二件）/12

◎训令

令区文雄暂代本会秘书处长职务由 /13

令廖竞天为本会审计处处长由 /13

令唐士雄区文雄为本会秘书处秘书由 /13

令秘书唐士雄兼秘书处第一科科长秘书区文雄兼秘书处第二科科长由 /14

令秘书张瑞兼秘书处第三科科长由 /14

令本会审计处第一科长罗维藩第二科长白继驹克日到差由 /14

令发本会监察员张国政任命状由（附发任命状一件）/14

通令各县长各统税禁烟印花榷运局所饬知本会成立日期暨本会职权由 /15

令发各县局本会组织大纲暂行条例及秘书审计两处规程由（附条例大纲规程各一份）/15

令高等法院榷运局印花烟酒局嗣后每月收入数目应按月列册呈会核备由 /15

令榷运局印花烟酒局禁烟局统税局邕宁县各将现用收入税款账簿形式及登记方法于文到三日内呈会备查由 /16

令南宁统税局长及镇宁分卡主任本会现派员前往检阅该局卡本月内收解税捐各款账簿票照以凭送会稽核由 /16

令派本会监察员陆佩衮前往南宁统税局镇宁分卡将该局卡月内收解税款账簿票照检取呈送稽核由 /16

令本会各监察员应即依据权责切实遵行由 /17

令电政管理局及各监察员饬知监察员出发如有特别事项必须拍电准其执用本会所发印纸照拍惟只限于报告本会一处适用其余得拒绝由 /17
令派本会监察员张国政视察第十第十一两区陆佩兖视察八九两区张培光视察第五六七等三区各县由 /18
令监察员张培光应顺道前往怀集信都两县视察由 /18
令本会监察员张培光准政委会咨请派员查办怀集检查所长勾通防军拘留洪泰庄特货一案仰将该案情形密查报核由 /19
令监察员陆佩衮据象县民团参议会议员覃律成等漾电呈报该县长熊中甫有不清白嫌疑仰密查报核由 /19
◎指令
指令印花烟酒局长陈乃模据呈送本年三月份收支总分清册及决算书表单据乞核由 /20
指令庆远禁烟局长伍信生据造具该局及各分局所缉卫队三月份支出计算书表单据呈请核示由 /20
指令前平梧公路富川分局副局长邓富钦呈请核发修筑富川公路垫支款项由 /20
指令长安统税局嗣后货税统计表应呈报政委会毋庸再呈本会由 /21
指令怀集统税局长拟呈送一月份经征税款及用存执照数目请核备由 /21
指令怀集统税局据呈报二月份经征税款及拨支梁旅银数乞核备由 /21
指令平乐县长据报拨支县教育局长夏季补助费数目请案备由 /21
指令平乐县长据报拨支平乐电局二月份补助费数目乞核示由 /21
指令柳城县长据呈送二月份支出计算书表单据乞核示由 /22
指令柳城县长杨振时据呈送三月份经征正杂税款数目予核示由 /22
指令龙茗县长据报收入正杂各款及拨支冯司令数目请核示由 /22
指令龙茗县长梁斌据呈送接收赵前任移交典卖契纸及各种特许证数目清册请察核由 /22
指令思乐县长据报十九年九月起至二十年二月止征收状讼费数目已挪支囚粮请备案由 /22

指令上金县长呈请核发契税暨烟酒牌照烟酒公卖等章程由 /22
指令那马县长林雄飞呈送接收陆前县长移交正杂各款及收支清册请核备由 /23

法规

中华民国陆军第一方面军广西财政委员会暂行条例 /25
中华民国陆军第一方面军广西财政委员会组织大纲 /25
广西财政委员会会议细则 /26
广西财政委员会秘书处组织规程 /28
广西财政委员会审计处组织规程 /28
广西财政委员会秘书处办事细则 /29
广西财政委员会审计处办事细则 /33
广西财政委员会会计规则 /35
广西财政委员会审计处会计规程 /36
广西财政委员会监察员服务细则 /37
广西财政委员会监察员旅费规则 /38
更订县财务局暂行章程 /41

公牍

◎电

呈总司令部电知军事政治委员会转饬所属各机关如遇本会派员调查账簿务希接洽电 /42
呈总司令部电知军政委会将本会审核一切税费收支数目办法饬属遵照电 /42
呈总司令并致军政委会转饬所属每月支出经临各费计算书表单据统限于次月十日以前造报电 /43
呈总司令并致军政委会转饬所属自四月份起每月经临各费支付预算书应呈由主管机关核转本会覆核电 /43

呈总司令并致军政委会嗣后如有新编部队或新设机关其编制组织给予有变更时仍请随时通知电 /43
呈总司令部并致政委会饬龙州财整处镇边县政府据梁县长报称遵令拨支教育局各费系以法币按一二伸算等情该县征收赋税是否照此办法仰即详报电 /43
致政委会转饬各金库将收支数目及单据呈报核备电 /44
致政委会转饬各区禁烟局嗣后秤验入口药料应将担数药量列册分呈本会核备电 /44
致政委会奉总部江电民团总指挥部特务队饷项准由省库开支等因请查照电（附原电）/44
致政委会准军委会径电规定船户赏金准予作正报销请查照电（附原电）/44
致政委会据阳朔县长报称粤军陷城失去税款未便准销电 /44
致平乐禁烟局据荔浦县电称荔浦检查所扦员黄有抢劫商人忠信泰银货一案仰查明呈报电 /45
覆龙州禁烟局长据报告各商帮奉准免费办法应将征免数量费款列册报核至余佚一项仰速查明呈覆电 /45
覆龙州禁烟局长据报平孟检查分所长违章征税得财放私一案仰速将办理情形报核电 /45
致各印花烟酒局榷运局各县政府各统税局各禁烟局饬将征税旬报月报书表及收支清册分呈本会电 /46
◎呈
呈报本会筹备成立经过情形及开始办公日期请备案由（附呈组织大纲一份）/46
呈报本会谨于三月二十日开始办公启用印信由 /46
呈报启用小章由 /47
呈送本会会议细则由 /47
呈送本会秘书审计两处组织程规请核备案由（附呈组织程规二份）/47
呈送本会秘审两处办事细则由 /48

呈送本会监察员服务细则由 /48
呈请更正本会审计处组织规程内漏误文字由 /48
呈请任命邓州梓等四员为本会职员由 /48
呈请任命张国政为本会监察员由 /49
呈请任命陆佩衮为本会监察员由 /49
呈请任命张培光为本会监察员由 /49
呈请任命张瑞为本会秘书处秘书由 /50
呈请任命罗维藩为本会审计处第一科科长由 /50
呈请任命白继驹为本会审计处第二科科长由 /50
呈请任命梁民武为本会审计处第三科科长由 /50
呈报历次常会因不足人数未能开会情形由 /51
呈报本会秘书处长邓州梓已到会任事区文雄即解除代处长职务由 /51
呈送本会拟具开办费预算书请核示由 /51
呈送本会月支经费预算由（附预算书一份）/52
呈请将现时支出经费预算列册交会如有临时核准在预算外拨支款项仍请随时令知俾便审核由 /52
呈送本会议决各机关在职人员兼职不得兼领薪俸一案由 /52
呈送本会议决凡公务人员不许兼营与本职有关系之商业一案由 /53
呈请令行政委会通饬各禁烟局对于秤余过重等项陋规亟应革除遵章办理由 /53
呈请分饬军政两委会严令各地军民机关不得抽收土药附加捐并申令百寿县交通委员会将擅自抽收之土药捐克日取销由 /53
呈请通饬各地民国日报社自本年四月份起按月将收支数目列册呈报本会核由 /54
呈报并分别咨知现本会派定各监察员分区视察请饬属查照由 /54
呈送本会议决各县地方款项应统归财务局管理并修订财务局章程局长改用委任一案请核示饬遵由 /55

◎函咨

函请军事政治两委会将所属各部队机关名称地点开列送会备查由 /56
函复柳州建设委员会议抽竹木排入口等捐系属行政范围本会未便提议由 /56
咨军事政治两委会本会正式成立开始办公启用印信并推举常委由 /56
咨军政两委会送本会暂行条例组织大纲及秘书审计两处组织规程由 /57
咨政委会本会议决各税收人员应加以保障一案请查照办理由 /57
咨政委会请嗣后对于征收机关所属各局卡主管人员应由省财务行政长官直接委用由 /57
咨军政两委会请通令所属各机关在职人员兼职不得兼领薪俸如违查出所报决算不予核销由（附议决案各一份）/58
咨政委会咨请对于各征收机关违法舞弊应厉行依请惩办由 /58
咨政治委员会咨送本会预算书请查照由（附预算书一份）/59
咨军政委会请将现时支出经费预算交会审核其临时核准拨支款项并希随时通知由 /59
咨政委会请饬民财教建各处将所属各机关组织法及月支经临各费预算表抄录送会由 /60
咨覆政委会审查贵会月支经费预算书数目相符应照案办理希查照由 /60
咨政委会本会拟订整顿各县局招投各项统税捐办法请查酌转饬遵照由 /60
咨政治委员会据黄明远条陈富贺钟锡矿办法请查照由（附原呈）/61
咨政委会据第六区民团指挥官卢炎山等呈报宾阳近日金融情形及维持办法一案抄送原电请查照核办由（附原电）/62
咨政委会据省立第一图书馆呈请按月发给购书费一案转请核办由 /62
咨政委会请将南宁妇女工读学校十九年一月起至廿年三月止收支计算书检送审核由 /63
咨政委会据邕龙公路局呈送估计表并请拨款修路等情希查照核办并将核准数目咨知备查由（附原表）/63

咨政委会据靖镇盐务缉私局世电转据平孟分卡报中山那池各局征收盐税盐商裹足改道恳制止一案请查照核办由（附原电）/65
咨政委会据龙州禁烟局电覆烟帮余佚免费等解释准否请核饬该局遵办由 /65
咨政委会据柳城县呈送三月份支出决算各表单据乞核示一案仍希核转本会复核由 /66
咨政委会请将融县呈报本年三月份收支照对表薪工收据发还更正盖章签收具覆由 /66
咨政委会据南丹县呈送本年二月份递步哨经费在粮赋项下扣支乞核备等情请查核转饬由 /67
咨政委会据南丹县呈报本年二月份囚粮在缴存税款项下开支请核示等情希核核明饬遵由 /67
咨政委会据灵川县呈送本年四月份应领公费乞填支单赴领等情请核办由 /67
◎批
据县民李怡兴呈请承办邕宁县属十字诗票乞核准由 /68
据滇帮代表张仲英呈请柳州特货税拟照龙州例六五折计由 /68
◎布告
布告本会筹备完竣开始办公并将赋予职权表明由 /68

记录
中华民国陆军第一方面军广西财政委员会第一次纪念周纪录 /69

附录
各方贺电及复谢电文三则
　　广西民团总指挥部电贺本会各委员就职由 /71
　　电谢民团总指挥部电贺就职由 /71
　　电贺南宁警卫干部训练所梁所长就职由 /71
广西财政委员会各职员考勤暂行简章 /71

广西财政委员会职员值班规则 /71
广西财政委员会职员一览表 /73
广西财政委员会组织系统表
广西财政委员会月支经费预算书 /78
广西财政委员会廿年三四月份收发文件比较增减表 /81
广西财政委员会派员参加出席集会报告表式 /82
广西财政委员会秘书处第二科编辑股编辑书报暂定办法 /83
勘误表 /84

中華民國二十年五月出版

廣西財政委員會公報

第一卷 第一號

楊騰輝題

廣西財政委員會秘書處印刊

中華民國陸軍第一方面軍廣西財政委員會公報 第一卷第一號 目次

總理遺像 附遺囑
李總司令肖像
楊主席肖像

命令

中華民國陸軍第一方面軍總司令部任命本會各委員并指定楊委員騰輝爲主席飭尅日會同遵照條例組織成立宣誓就職由（附任命狀）（條例編入法規）
中華民國陸軍第一方面軍總司令部令知遴選白志鷗一員爲本會委員由（附任命狀）
中華民國陸軍第一方面軍總司令部令知黃委員蒯辭去本會委員一職由
總司令部派本會秘書處處長鄧州梓秘書區文雄唐士雄 審計處處長廖競天等任命狀由（附任命狀四件）
總司令部令發本會秘書處秘書張瑞任命狀由
總司令部令發本會監察員張國政任命狀由
總司令部令發本會監察員陸佩袞任命狀由
總司令部令發本會監察員張搢光任命狀由
總司令部令發本會審計處第一科長羅維藩任命狀由
總司令部令發本會審計處第二科長白繼駒任命狀由
總司令部令發本會審計處第三科長梁民武任命狀由

會議錄

中華民國陸軍第一方面軍廣西財政委員會談話會議決案紀錄（第一次會議至第五次會議）
中華民國陸軍第一方面軍廣西財政委員會議議決案紀錄（第一次會議至第七次會議）

會令

□委令

中華民國陸軍第一方面軍廣西財政委員會委任狀（四十二件）

□訓令

令區文雄暫代本會秘書處長職務由
令廖競天爲本會審計處處長由
令唐士雄區文雄爲本會秘書處秘書由
令秘書唐士雄兼秘書處第一科科長秘書區文雄兼秘書處第

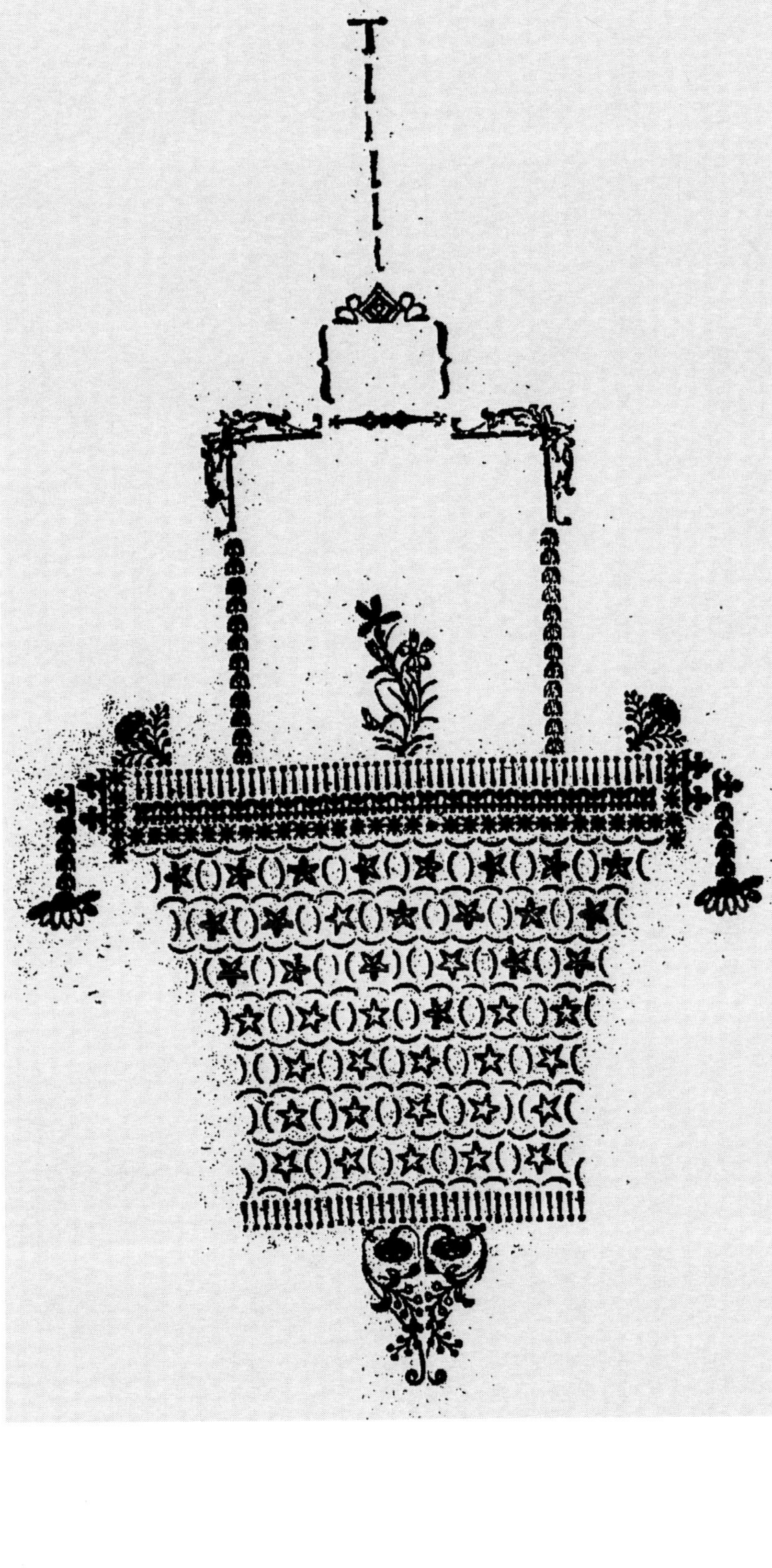

附錄

廣西民團總指揮部電賀本會各委員就職由

南寧財政委員會楊主席白常務委員黃委員曾委員陳委員勛鑒接誦貴委會馬日抄電敬悉諸公榮膺新命就核收支主財政之公開防度支之流弊造成廉潔新我邦民謹電申賀並頌勛祺白崇禧梁瀚嵩叩卅印

電謝民團總指揮部電賀就職由 二十年四月二日

南寧民團總指揮部白總指揮梁副總指揮勛鑒頃奉卅電過邀獎飾愧弗克當同人等惟當本革命之精神求收支之準確願言共勉力赴周所幸德音匪遙足資策籙謹電覆謝並祝勛綏楊騰輝白志鵾黃鍾岳曾其新陳勁節叩冬印

電賀南寧警衛幹部訓練所梁所長就職由

二十年四月七日

南寧警衛幹部訓練所梁所長勛鑒頃誦冬電欣悉榮任樹民衆武力之基負黨國干城之責行見英才蔚起蓋屬樞楊黎庶乂安咸登衽席新猷瞻踐深慶得人用布蕪言藉申賀悃廣西財政委員會叩魚印

廣西財政委員會各職員考勤暫行簡章

一 本會秘書審計兩處之辦公室各設置考勤簿以備考核各職員之勤惰

二 各職員自秘書科長以下每日均須依時到處辦公並於考勤簿內簽到

三 每日辦公時間定爲上午七時起至十一時止正午十二時起至下午四時止

四 每日上午七時三十分及正午十二時三十分均將考勤簿呈送處長核閱每星期六彙呈 主席及常務委員核閱

五 考勤簿呈閱後遲到職員如未經請假又不親向處長或秘書科長呈明理由者即以曠職論

六 曠職處罰辦法由各處長呈明 主席及常務委員臨時定之

七 每次簽到不得倩人代簽

八 本簡章自公布日施行

廣西財政委員會職員値班規則

第一章 時間